Unterrichtskommunikation und motivational-emotionale Aspekte des Lernens

Empirische Erziehungswissenschaft

herausgegeben von

Rolf Becker, Sigrid Blömeke, Wilfried Bos,
Hartmut Ditton, Cornelia Gräsel, Eckhard Klieme,
Rainer Lehmann, Thomas Rauschenbach,
Hans-Günther Roßbach, Knut Schwippert,
Ludwig Stecher, Christian Tarnai, Rudolf Tippelt,
Rainer Watermann, Horst Weishaupt

Band 61

Waxmann 2015
Münster • New York

Cécile Ledergerber

Unterrichtskommunikation und motivational-emotionale Aspekte des Lernens

Eine videobasierte Analyse im Mathematikunterricht

Waxmann 2015
Münster • New York

Die vorliegende Arbeit wurde von der Philosophischen Fakultät der Universität
Zürich im Frühjahrssemester 2014 auf Antrag der Promotionskommission Prof. Dr.
Kurt Reusser (hauptverantwortliche Betreuungsperson) und Prof. Dr. Christine Pauli
als Dissertation angenommen.

Bibliografische Informationen der Deutschen Nationalbibliothek
Die Deutsche Nationalbibliothek verzeichnet diese Publikation in der
Deutschen Nationalbibliografie; detaillierte bibliografische Daten sind im
Internet über http://dnb.d-nb.de abrufbar

Empirische Erziehungswissenschaft, Band 61
ISSN 1862-2127
Print-ISBN 978-3-8309-3323-6
E-Book-ISBN 978-3-8309-8323-1

© Waxmann Verlag GmbH, 2015
Steinfurter Straße 555, 48159 Münster

www.waxmann.com
info@waxmann.com

Umschlaggestaltung: Pleßmann Design, Ascheberg

Vorwort

Dass die Qualität der Unterrichtskommunikation für das Lernen der Schülerinnen und Schüler von Bedeutung ist, erscheint naheliegend, wenn man sich vor Augen führt, welch grossen zeitlichen Anteil Unterrichtsgespräche verschiedener Art (Klassengespräche, Schülergespräche, individuelle Lernunterstützung) am Unterricht ausmachen. So erstaunt es nicht, dass sich die Unterrichtsforschung seit Langem schon mit Unterrichtsgesprächen befasst. Mit den verbesserten Möglichkeiten im Bereich der Videotechnologie und der Weiterentwicklung der theoretischen Grundlagen im Bereich der Lehr- und Lernforschung und Didaktik hat sich die Forschung zur Unterrichtskommunikation in den letzten zwei Jahrzehnten nochmals intensiviert, wobei vermehrt auch nach möglichen Wirkungen der Gesprächsqualität auf das Lernen der Schülerinnen und Schüler gefragt wird. Dabei geht es in erster Linie um fachlich-kognitive Lernerträge der Schülerinnen und Schüler. Wie aber hängt die Qualität der Unterrichtskommunikation mit motivational-affektiven Aspekten des Lernens zusammen? Dieser Frage geht die vorliegende Dissertation von Cécile Ledergerber nach. Anhand einer detaillierten Analyse von Unterrichtsgesprächen in videographierten Mathematikstunden untersucht sie, ausgehend von aktuellen Erkenntnissen der Unterrichtsqualitätsforschung und der Motivationspsychologie, inwieweit eine kognitiv und motivational unterstützende Gesprächsführung der Lehrperson mit den Schülerwahrnehmungen des Unterrichts in Bezug auf motivationale und affektive Aspekte des Unterrichtserlebens und des Lernens der Schülerinnen und Schüler zusammenhängt.

Die Dissertation entstand im Kontext der Videostudie „Unterrichtskommunikation und Bildungswirkungen im problemorientierten Mathematikunterricht", einem Forschungsprojekt, das im Anschluss an eine frühere Videostudie (binationale Studie „Unterrichtsqualität, Lernverhalten und mathematisches Verständnis"; Klieme, Pauli & Reusser, 2009) unter der Leitung von Kurt Reusser und Christine Pauli am Lehrstuhl Pädagogische Psychologie und Didaktik des Instituts für Erziehungswissenschaft der Universität Zürich durchgeführt wurde und sich mit der Qualität der Unterrichtskommunikation im Zusammenhang mit den Lehr- und Lernprozessen im Mathematikunterricht auf der Sekundarstufe 1 befasste. Die Einbettung der Dissertation in die übergreifende Videostudie ermöglichte es, Unterrichtskommunikation in einer vergleichsweise umfangreichen Stichprobe (je 20 Schulklassen aus Deutschland und der Schweiz) und anhand inhaltlich standardisierter Mathematikstunden systematisch zu analysieren. Darüber hinaus konnten Schülerdaten in die Untersuchung einbezogen werden, die im Rahmen der vorhergehenden Videostudie erhoben worden waren, so dass prozessbezogene Analysen der Unterrichtskommunikation zu den Unterrichtswahrnehmungen und Einschätzungen der Lernerfahrungen der Schülerinnen und Schüler in Beziehung gesetzt werden können.

Die Dissertation geht drei Hauptfragestellungen nach. Zum einen wird untersucht, inwieweit sich ein in den USA entwickeltes Analyseinstrument zur Erfassung unterstützender Unterrichtskommunikation (Turner et al., 2002) auf schweizerische und deutsche Mathematikstunden übertragen lässt. Zweitens wird mit Hilfe einer systematischen Kodierung die Qualität der Unterrichtskommunikation unter dem Gesichtspunkt kognitiv und motivational unterstützender vs. nicht unterstützender Gesprächsführung vergleichend untersucht. Drittens wird auf theoretischer Grundlage sowie im Anschluss an die Ergebnisse von Turner et al. (2002) nach Zusammenhängen zwischen dem Unterstützungsgrad der Unterrichtskommunikation einerseits und der Unterrichts- und Selbstwahrnehmung der Lernenden in Bezug auf motivational-affektive Aspekte des Lernens und Unterrichtserlebens andererseits gefragt.

Theoretisch stützt sich die Arbeit auf Erkenntnisse der Unterrichtsqualitäts- und Lehr- und Lernforschung, die anhand eines Angebots-Nutzungs-Modells dargestellt werden, und auf soziokognitive Motivationstheorien ab. Die Ergebnisse machen u.a. deutlich, dass das von Turner und Kolleginnen entwickelte Analyseinstrument weitgehend auf die Unterrichtsgespräche in schweizerischen und deutschen Mathematikstunden der Sekundarstufe 1 anwendbar ist. Gewisse Anpassungen erscheinen jedoch sinnvoll. Die aus theoretischer Sicht zu erwartenden positiven Zusammenhänge zwischen unterstützender Unterrichtskommunikation und motivational-affektiven Aspekten des Unterrichtserlebens der Schüler und Schülerinnen (u.a. wahrgenommene Unterstützung des Selbstbestimmungserlebens und des Kompetenzerlebens, Beziehung zur Lehrperson) liessen sich unter Anwendung des Analyseinstruments zum grossen Teil, wenn auch nicht vollständig nachweisen.

Insgesamt leistet Cécile Ledergerber mit ihrer Dissertation in verschiedener Hinsicht einen bedeutsamen Beitrag zur Forschung im Bereich der Unterrichtskommunikation: Durch die Übertragung und Anwendung des Analyseinstruments auf eine Stichprobe schweizerischer und deutscher Mathematikstunden kommt sie zum einen der Forderung nach vermehrten Replikationsstudien im Bereich der videobasierten Unterrichtsforschung nach. Zweitens stellt der Fokus auf motivational-emotionale Aspekte des Lernens eine sinnvolle Erweiterung der untersuchten Unterrichtswirkungen in Richtung multikriterialer Bildungsziele dar, berücksichtigt doch der grösste Teil bisher vorliegender Untersuchungen v.a. den fachlich-kognitiven Leistungszuwachs. Schliesslich zeigt die Arbeit einen gangbaren Weg auf, motivational-emotional relevante Aspekte der Unterrichtskommunikation systematisch zu erfassen, so dass auch quantitative Auswertungen möglich werden. Nicht zuletzt ist die Dissertation auch aus unterrichtspraktischer Sicht lesenswert: Anhand der Analysen und des leserfreundlich gestalteten und verständlich geschriebenen Theorieteils wird überzeugend aufgezeigt, was unterstützende Unterrichtsgespräche kennzeichnet und wie solche Gespräche gestaltet werden können.

Freiburg/Fribourg, April 2015, Christine Pauli

Inhalt

Abstract

On the basis of socio-constructivist and socio-cultural theories of learning and teaching, educational research has analyzed instructional discourse mainly with regard to its potential in terms of cognitive activation. However, it is increasingly acknowledged that the quality of instructional discourse is crucial to motivational and affective aspects of learning.

Against this background, the purpose of the present study is to explore the impact of these discourses on motivational and affective aspects of learning from classroom instruction in mathematics lessons.

The present study is based on data from a binational video study on mathematics instruction in Germany and Switzerland. The sample included 39 classes (765 students, 8th and 9th grade) with three types of data: videotaped lessons, student and teacher questionnaires, and achievement tests. A coding system developed by Turner et al. (2002) was employed to investigate supportive and non-supportive classroom discourse.

The 39 teachers displayed a broad range of discourse patterns of instructionally and/or motivationally supportive or non-supportive discourse. From multi-level analyses, it emerged that self-determination, support for competence development and a positive student-teacher relationship were clearly displayed in classes with frequent use of supportive instructional discourse. Small but nevertheless significant correlations were found with regards to perceived autonomy and positive affect. The findings surrounding the types of goal orientation and social relatedness reveal no significant correlations. Possible explanations for the results obtained are presented in the final section, including the relevance of the findings for teaching practice and a description of gender differences found in the data.

In conclusion, supportive instructional discourse is important for motivational and emotional aspects of learning, which are considered as driving forces behind learning behaviors and thus can have a lasting effect on achievement.

1 Einleitung

1.1 Die Bedeutung motivational-emotionaler Aspekte des Unterrichtserlebens

Das Leistungsniveau eines Bildungssystems wird durch ein komplexes System beeinflusst, das durch inhaltliche, systemische und auch personale Bedingungen geprägt wird. Fend hat dieses System in einem theoretischen Modell für Bildungsqualität und Bildungswirkungen in einem Angebot-Nutzungs-Modell dargestellt (Fend, 1998; 2006). Auf dieser Grundlage haben Reusser und Pauli (2010) ebenfalls ein systemisches Rahmenmodell von Unterrichtsqualität und -wirksamkeit skizziert, in welchem sich die Qualität des Bildungsangebotes und die Qualität der Angebotsnutzung wechselseitig gegenüber stehen. Das Modell beschreibt die mehrdimensionalen Bildungswirkungen als Resultat von Unterricht, der sich aus der Wechselwirkung von Lehrer- und Schülermerkmalen ergibt, welche in einem Kontext mit Normen, Klassenklima, Beziehungen, Klassenzusammenstellung steht. Angebots- und nutzungsbezogene Stützsysteme auf der System-, Schul- und Familienebene beeinflussen dabei beide Seiten.

Unterricht wird in diesem Modell als Angebot von Lerngelegenheiten verstanden, welcher in Abhängigkeit von individuellen, familiär-kulturellen und kontextuellen Bedingungen der Lernenden[1] unterschiedlich genutzt wird. Das Modell impliziert, dass das Lernen neben einer optimalen Ausgestaltung der Angebotsseite im Wesentlichen auch von der Nutzung des Angebots abhängt und schulische Leistung aus dem Wechselspiel resultiert (vgl. Reusser & Pauli, 2010; Helmke, 2007b; Weinert, 2001). Für die Angebotsnutzung sind es deshalb nicht nur die kognitiven Aspekte, sondern auch die motivationalen und affektiven Dispositionen und Fähigkeiten der Schülerinnen und Schüler, die eine wesentliche Rolle spielen.

Vor diesem Hintergrund sind die motivationalen und emotionalen Aspekte des Lernens aus zweierlei Hinsicht bedeutsam: Die positiven motivationalen und emotionalen Erfahrungen der Lernenden im Unterricht sind einerseits die zent-

---

1 In dieser Arbeit wird auf die Verwendung von geschlechtergerechten Formulierungen geachtet. Wenn immer möglich werden geschlechtsneutrale Begriffe verwendet. Für feststehende zu sammengesetzte Begriffe wie zum Beispiel „Lehrer- und Schülermerkmale" liessen sich nicht immer geschlechterneutrale, lesbare Formulierungen finden, in solchen Fällen gilt die männli che Form für beide Geschlechter.

ralen treibenden Kräfte für deren Verhalten und für die Erbringung Leistungen (vgl. Pekrun & Schiefele, 1996; Turner et al., 2002; Meyer & Turner, 2002b; Pintrich, 2003; Schweinle, Turner & Meyer, 2006; Linnenbrink, 2006), erhalten aber in der Forschung noch eher wenig Aufmerksamkeit (Boekaerts, 2001; Meyer & Turner, 2007; Pekrun, Goetz, Titz & Perry, 2002b). Dabei stehen die kognitiven und motivationalen Prozesse in komplexen Wechselwirkungen worin die Lernmotivation eine wichtige Bedingung darstellt, dass Lernen überhaupt stattfindet.

Andererseits kommt neben dem Wissens- und Kompetenzaufbau dem Aufbau von Lernkompetenzen hinsichtlich des längerfristigen Bildungserfolges eine grosse Bedeutung zu. Motivational-emotionale Aspekte wie beispielsweise Lernfreude, Engagement oder Selbstbestimmung (Krapp, 2003) sind bedeutsame Faktoren zur Befähigung des lebenslangen Lernens.

Der Alltag zeigt aber, dass viele Gymnasiastinnen und Gymnasiasten gegenüber dem Fach Mathematik negative Emotionen und eine geringe Motivation zu haben scheinen, und sich häufig lebenslang vom Fach abwenden[2]. Die Unterschiede zwischen Mädchen und Jungen in naturwissenschaftlichen Fächern und Mathematik werden vielfältig diskutiert, insbesondere die geschlechterspezifischen Leistungsunterschiede, gemessen beispielsweise in der PISA-Studie (vgl. OECD[3], 2004) oder in der TIMSS[4] (1997), sie beginnen bereits in der Volksschule (vgl. Dickhäuser & Meyer, 2006; Krapp, 2002). Die internationale Mathematik- und Naturwissenschaftsstudie zeigt auf, dass sowohl in der Berufsbildung wie auch in Gymnasien die Leistungen und Interessen der jungen Frauen in der Mathematik und in den Naturwissenschaften niedriger als jene der Männer sind (TIMSS 1997; Labudde & Zalesak, 2000; Neuschmidt, Barth & Hastedt, 2008).

Ebenso gibt es geschlechterspezifische Unterschiede in der mathematikbezogenen Selbsteinschätzung, Motivation und Interesse (vgl. Jurik, Gröschner & Seidel, 2014; Goetz, Bieg, Lüdtke, Pekrun & Hall, 2013; Neuschmidt, Barth & Hastedt, 2008; Hoffmann, 2002; Labudde & Zalesak, 2000; Häussler, Hoffmann, Langenheine, Rost & Sievers, 1998), so wie für die Prüfungsangst in Mathematik (vgl. Goetz et al., 2013; Hyde, Fennema, Ryan, Frost & Hopp, 1990).

---

2   Vgl. MINT-Nachwuchsbarometer
3   OECD = Organisation for Economic Co-operation and Development
4   TIMSS = Third International Mathematics and Science Study

Die Frage nach den Bedingungsfaktoren für positive motivationale und emotionale Aspekte des Lernens in mathematisch-naturwissenschaftlichen Fächern ist eine wichtige, „da diese (abgesehen von der Biologie) am meisten Anhänger verlieren" (Klieme, Pauli & Reusser, 2006a, S. 141; vgl. auch Krapp, 2000). Andere Befunde zeigen, dass die Motivation, Lernfreude und der Wert von Mathematik von der Mittel- zur Oberstufe stetig abnehmen (Stipek, 2002; Wigfield, Eccles, Yoon, Harold, Arreton & Blumfeld, 1997).

Schulleistungen sind vor dem Hintergrund des systemischen Rahmenmodelles von Angebot und Nutzung immer das Ergebnis des Wechselspiels vieler beteiligter Faktoren und es ist Aufgabe der Schule, durch ein adaptives, didaktisches Design zu einer optimalen Synchronisierung von Angebotsstrukturen und Nutzungsfähigkeiten beizutragen (Reusser, 2009).

1.2 Unterrichtskommunikation als zentraler Aspekt schulischer Lehr- und Lernprozesse

Die soziokulturelle Lerntheorie, basierend auf den Arbeiten von Vygotsky (vgl. 1978) zeigt auf, wie soziale Prozesse das Lernen und Denken formen. Vygotsky nahm an, dass sich menschliche Tätigkeiten in einem kulturellen Kontext vollziehen und darin verstanden werden müssen. Die sozialen Interaktionen mit anderen sind mehr als nur einfache Einflüsse auf die kognitive Entwicklung, sondern sie schaffen erst die kognitiven Strukturen und Denkprozesse (Palincsar, 1998). Unterrichtsprozesse bedeuten immer auch sozial vermittelte Prozesse: Durch Kommunikation und Interaktionen werden Beziehungen gestaltet und das Unterrichtsklima geprägt. Die Unterrichtskommunikation gehört damit zu den zentralsten Aspekten schulischer Lehr- und Lernprozesse, und beeinflusst neben den kognitiven Prozessen und Lernerträgen – worauf sich die bisherige empirische Forschung primär konzentriert hat – vor allem auch die affektiven, motivationalen und sozialen Aspekte des Lernens (vgl. Kiemer, Gröschner, Pehmer & Seidel, 2015; Jurik et al., 2014; Walshaw & Anthony, 2008; Pekrun, Goetz, Titz & Perry, 2002a; Buff, Reusser, Rakoczy & Pauli, 2011; Rakoczy, Klieme, Bürgermeister & Harks, 2008; Schweinle et al., 2006; Meyer & Turner, 2006; Turner, Midgley, Meyer & Patrick, 2003b; Ryan & Deci, 2000a; 2000b; Stipek, Salomon, Givvin, Kazemi, Saxe & MacGyvers, 1998).

In der aktuellen Forschung basiert Instruktionsqualität auf individuellen, selbstgesteuerten und konstruktiven Lernprozessen, mit multiplen Zielen – kognitiven, motivationalen und emotionalen (vgl. De Corte, 2003; Kunter, 2005; Pauli & Reusser, 2006; Schoenfeld, 2006). Nebst der soziokulturellen Theorie sind sowohl die Zielorientierungs- als auch die Selbstbestimmungs- und Selbstwirksamkeitstheorien Ansätze, welche die Wichtigkeit der Unterrichtskommunikation und der Beziehungsgestaltung im Unterricht theoretisch erklären. Alle drei Theorien liefern interessante Hinweise für die theoretische Untermauerung dieser Arbeit, weil sie Motivation sowohl als individuelles, aber vor allem auch als ein durch den Kontext gesteuertes und damit beeinflussbares Phänomen begreifen (Urdan & Schönfelder, 2006):

- Die Zielorientierungstheorie ist ein prominenter Ansatz innerhalb der Motivationsforschung und zeigt Zusammenhänge von der Zielorientierung zu Verhalten, Erleben und Leistung auf (vgl. Dweck, 1986; Ames & Archer, 1988; Pintrich, 2000; Linnenbrink & Pintrich, 2002; Elliot, 2005; Harackiewicz & Linnenbrink, 2005a; Harackiewicz, Durik & Barron, 2005b; Urdan & Schoenfelder, 2006). Die Qualität des Unterrichtsdiskurses ist entscheidend, welche Zielorientierung im Klassenzimmer vorherrscht (Patrick, Kaplan & Ryan, 2011; Turner et al., 2003b; Turner et al., 2002).

- Die Selbstbestimmungstheorie (vgl. Deci & Ryan, 1985; 1993; 2000; 2000a) befasst sich mit denjenigen Faktoren, welche die intrinsische Motivation und Selbstregulation anregen, und postuliert aufgrund empirischer Untersuchungen, dass sich der Wunsch nach Selbstbestimmung in drei grundlegenden angeborenen Bedürfnissen manifestiert: Autonomie, Kompetenz und soziale Eingebundenheit. Vor diesem Hintergrund entsteht die Frage, wie die Gestaltung der Unterrichtskommunikation geschehen muss und wie die daraus resultierenden Unterrichtserfahrungen mit der Lernmotivation von Schülerinnen und Schülern zusammenhängt.

- Die Selbstwirksamkeitstheorie, geprägt von Bandura (1977), liefert ebenfalls bedeutsame Hinweise zur Unterrichtskommunikation. Selbstwirksamkeitserwartungen gelten gerade in der Mathematik als sehr gute Prädiktoren für die motivationalen und kognitiven Prozesse als auch für den Leistungserfolg (Bong, 2004; Schunk & Pajares, 2002; Schunk, 1989; Middleton, Kaplan & Midgely, 2004; Pajares & Miller, 1994; Pajares & Miller, 1995).

Vor diesem Hintergrund wird in dieser Arbeit der Frage nach dem Zusammenhang der Unterrichtskommunikation mit den motivational-emotionalen Aspekten des Lernens und des Unterrichtserlebens nachgegangen und sowohl anhand der genannten Theorien, als auch empirischer Daten und deren Analysen zu beantworten versucht.

Videobasierte Unterrichtsdaten zur Erforschung der Qualität der Unterrichtskommunikation und deren Auswirkungen liegen bislang nicht in grösseren Stichproben vor (Krammer, 2009; Patrick et al., 2011). Ausserhalb des verwendeten Datensatzes waren es einzig Seidel, Prenzel, Rimmele, Schwindt, Kobarg, Herweg & Dalehefte (2006) mit ihrer IPN-Videostudie, die im grösseren Stil qualitative Merkmale des Interaktionsverhaltens untersuchten (insbesondere zur Engführung des Klassengespräches), und Krammer (2009), die im Rahmen der TIMSS-1999-Videostudie und schweizerischen Vertiefungsstudie individuelle Lernunterstützung in Schülerarbeitsphasen untersucht hat.

1.3 Forschungskontext im engeren Sinne

Die schweizerisch-deutsche Videostudie „*Unterrichtsqualität, Lernverhalten und mathematisches Verständnis*"[5] (Klieme, Pauli & Reusser, 2009) ist seit 2002 Gegenstand diverser Forschungsprojekte und Publikationen. Sie wird im Folgenden der Einfachheit halber „Pythagoras-Studie"[6] genannt. Daraus entstand die Fortsetzungsstudie „*Didaktische Kommunikation und Bildungswirkungen im problemorientierten Unterricht*"[7] (auch DIDKOM-Studie genannt), in welche dieses Dissertationsprojekt eingebettet ist.

Übergeordnetes Ziel der binationalen Studie war es, Qualitätsmerkmale von bildungswirksamem Mathematikunterricht zu identifizieren. Durch den riesigen multiperspektivischen Datensatz mit videographierten und transkribierten Unterrichtslektionen, leitfadengestützten Interviews mit Lehrpersonen und elektronisch aufbereiteten Auswertungen der Fragebogen und Testdaten von Schüle-

---

5 Das Projekt wurde in Zusammenarbeit zwischen einem deutschen Forschungsteam am Deutschen Institut für Internationale Pädagogische Forschung (DIPF) in Frankfurt (unter der Leitung von E. Klieme) und einem schweizerischen Forschungsteam am Pädagogischen Institut der Universität Zürich (unter der Leitung von Prof. K. Reusser und Dr. Ch. Pauli) durchgeführt.

6 Die Bezeichnung Pythagoras-Studie ist insofern irreführend, als im untersuchten Unterricht nebst Unterrichtseinheiten zum Thema „Einführung in die Satzgruppe des Pythagoras" auch das Lösen von mathematischen Textaufgaben Gegenstand war.

7 SNF: Projekt Nr. 100013-113971/1.

rinnen und Schülern ist das Potenzial des Datensatzes mannigfaltig. Kennzeichnend für die Studie ist die Vernetzung von drei Perspektiven (Reusser & Pauli, 2003):

- Eine längsschnittartige Untersuchung der Wirkung unterschiedlicher Unterrichtsmerkmale;
- mikrogenetische Untersuchungen zur Entwicklung des mathematischen Verständnisses im Verlauf der videographierten Lektionen;
- die Untersuchung der Zusammenhänge zwischen schulischem Kontext, Einstellungen der Lehrpersonen, Gestaltungs- und Qualitätsmerkmalen des Unterrichts und Wirkungen des Unterrichts im binationalen Vergleich.

Die Pythagoras-Studie hatte in einer ersten Projektphase das Ziel, die Zusammenhänge zwischen schulischem Kontext, Einstellungen von Lehrpersonen, unterrichtlichen Qualitätsdimensionen und Wirkungen des Unterrichts zu untersuchen. In einer weiteren Projektphase stand die Frage der didaktischen Kommunikation sowohl im Klassenunterricht als auch in den tutoriellen Dialogen und der optimalen Unterstützung von Verstehens- und Lernprozessen im Zentrum. Erforscht wurden die Instruktion des kollektiven und individuellen Problemlösens sowie die soziale Wissenskonstruktion in Bezug auf ihre Wirksamkeit in Hinblick auf nachhaltige Lehr-Lernprozesse.

Durch die multiperspektivische Sicht auf den Unterricht ergaben sich aus der schweizerisch-deutschen Videostudie und deren Nachfolgestudien viele bedeutsame Publikationen, eine Auswahl davon findet sich folgend:

- Unterrichtsbezogene Kognitionen von Lehrpersonen (Leuchter, 2009; Leuchter, Reusser, Pauli & Klieme, 2008; Leuchter, Pauli, Reusser & Lipowsky, 2006; Leuchter & Pauli, 2006; Lipowsky, Thussbas, Klieme, Reusser & Pauli, 2003);
- die Rolle der Bearbeitungsqualität von zentralen Elementen in Hinblick auf die Entwicklung des Schülerverständnisses (Drollinger-Vetter, 2011; Brunner, Reusser & Pauli, 2010; Drollinger-Vetter, Lipowsky, Pauli, Reusser & Klieme, 2006; Lipowsky, Rakoczy, Pauli, Drollinger-Vetter, Klieme & Reusser, 2009);
- die kognitive Aktivierung (Rakoczy, Klieme, Lipowsky & Drollinger-Vetter, 2010; Pauli, Drollinger-Vetter, Hugener & Lipowsky, 2008);

- die Wirkung der Schülerbeteiligung (Pauli & Lipowsky, 2007; Lipowsky, Pauli & Rakoczy, 2008; Lipowsky, Rakoczy, Pauli, Reusser & Klieme, 2007);
- die Zusammenhänge von motivations- und emotionsrelevanten Merkmalen der Unterrichtsqualität sowie Motivations- und Interessenentwicklung (Rakoczy, 2006; 2008; Rakoczy, Klieme & Pauli, 2008; Rakoczy, Klieme, Drollinger-Vetter, Lipowsky, Pauli & Reusser, 2007);
- die Zusammenhänge zwischen den Inszenierungsmustern und der Unterrichtsqualität (Hugener, Pauli, Reusser, Lipowsky, Rakoczy & Klieme, 2009; Hugener, 2008; Hugener, Pauli & Reusser, 2007);
- das motivational-emotionale Erleben der Lernenden (Buff et al., 2011) oder
- die Verwendung der Unterrichtsvideos für die Lehrpersonenbildung (Krammer, Lipowsky, Pauli, Schnetzler & Reusser, 2012; Krammer, Schnetzler, Pauli, Reusser, Ratzka, Lipowsky et al. 2010; Krammer, Schnetzler, Pauli, Ratzka & Lipowsky, 2009; Krammer & Reusser, 2005; 2004; Ratzka, Lipowsky, Krammer & Pauli, 2005).

Diese Arbeit untersucht die Zusammenhänge der instruktionalen und motivationalen Unterrichtskommunikation der Lehrpersonen mit motivational-emotionalen Aspekten des Unterrichtserlebens.

Die Einbettung in eine gross angelegte Videostudie ermöglichte es einerseits, die Unterrichtskommunikation in einer vergleichsweise umfangreichen Stichprobe zu analysieren mit dem Einbezug von Schülerdaten, die im Rahmen der Vorläuferstudie (Pythagoras-Studie) erhoben wurden. So wurde es möglich, prozessbezogene Analysen der Unterrichtskommunikation zur Unterrichtswahrnehmung und Einschätzung der Lernerfahrungen der Schülerinnen und Schüler in Beziehung zu setzen. Andererseits entstanden durch die Einbettung in ein bestehendes Projekt auch Limitationen: Es musste mit einer bestehenden Datenstruktur gearbeitet werden, was vor allem aufgrund der zeitlichen Abfolge der Datenerhebung (Schülerfragebogen und videographierte Mathematiklektionen) nicht vollumfänglich optimal war. Diesen Einschränkungen galt es in der Datenanalyse Rechnung zu tragen.

1.4 Ziel der Arbeit

Diese Arbeit gehört zur Fortsetzungsstudie der Pythagoras-Studie und bezieht sich auf den Datensatz „Einführung in die Satzgruppe des Pythagoras" mit 120 videographierten Lektionen, Schüler- und Lehrpersonenfragebogen und Leistungstests.

Ziel dieser Arbeit ist es, anhand videobasierter Auswertungen der instruktionalen und motivationalen Unterrichtskommunikation von 39 Lehrpersonen im Mathematikunterricht Zusammenhänge mit motivationalen und emotionalen Aspekten des Unterrichtserlebens aufzuzeigen. Es wird der Frage nachgegangen, ob ein unterschiedliches Ausmass an Unterstützung in der Unterrichtskommunikation der Lehrpersonen mit dem Erleben von Selbstbestimmung, Autonomie- und Kompetenzunterstützung, mit der sozialen Zugehörigkeit, mit positiver oder negativer Affektivität und mit Ausprägungen der Zielorientierung, eingeschätzt von den Schülerinnen und Schülern, zusammenhängt.

Abgrenzung: Diese Arbeit beschäftigt sich nicht mit einer *fachdidaktischen* Analyse der Unterrichtskommunikation im Mathematikunterricht, sondern mit der Untersuchung der Unterrichtskommunikation hinsichtlich ihrer fachunabhängigen Unterstützungsqualität.

1.5 Gliederung der Arbeit

Die Arbeit gliedert sich nach dieser Einleitung in einen theoretischen Teil (Kapitel 2-4) und einen empirischen Forschungsteil (Kapitel 5-8).

Das Bildungsangebot zeichnet sich durch die Unterrichtsqualität und die Unterrichtswirksamkeit **(Kapitel 2)** aus, wobei für diese Arbeit die Instruktionsqualität bzw. die Qualität der Unterrichtskommunikation eine besondere Rolle spielt. Dabei werden drei Sichtweisen auf die Unterrichtsqualität vorgestellt:

*   Eine systemische Sicht (Kapitel 2.1);
*   eine didaktische Sicht (2.2);
*   eine empirische Sicht (2.3).

Die Unterrichtskommunikation als bedeutende Komponente des Unterrichtsgeschehens wird anhand ausgewählter Ansätze erläutert:

*   Cognitive Apprenticeship (2.4.1)
*   Scaffolding (Kapitel 2.4.2).

- Accountable Talk (Kapitel 2.4.3)
- Implikationen für die Unterrichtsgestaltung (2.4.4).

Die Angebotsnutzung **(Kapitel 3)** steht dem Bildungsangebot gegenüber und bildet die zweite Dimension von Unterricht. Die bereitgestellten Lernangebote müssen von den Schülerinnen und Schülern auch genutzt werden – die Angebote setzen per se noch keine Lernprozesse in Gang.

Die Lernmotivation ist als soziokognitiver Prozess zu begreifen, in der die kontextuelle Perspektive eine bedeutende Rolle spielt. Dabei sind drei motivationspsychologischen Theorien bedeutsam:

- Die Selbstbestimmungstheorie von Deci und Ryan (Kapitel 3.1.1);
- die Selbstwirksamkeitstheorie von Bandura (3.1.2);
- die Zielorientierungstheorie, geprägt von Ames, Nicholls und Dweck (3.1.3);
- die unterrichtsbezogenen Emotionen bzw. das affektive Unterrichtserleben (3.2).

Nach dem Einblick in die Theorie mit dem Fokus auf Angebot und Nutzung, Unterrichtsqualität und die Anforderungen an die Unterrichtskommunikation werden die Fragestellungen dieser Arbeit präsentiert **(Kapitel 4).**

Mit der Beschreibung der Methodik beginnt der empirische Teil **(Kapitel 5)**. Nach einer kurzen Einführung in die videobasierten Forschung, wird

- die schweizerisch-deutschen Videostudie „Unterrichtsqualität, Lernverhalten und mathematisches Verständnis" (Kapitel 5.3.1) und
- die Nachfolgestudie „Didaktische Kommunikation und Bildungswirkungen im problemorientierten Mathematikunterricht" (5.3.2);
- die Stichprobe (5.4) vorgestellt.

Das Codierinstrument mit seinem dichotomen Kategoriensystem bildet das Herzstück der Analyse (5.5), es besteht aus den Kategorien

- unterstützende instruktionale oder motivationale Unterrichtskommunikation (5.5.1/5.5.2) und
- nicht unterstützende instruktionale oder motivationale Unterrichtskommunikation (5.5.3/5.5.4).

Nebst den videographierten Unterrichtssequenzen wurden auch Befragungsdaten bei den Schülerinnen und Schülern erhoben (5.6). Der Methodenteil wird durch die Ausführungen zur Datenanalyse (5.7) abgeschlossen.

Die Darstellung der Ergebnisse **(Kapitel 6)** wird unterteilt in:

- Einen deskriptiven Teil (Kapitel 6.1);
- einen qualitativen Einblick in die Unterrichtskommunikation (6.2);
- die Auswertungen der Mehrebenenanalysen (6.3).

Die Diskussion der empirischen Resultate **(Kapitel 7)** schliesst die Arbeit ab.

2 Unterrichtsqualität und Unterrichtswirksamkeit

Das Bildungsangebot zeichnet sich durch die Unterrichtsqualität mit allen Faktoren, Perspektiven und Dimensionen des guten Unterrichts aus. Im folgenden Kapitel werden die Grunddimensionen von wirksamen Unterricht skizziert, beginnend mit

- einer systematischen Sicht (Kapitel 2.1),
- einer didaktischen Sicht (2.2) und
- einer empirischen Sicht auf Unterrichtsqualität (2.3).

Die empirischen Befunde teilen sich in die Abschnitte Classroom Management (2.3.1) und kognitive Aktivierung (2.3.2). Die empirischen Befunde zum sozialen Klima finden sich später in Kapitel 3.2.3.

Ein besonderer Schwerpunkt für diese Arbeit liegt in der Unterrichtskommunikation als bedeutende Komponente des Unterrichtsgeschehens (2.4) mit deren Wirkung auf die kognitiven und vor allem auf die motivational-emotionalen Aspekte des Lernens. Es werden ausgewählte Methoden und Konzepte der Unterrichtskommunikation bzw. der Instruktion vorgestellt,

- die Cognitive Apprenticeship (2.4.1),
- das Scaffolding (2.4.2),
- Accountable Talk (2.4.3).

Die Implikationen für die Praxis (2.4.4) schliessen das Kapitel der Unterrichtsqualität und -wirksamkeit ab.

2.1 Eine systemische Sicht auf die Unterrichtsqualität

Das Leistungsniveau eines Bildungssystems wird durch ein komplexes System beeinflusst, das durch inhaltliche, systemische und auch personale Bedingungen geprägt wird. Fend hat dieses System in einem theoretischen Modell für Bildungsqualität und Bildungswirkungen dargestellt, in einem Angebot-Nutzungs-Modell (Fend, 1998; 2006). Unterricht wird darin als Angebot von Lerngelegenheiten verstanden, welches in Abhängigkeit von individuellen, familiär-kulturellen und kontextuellen Bedingungen der Lernenden unterschiedlich genutzt wird. Das Modell impliziert, dass das Lernen neben einer optimalen Ausgestaltung der Angebotsseite im Wesentlichen auch von der Nutzung des Angebots abhängt und schulische Leistungen aus dem Wechselspiel resultieren (vgl. Reusser & Pauli, 2010; Helmke, 2007b; Weinert, 2001). Neben Angebot und Nutzung betont Fend (1998) auch die Stützsysteme, die eine hohe Qualität des Angebots sichern und einen optimalen Nutzen gewährleisten.

Systemisches Rahmenmodell von Unterrichtsqualität und -wirksamkeit

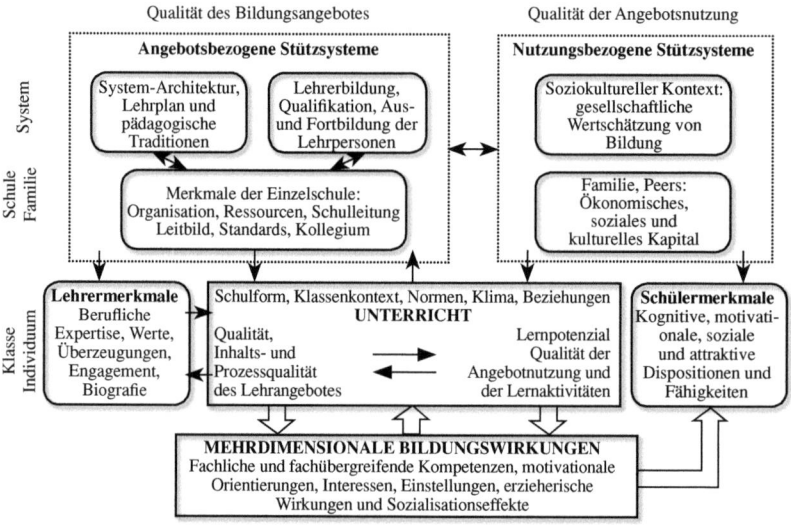

Abbildung 2.1: Schematische Darstellung des Angebots- und Nutzungsmodells (Reusser & Pauli, 2010, S. 18)

Auf dieser Grundlage haben Reusser und Pauli (2010) ebenfalls ein systemisches Modell von Unterrichtsqualität und -wirkungen skizziert (vgl. Abbildung 2.1). Das Modell beschreibt die mehrdimensionalen Bildungswirkungen als Resultat von Unterricht, der sich aus der Wechselwirkung von Lehrpersonen- und Schülermerkmalen ergibt, welche in einem Kontext mit Normen, Klassenklima, Beziehungen, Klassenzusammenstellung steht.

Unterricht bzw. Lerngelegenheiten bilden ein Angebot, welches von den Schülerinnen und Schülern aufgrund unterschiedlicher Begabungen, Voraussetzungen oder Motivationen unterschiedlich genutzt wird. Das Modell widerspiegelt die Erkenntnis, dass die Bildungsqualität und Bildungswirkung „nicht alleine durch das Lehrhandeln erzeugt werden, sondern in ihrer Einbettung in bzw. ihrer sozialen Rahmung durch die Gesamtheit des Bildungssystems betrachtet werden müssen" (Reusser & Pauli, 2010, S. 17).

Das Modell basiert auf einem konstruktivistischen Lernverständnis, welches Reusser (1999; 2001; 2006) mit folgenden sechs Kernpostulaten umschrieben hat:

1. Wissen ist eine Konstruktion des menschlichen Geistes. Lernen bedeutet den kumulativen Aufbau von immer komplexer werdenden Wissens- und Denkstrukturen. Aebli (1980; 1984) beschreibt Verstehen als Einordnung in ein System vorhandener Bedeutungen bzw. in das subjektive Handlungs-, Prozess-, Sprach- und Begriffswissen.

2. Verstehensbezogener Aufbau erfolgt bereichsspezifisch nach Massgabe eines mehr oder weniger „intelligenten" Vorwissens. Was eine Person wahrnimmt und wie sie dies verarbeitet, hängt von den Strukturen ab, über die sie verfügt.

3. Für den Transfer auf neue Situationen lassen sich jene Wissensstrukturen am besten anwenden, die als Beziehungsnetze eigenständig aufgebaut und konsolidiert wurden. Begriffe werden erst bereichsspezifisch, d.h. kontextgebunden verortet und sind erst in diesem Kontext wieder erkennbar. Die Überwindung dieser Verhaftung über Generalisierung und Differenzierung ermöglicht den Transfer.

4. Wissensaufbau geschieht situativ und selbstreguliert. Der Verstehensvorgang ist eine Wechselwirkung zwischen einem Subjekt und einem Objekt bzw. einer zu verstehenden Situation.

5. Alle Konstruktionsschritte müssen individuell und in sozialen Bezügen selbst vollzogen werden. „Wer versteht, kopiert nicht Wirklichkeit, entschlüsselt nicht eine Struktur mit gegebenem, festem Sinnbestand, sondern schafft immer auch neue Information, stiftet oder erzeugt Sinn" (Reusser, 1997, S. 16).

6. Lernen geschieht in sozialen Kontexten, ko-konstruktiv in Dialogen, im individuellen und kollektiven Aushandeln von Bedeutungen. Verstehen ist ein psychologisch-pädagogischer Prozess, der immer in einem Kontext stattfindet.

Optimale Lernprozesse lassen sich zusammenfassend wie folgt charakterisieren: Sie sind aktiv und selbstmotiviert, problemlösend und dialogisch, bewusst, reflexiv und ko-konstruktiv – je besser dies gelingt, desto besser wird das Wissen verstanden und behalten (Transparenz und Stabilität), desto beweglicher ist es (Transfer und Mobilität) und desto bedeutsamer werden die neuerworbenen Kenntnisse und Fähigkeiten erfahren (Motivationsgewinn, Selbstwirksamkeit) (Reusser, 2006, S. 159).

Für diese Arbeit ist zu betonen, dass Lernen nicht nur kognitive Konstruktionsleistungen, sondern auch metakognitive, motivationale und emotionale Aspekte beinhaltet (Reusser & Pauli, 2010).

Zum einen erfordert die aktive Auseinandersetzung mit dem Stoff die Bereitschaft und Anstrengung, sich darauf einzulassen und beim Lernen durchzuhalten. Zum anderen ist unter dem Gesichtspunkt des Aufbaus fachlicher und überfachlicher Kompetenzen die Förderung metakognitiver, kommunikativer und motivationaler Fähigkeiten ein eigenständiges Ziel des Unterrichts (ebd., S. 19).

Unter der Perspektive eines konstruktivistischen Lernverständnisses erhält die Lehrperson eine erweiterte Rolle, in der sie nicht nur Wissen vermittelt, sondern Lerngelegenheiten und Kooperationsmöglichkeiten schafft und mit einer adaptiven und unterstützenden Unterrichtskommunikation die Schülerinnen und Schüler in der gemeinsamen Wissenskonstruktion als auch in ihren motivationalen Fähigkeiten unterstützt.

Zusammenfassend zeigt das Angebots- und Nutzungsmodell der Bildungswirksamkeit die komplexe Determination schulischer Leistungen, und Unterricht als Ergebnis des Zusammenspiels einer Reihe von Faktoren. Schulleistungen sind deshalb immer das Ergebnis des Wechselspiels vieler beteiligter Faktoren, und es ist Aufgabe der Schule, durch ein adaptives, didaktisches Design zu einer optimalen Synchronisierung von Angebotsstrukturen und Nutzungsfähigkeiten beizutragen (Reusser, 2009). Eine weitere Erkenntnis liegt darin, dass die Erforschung des Unterrichts den oben genannten Umständen Rechnung tragen muss, indem sie die verschiedenen Faktoren sowohl auf der Angebots- als auch auf der Nutzungsseite berücksichtigt.

2.2 Eine didaktische Sicht auf Unterrichtsqualität

Vor dem Hintergrund einer systemischen Perspektive auf die Unterrichtsqualität und -wirksamkeit werden diese im folgenden Kapitel nun auf einer didaktischen Ebene beleuchtet. Unterricht ist das Kerngeschäft der Schule mit sozialen und gegenstandsbezogenen Prozessen des Wissens- und Kompetenzaufbaus. Lehr- und Lernhandeln wird von Lehrpersonen und Schülerinnen und Schülern gemeinsam gestaltet, abhängig von den individuellen und kollektiven, von den institutionellen und materialen Voraussetzungen (Reusser & Pauli, 2010).

Das didaktische Dreieck (Reusser, 2008; 2009) zeigt die Grundvorstellungen von Unterricht als deskriptive Denkfigur auf, welche sich als Relation zwischen der Lehrperson, den Schülerinnen und Schülern und dem Gegenstand konstituiert. Das Dreieck steht für die Abhängigkeiten von Bildungsgegenständen, Lernenden und Lehrenden im Kontext von Schule und Gesellschaft und damit für die „kognitive, soziale und motivational-emotionale Dynamik des interaktionalen Geschehens" im Unterricht (Reusser 2009, S. 883) bzw. für die „Dynamik der zentralen operativen Aufgaben von Lehrpersonen" (Reusser, 2008, S. 224). Aus der Figur ergeben sich drei Handlungsfelder mit pädagogisch-didaktischen Aufgaben, die Stoff-, Ziel- und Aufgabenkultur, die Lehr-Lern- und Verstehenskultur sowie die Kommunikations- und Unterstützungskultur (vgl. Abbildung 2.2).

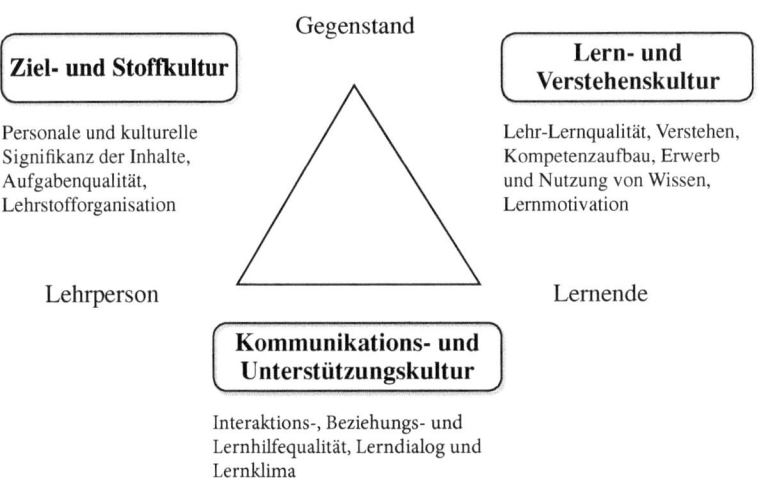

Abbildung 2.2: Grundmodell der unterrichtlichen Dynamik: Drei Kulturen des Lehrens und Lernens (Reusser, 2008, S. 225)

Stoff-, Ziel- und Aufgabenkultur. Diese Dimension beschreibt das WAS: Was soll warum, wozu und wann gelehrt und gelernt werden (Reusser, Pauli & Waldis, 2010). Die Stoff-, Ziel- und Aufgabenkultur umfasst die Bildungsinhalte und Standards mit der Bestimmung von fachlichen und überfachlichen Lern- und Bildungszielen in einem sachlogischen Aufbau, mit der Festlegung von individuell und gesellschaftlich konstruierten Entwicklungsaufgaben für die Heranwachsenden (Reusser, 2008). Folgende Aspekte in Bezug auf die Stoff-, Ziel- und Aufgabenkultur sind für die Unterrichtsqualität bedeutsam (Reusser, 2008):

- (Sozial-)Konstruktivistisches Gegenstands- und Wissensverständnis;
- klare, multikriteriale Ziele und Standards, Kompetenzorientierung;
- entwicklungsgemässe Aufbereitung bzw. Adaptation und Sequenzierung der Inhalte;
- sachlogisch stimmiger Lehrplan und Stoffaufbau (Organisation des Lehrstoffes);
- hohe Qualität und Signifikanz der Aufgaben bzw. Lehrmittel.

Unter dem Aspekt der Wissensdynamik und in Hinblick darauf, dass das vermittelte Schulwissen keine gegebene Grösse ist, sondern eine gesellschaftliche Konstruktion, ist die Bedeutung der Stoff- und Aufgabenkultur gross.

Lehr-Lern- und Verstehenskultur. Bei der Frage, WIE der Lernstoff den Lernenden präsentiert wird, stehen die Methoden- und Inszenierungsvielfalt sowie die Wahl der Sozialformen des instruktionalen Handelns und der dadurch initiierten Prozesse des Lernens im Fokus. Ziel ist es, den Lernenden einen verstehensbezogenen Wissensaufbau in spezifischen Lernsettings unter der Berücksichtigung von kognitiven, motivationalen, sozialen und emotionalen Faktoren zu ermöglichen. Folgende Gütekriterien gelten in dieser Dimension als besonders wichtig für die Unterrichtsqualität:

- Hoher Anteil echter Lernzeit (effiziente Klassenführung durch gutes Zeitmanagement, hohe Time-on-task-Anteile im Unterricht, Regelklarheit);
- Methodenvielfalt (Variabilität der Unterrichtsmethoden, Reichtum an Inszenierungstechniken, Vielfalt der Handlungsmuster, ko-konstruktive Lerndialoge, problemorientertes Lernen);

- intelligentes Üben (durch Bewusstmachen von Lernstrategien, Individualisierung, adaptive Hilfestellungen, Förderung der Selbstregulation, Konsolidierung, positives motivationales und emotionales Unterrichtsklima);
- transparente Leistungserwartungen (durch ein an Richtlinien oder Bildungsstandards orientiertes, dem Leistungsvermögen der Schülerinnen und Schüler entsprechendes Lernangebot und konstruktive Rückmeldungen zum Lernfortschritt).

Erfolgreiches Lernen geschieht graduell selbstreguliert und selbstverantwortlich, anwendungs- und verstehensbezogen sowie problemorientiert, dialogisch und kooperativ und umfasst nebst den kognitiven immer auch die motivationalen und emotionalen Aspekte (Reusser, 2008).

Kommunikations-, Lernunterstützungs- und Beziehungskultur. Die Kommunikations-, Beziehungs- und Unterstützungskultur sowie die Partizipationsstrukturen berücksichtigen die kognitiven, emotionalen, motivationalen und sozialen Bedingungsfaktoren für gelingende Interaktionen (vgl. Reusser & Pauli, 2010). Folgende drei Aspekte bilden den Kern der Unterrichtsqualität in Bezug auf Kommunikation-, Unterstützungs- und Beziehungskultur (Reusser, 2008):

- Lernförderliches Unterrichts- und Sozialklima (Motivierungs- und affektive Qualitäten des Unterrichts, gegenseitiger Respekt, Ermutigung zur Fehlerkultur, Übernahme von Verantwortung der Lernprozesse durch die Schülerinnen und Schüler, Wertschätzung, Vertrauen und Wärme);
- sinnstiftendes Kommunizieren (Verständnisorientierung und kognitive Aktivierung, aktive Gesprächskultur und informatives, konstruktives Feedback);
- individuelles Fördern (adaptive fachliche und überfachliche Förderung mittels Scaffolding, Modellierung, Coaching und individueller pädagogischen Diagnostik).

Diese Dimension umfasst primär die Bedingungen und Prozesse einer adaptiven Lernbegleitung, mit individuell differenzierenden didaktischen Kommunikationsformen und die Bedeutung von motivationalen und emotionalen Aspekten des Lernverhaltens.

Zusammenfassend ist das didaktische Dreieck in der multifaktoriellen Komplexität des Unterrichtsgeschehens ein vereinfachendes Schema, welches sich durch eine Grundvorstellung des unterrichtlichen Tätigkeitsfeldes anbietet, Aspekte der Unterrichtsqualität zu strukturieren.

Im didaktischen Dreieck wird zudem die Bedeutung der Unterrichtskommunikation sichtbar: Neben der Vermittlung der Lerninhalte und der damit verbundenen kognitiven Aktivierung nimmt sie sowohl in der aktiven Beziehungsgestaltung zu den Schülerinnen und Schülern als auch in der Förderung motivational-emotionaler Aspekte des Unterrichterlebens eine zentrale Rolle ein.

2.3 Eine empirische Sicht auf Unterrichtsqualität

Unterrichtsqualität umfasst „jegliches Merkmal der Lernumgebung, das dazu beitragen könnte, investierte Lernzeit möglichst effizient zu nutzen" (Klieme et al., 2006a, S. 127).

Den guten Unterricht gibt es nicht, jedoch stehen mittlerweile viele Hinweise auf Merkmale lehr- und lernförderlicher Unterrichtsprozesse zur Verfügung. Wie bereits in den vorangegangenen Kapiteln anhand des Angebots- und Nutzungsmodells und anhand des didaktischen Dreiecks betont wurde, ist Unterrichtsqualität multikriterial: es gilt, multiple Ebenen, multiple Perspektiven, multiple Zielkriterien, multiple Dimensionen und multiple Methoden in der Unterrichtsforschung zu berücksichtigen (Reusser, 1999a). Unterrichtsforschung muss die Tiefenstruktur didaktischer Qualitäten (vgl. Aebli, 1983; Reusser, 1999b) ergründen, da nicht die Vielfalt der Methoden- und Sozialformen an der Unterrichtsoberfläche für die Qualität des Lernens verantwortlich ist (Reusser, 2008; 2006), sondern die psychologisch-didaktischen Qualitätsdimensionen des Unterrichts.

Weinert, Schrader und Helmke beschreiben Unterrichtsqualität sehr funktional als „jedes stabile Muster von Instruktionsverhalten, das als Ganzes oder durch einzelne Komponenten die substantielle Vorhersage und/oder Erklärung von Schulleistung erlaubt" (1989, S. 899). Ein besonderes Augenmerk gilt auch in dieser Arbeit der Instruktionsqualität. „In allgemeinen Modellen der Bildungsproduktivität und in der Schuleffektivitätsforschung gelten Quantität und Qualität der Instruktion als wichtige ‚Produktionsfaktoren', die nicht durch andere Faktoren (...) kompensiert werden können" (Klieme et al., 2006). Instruktionsqualität heisst, eine kognitiv herausfordernde und adaptive Lernsituation zu gestalten, die Lernenden sorgfältig durch den Lernprozess zu begleiten und sie zum Mitdenken anzuregen (Resnick, Michaels & O'Connor, 2010; Collins, Greeno & Resnick, 2001; Brophy, 2000).

Obwohl Reviews und Metaanalysen über Lernen und Instruktion bezüglich ihrer Kategorisierung und Bezeichnung der Unterrichtsvariablen sehr unterschiedlich gestaltet sind (Seidel & Shavelson, 2007), zeigen sich einzelne Komponenten der Instruktion als sehr konsistent. Erfolgreich unterrichtende Lehrpersonen werden hauptsächlich mit drei Aspekten ihres Instruktionsverhaltens beschrieben (Klieme et al., 2006a; Kunter et al., 2007a; Kunter, Baumert & Köller, 2007b; Klusmann, Kunter, Trautwein, Lüdtke & Baumert, 2008; Baumert, Kunter, Blum, Brunner, Voss, Jordan, Klusmann, Krauss, Neubrand & Tsai, 2010):

- *Effizientes Classroom Management* (Effizienz in der Unterrichts- und Klassenführung inklusive Zeitmanagement und ein effektiver, präventiver Umgang mit Störungen, vgl. Kapitel 2.3.1);

- *Förderung von kognitiver Aktivierung* (ein tiefes Verständnis des Lerngegenstandes durch herausfordernde und gut strukturierte Lerngelegenheiten mit einem diskursivem Umgang mit Fehlern, vgl. Kapitel 2.3.2);

- *Unterstützung eines sozialen und wertschätzenden Lernklimas* mit einer adaptiven Instruktion, individuellem Feedback und einem unterstützenden Monitoring der Lernprozesse (folgt später in Kapitel 3.2.3).

Die resultierende Aufgabe der Lehrpersonen besteht darin, dieses Fundament für gelingende Lernprozesse zu sichern und dadurch Lerngelegenheiten für die Schülerinnen und Schülern zu schaffen (Klieme et al., 2006). Dies indem sie die Lernumgebungen so gestalten, dass die Arbeitsabläufe störungsfrei und strukturiert stattfinden, dass den Lernenden ein verständnisvolles Lernen und eine aktive Auseinandersetzung mit dem Lerngegenstand ermöglicht wird, und Sorge tragen, dass die Lernenden sich sozial integrieren, selbstständig lernen und positive Rückmeldungen zu den erreichten Kompetenzen erhalten.

Klieme et al. (2006) haben die Basisdimensionen guten Unterrichts und deren vermutete Wirkung in einem vereinfachten Modell skizziert (vgl. Abbildung 2.3). Die Unterrichtsqualität wirkt sich einerseits auf die kognitiven Aspekte des Unterrichts, andererseits aber auch auf das motivational-emotionale Erleben aus. Die Wechselwirkung zwischen motivations- und leistungsfördernden Merkmalen gelingt im Modell der drei Grunddimensionen zur Unterrichtsqualität gut, dank sinnvoller Reduktion der Komplexität (Klieme et al., 2006).

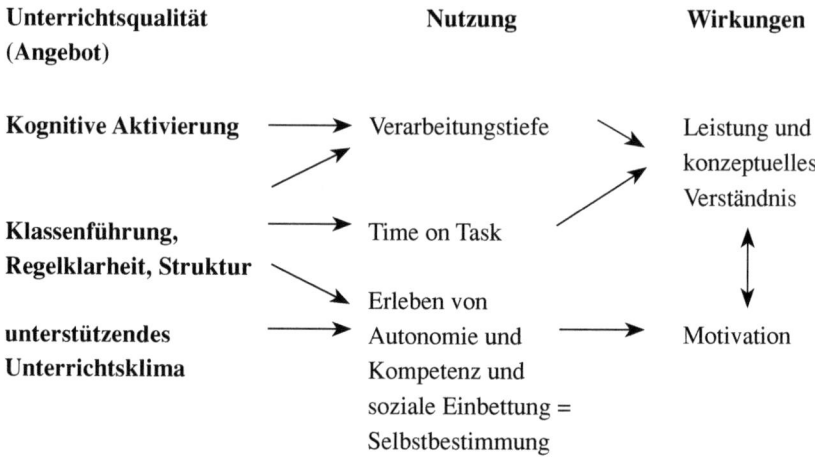

Unterrichtsqualität (Angebot)	Nutzung	Wirkungen
Kognitive Aktivierung	Verarbeitungstiefe	Leistung und konzeptuelles Verständnis
Klassenführung, Regelklarheit, Struktur	Time on Task	
unterstützendes Unterrichtsklima	Erleben von Autonomie und Kompetenz und soziale Einbettung = Selbstbestimmung	Motivation

Abbildung 2.3: Basisdimensionen guten Unterrichts und deren vermutete Wirkung (vgl. Klieme et al., 2006)

Eine kognitive Aktivierung und eine klare und störungspräventive Unterrichtsführung (Classroom Management) verbessern die time-on-task sowie die Verarbeitungstiefe und sind somit bedeutsam für Leistung. Ein unterstützendes Sozialklima fördert wiederum das Selbstbestimmungserleben, ist primär wirksam auf die Motivation der Schülerinnen und Schüler und zusätzlich effektiv in Bezug auf Leistung, unter der Bedingung, dass Lernaktivitäten kognitiv aktivierend und klar strukturiert ablaufen (vgl. Rakoczy, 2008).

Für diese Arbeit sind primär die Zusammenhänge der Unterrichtsqualität auf die Aspekte des motivational-emotionalen Unterrichtserlebens bedeutsam. In den folgenden Kapiteln werden die drei Aspekte genauer erläutert, insbesondere in Hinblick für die Bedeutung der Qualität der Unterrichtskommunikation auf die motivational-emotionalen Aspekte des Lernens und des Unterrichtserlebens.

2.3.1 Classroom Management

„(...) teaching strategies which organize the classroom in such a way that the available time is used efficiently, and which thus maximize students' opportunities to learn, have long been considered the best way to support students' achievement gains" (Kunter et al., 2007b, S. 495)

Das Classroom Management bzw. die Unterrichts- und Klassenführung fasst allgemeine Unterrichtsqualitätsmerkmale zusammen, die einen effizient geführten Unterricht auszeichnen und wurde als Merkmal von Unterrichtsqualität schon früh entdeckt (vgl. Kounin, 1976; Garity & Butts, 1984; Brophy & Good, 1986; Wang et al., 1993) und weiterverfolgt (Helmke, 2007b; Seidel & Shavelson, 2007; Brophy, 2006; Evertson & Weinstein, 2006; Meyer, 2004). Verwandte Begriffe sind *opportunity to learn* (Brophy, 2000), *klare Strukturierung* (Meyer, 2004) oder *Sicherung des Lernzeitbudgets* (Helmke, 2007b).

Ziel einer effektiven Klassenführung ist eine hohe time-on-task bzw. eine möglichst lange, kognitiv aktive Lernzeit, in der sich die Lernenden engagiert und (ko)konstruktiv mit den Inhalten auseinandersetzen (vgl. Weinert, 1996; Lipowsky, 2002). Time-on-task gilt als eine der wichtigsten Voraussetzungen für ein wirkungsvolles und erfolgreiches Lernen. Kunter (2007b) nennt zwei wichtige Faktoren für ein gelingendes Classroom Management:

- Klar kommunizierte, etablierte und stabile (Verhaltens-)Regeln,

- die Aufmerksamkeit und Wachheit der Lehrperson, um prompt und störungspräventiv zu intervenieren *(withitness)*.

Effiziente Klassenführung ist nicht gleichbedeutend mit Disziplin, sondern bedeutet eine sorgfältige Planung und Organisation des Unterrichts, eine entschiedene, bewusste Etablierung von Kommunikationsregeln und die Klärung von Grenzen und Erwartungen in der Klasse. Als weitere wichtige Aspekte des Classroom Managements werden funktionierende Übergänge *(managing transitions)*, ein angemessenes Anspruchsniveau und konsistente Bewertungsstrukturen genannt. Zudem soll Unaufmerksamkeiten oder Widerstand wenig Zeit eingeräumt werden (Jang, Reeve & Deci, 2010; Rakoczy, 2008; Wang et al., 1993; Weinert & Helmke, 1995b). Ein effektives Classroom Management folgt keinem Selbstzweck, sondern ist eine unabdingbare Voraussetzung für die Sicherung anspruchsvoller Lehr- und Lernprozesse und gilt deshalb als äusserst relevantes Merkmal für die Unterrichtsqualität und als Basiskompetenz des Lehrberufes (Helmke, 2005).

Das Merkmal „Classroom Management" wird konstant und eindeutig mit gelingenden Lernprozessen und Leistungsfortschritten verknüpft und befindet sich an zweiter Stelle in der Rangliste der Metaanalyse von Wang, Haertel & Walberg (1993), was auch von Hattie (2009) bestätigt wurde. Abgesehen von der Wirkung von Classroom Management auf die Leistung der Schülerinnen und Schüler wurde jedoch erstaunlich wenig Forschung im Zusammenhang mit motivationalen oder affektiven Faktoren getätigt (Kunter, 2007b).

Die folgenden Studien beziehen sich primär auf den Zusammenhang des Classroom Managements mit motivational-emotionalen Aspekten des Lernens (insbesondere positive Gefühle, Interesse und Engagement):

- Assor, Kaplan und Roth (2002) zeigten, dass eine kontinuierliche Überwachung und Unterdrückung *(autonomy suppressing teacher behaviours)* negative Gefühle und vermindertes Engagement vorhersagen. Dies wird auch von den Studien von Reeve (2002) und Reeve, Bolt und Cai (1999) bestätigt.

- Kunter (2007b) konnte einen positiven Zusammenhang zwischen Classroom Management (insbesondere Regelklarheit und Überwachung durch die Lehrperson) und dem Interesse in Mathematik und der Befriedigung der Bedürfnisse nach Autonomie, Kompetenz und sozialer Eingebundenheit aufzeigen. „A learning environment characterized by continuous teacher monitoring and supervision may thus function as a structural framework within which students are able to regulate their own behavior" (Kunter, 2007b, S. 496).

- Weinert und Helmke (1995b) konnten aufzeigen, dass eine „unterstützende Kontrolle" durch die Lehrperson mit positiven Haltungen und aufgabenbezogenem Engagement assoziiert ist.

- Rakoczy (2008) zeigte auf, dass innerhalb einer strukturierten Unterrichtsführung Merkmale wie „Freiräume für eigene Entscheidungen" oder „wertschätzende Beziehungen" ihre positive Wirkung zeigen können.

Diese Studien zeigen explizit, dass Classroom Management nicht nur auf die kognitiven Aspekte des Lernens, sondern auch über das Autonomie- und Selbstbestimmungserleben eng mit dem motivational-emotionalen Unterrichtserleben zusammenhängen.

2.3.2 Kognitive Aktivierung

„Starting as much as possible from tasks and problems that are meaningful and challenging for students, learning environments should initiate socially supported constructive learning processes that enhance students' cognitive and volitional self-regulatory skills" (DeCorte, 2003, S. 30).

Im deutschen Sprachraum hat sich der Begriff der kognitiven Aktivierung etabliert und erfasst diejenigen Aspekte des Unterrichts, die geeignet sind, Prozesse des gründlichen Verstehens seitens der Lernenden zu stimulieren (vgl. Baumert & Köller, 2000b). Eine Differenzierung von Aktivitäten in konstruktivistischen Lernumgebungen und kognitiver Aktivität erscheint in diesem Zusammenhang wichtig.

Activity may help promote meaningful learning, but instead of behavioral activity per se (e.g. hands-on activity, discussion, and free exploration), the kind of activity that really promotes meaningful learning is cognitive activity (e.g. selecting, organizing, and integrating knowledge) [...] Methods that rely on doing or discussion should be judged not on how much doing or discussing is involved but rather on the degree to which they promote appropriate cognitive processing (Mayer, 2004, S. 17).

Die kognitive Aktivierung ist eines der empirisch gut bestätigten Qualitätsmerkmale von Unterricht im Allgemeinen (Helmke, 2005; Meyer, 2004) und in Bezug auf Mathematik im Speziellen (Baumert et al., 2010; Klieme & Rakoczy, 2008; Kunter et al., 2006, Rakoczy et al., 2007; Klieme et al., 2006; Pauli et al., 2008; Grühn, 2000; Stigler & Hiebert, 2004). Empirische Befunde stärken die Annahme, dass ein kognitiv aktivierender Mathematikunterricht einen positiven Zusammenhang mit dem Leistungszuwachs hat (vgl. Hiebert & Grows, 2007; Stein, Boaler & Silver, 2003). Ganz oder teilweise bestätigen konnten dies beispielsweise Klieme, Schümer und Knoll in der Re-Analyse der TIMSS Videostudie (2001) oder Shayer & Adhami in der CAME-Studie[8] (2007).

---

8   CAME = Cognitive Acceleration in Mathematics Education; ein englisches Interventionsprogramm

Keine Befunde fanden Kunter und Baumert (2006). Die Ursachen dafür könnten in der inkonsistenten Operationalisierung des komplexen Konstrukts „kognitive Aktivierung" oder einem fehlenden, direkten Zusammenhang der untersuchten Lektionen zum Leistungstest liegen (Hugener et al., 2009).

Der Begriff der kognitiven Aktivierung ist im Rahmen von TIMSS 1995 bzw. 1999 in Zusammenhang mit den unterschiedlichen Inszenierungsmustern, insbesondere mit dem des japanischen Unterrichts, in Diskussion gekommen (Hiebert et al., 2003; Hugener, 2008). Als unterstützend gelten dabei eher entdeckende, problemlösende Inszenierungsmuster mit einer selbstständigen Bearbeitung von komplexen Problemstellungen, die konzeptuelles Verständnis erfordern. Hugener et al. (2007) haben verschiedene Inszenierungsmuster im Mathematikunterricht mit kognitiver Aktivierung und Leistung in Verbindung gebracht und schätzen eine problemlösend-entdeckende Inszenierung (ausgehend von einer Problemstellung, die erst durch die Schülerinnen und Schüler exploriert wird, bevor Lösungswege vorgestellt und besprochen werden) als kognitiv aktivierender ein als eine darstellende oder problemlösendentwickelnde Inszenierung. Dies wird jedoch kontrovers diskutiert, so dass die kognitive Aktivierung der Lernenden nicht einfach einem bestimmten Instruktionsansatz zugeordnet werden kann (vgl. Klieme et al., 2006a; Hugener et al., 2007; Pauli et al., 2008). Generell positive Effekte eines problemlösenden Inszenierungsmusters auf die Lernleistungen fanden z.B. De Corte, Verschaffel, Entwistle und van Merrienboer (2003), umstrittene Effekte finden sich z.B. bei Hmelo-Silver, Duncan und Chinn (2007).

Für das Konzept einer effektiven kognitiven Aktivierung werden zwei herausragende Schlüsselcharakteristika genannt, die im Folgenden ausgeführt werden:

- Eine herausfordernde Aufgabenstellung und
- eine aktivierende Frage- und Diskussionskultur.

2.3.2.1 Herausfordernde Aufgabenstellung

Aufgabenstellungen und die daraus resultierenden Lernaktivitäten haben einen wichtigen Stellenwert für das Auslösen von qualitativ hochstehenden Lernprozessen *(higher level thinking)*. Die Merkmale kognitiv aktivierender Aufgabenstellungen wurden in zahlreichen Studien aufgezeigt:

- Sie beinhalten realistische, adäquate, komplexe und offene Problemstellungen (vgl. DeCorte, 2003; Schoenfeld, 1992) die an das Vorwissen anknüpfen und für die Lernenden persönlich bedeutungsvoll sind (vgl. Brophy, Rohrkemper, Rashid & Goldberger, 1983; Ames, 1992);

- sie ermöglichen multiple Lösungsmethoden (vgl. Klieme, Schümer & Knoll, 2001; Turner et al., 1998; Kunter, 2005) und intelligentes, variierendes Üben in verschiedenen mathematischen Kontexten (Grühn, 2000; Kunter, 2005);

- sie erlauben ein vertieftes Verstehen durch Reorganisation und Transformation der Lerninhalte auf der Basis des Vorwissens (organisatorische Strategien), was wiederum die Integration von neuem Wissen und Bildung von Vernetzungsstrukturen ermöglicht (elaborative Strategien) (Hugener et al., 2009);

- sie lassen die Lernenden ihre Kompetenz bei realistischen Erfolgschancen für das Lösen der Aufgabe zeigen. In dieser Balance können die Schülerinnen und Schüler Motivation oder gar Flow[9] erleben (Csikszentmihalyi, 1990) und Kontrollgefühle über die Aufgabe wahrnehmen (Brophy et al., 1983, Csikszentmihalyi, Rathunde & Whalen, 1993).

Mit den Merkmalen von kognitiv herausfordernden Aufgabenstellungen wird wiederum die Bedeutung der Wechselwirkung von motivational-emotionalen und kognitiven Aspekten des Lernens deutlich, beispielsweise über die persönliche Bedeutsamkeit einer Aufgabenstellung, über das Autonomieempfinden im Lösen einer Aufgabe, beim Aktivieren von Interesse oder beim Erleben von Flow.

2.3.2.2 *Kognitiv aktivierende Frage- und Diskussionskultur*

Effective teachers (...) use questions to stimulate students to process and reflect on content, recognize relationships among and implications of its key ideas, think critically about it, and use it in problem solving, decision making or other higher-order applications (Brophy, 2000, S. 19 zit. in Klieme et al., 2009, S. 140).

---

9 Flow = optimale und zutiefst erfüllende menschliche Erfahrung, vollkommen in einer Tätigkeit aufzugehen.

Ein kognitiv aktivierender Unterricht zeichnet sich durch eine genetisch-sokratische, dialogische Unterrichtskommunikation aus, mit folgenden Merkmalen:

- Herausfordernde Fragestellungen (*higher order questions*), die sich durch das Verstehen von Zusammenhängen und Prinzipien sowie einen angemessenen, aber herausfordernden Schwierigkeitsgrad auszeichnen (vgl. OECD, 2007; Hiebert, Carpenter, Fennema, Fuson, Wearne, Murray et al., 1997);

- Fragestellungen, die idealerweise mit einem Problem beginnen, welches an das Vorwissen anknüpft und zu eigenen Problemlösestrategien und Problemlösungen führt (vgl. Schoenfeld, 2006; Reusser, 2006) sowie Fragestellungen zur Befähigung, Ergebnisse selbstständig zu evaluieren (vgl. Turner et al., 1998; Mayer, 2004; Kunter & Baumert, 2006; Hiebert & Grouws, 2007), im Sinne eines *cognitive autonomy support* (Stefanou, Perencevich, DiCintio & Turner, 2004);

- das Modellieren, Artikulieren, Erklären, Austauschen und Vergleichen von eigenen Gedankengängen, das Aufzeigen von kognitiven Konflikten und das Präsentieren unterschiedlicher Lösungswege oder Perspektiven (vgl. Lipowsky et al., 2005; Turner, 2002; 2003) und das Unterdrücken von direktiven, instruktionalen Erklärungen (VanLehn, Siler, Murray, Yamauchi & Baggett, 2003);

- die Artikulation und Reflexion von Schlüsselprozessen und das Vergleichen von verschiedenen Lösungsstrategien, sowie die anwendungsorientierte Auseinandersetzung abseits von Routineaufgaben, anstelle des Erwerbs von Rezepten oder Lösungsprozeduren (vgl. Hiebert & Grouws, 2007; Brophy, 2000; Turner, 2003; 2002; Cobb, Stephan, McClain & Gravemeijer, 2001) und dem Vorwissen angepasste und in verschiedenen Repräsentationsformen, Beispielen und Analogien ausgedrückte Erklärungen zu den Lerninhalten (Webb & Palincsar, 1996);

- das Nachfragen, ob die Lernenden gründlich verstanden haben, und bei Bedarf Hinweise bzw. Tipps auf Lösungsstrategien geben *(hinting)* (Turner et al., 2002), sowie ein verstehensorientierter Umgang mit Fehlern (Lepper, Drake & O'Donnell-Johnson, 1997; vgl. Grühn, 2000; Kunter, 2005).

Die Bedeutsamkeit und Komplexität der Unterrichtskommunikation zeigt sich in den oben genannten Punkten deutlich, und erfordert von den Lehrpersonen eine hohe Aufmerksamkeit und Adaptivität. Zusammenfassend zeigt sich, dass für den langfristigen Erwerb mathematischer Kompetenzen eine kognitive Aktivierung durch eigenständige Auseinandersetzung mit herausfordernden Inhalten und mittels verstehensorientierter Dialoge und Inszenierungen bedeutsam und empirisch gut belegt ist. Es zeigt sich zudem, dass ein kognitiv aktivierender Unterricht nicht einfach einem Inszenierungsmuster zugeteilt werden kann (Klieme et al., 2006a).

2.4 Unterrichtskommunikation als bedeutende Komponente des Unterrichtsgeschehens

„... we believe that the relationship between social activity and individual thinking is a vital, distinctive characteristic of human cognition, and one which underpins cognitive development" (Mercer & Howe, 2012, S. 12)

Die vorangegangenen Kapitel haben gezeigt, dass die Unterrichtskommunikation einer der grössten Einflussfaktoren sowohl auf kognitive Aspekte des Lernens als auch auf das motivational-emotionale Unterrichtserleben ist. Nebst einem sozialkonstruktivistischen Lehr- und Lernverständnis spielen auch die soziokulturellen Theorien eine wichtige Rolle.

Vygotsky (1978) beschreibt die Sprache einerseits als kulturelles Werkzeug, im Sinne von Wissen erwerben und teilen innerhalb einer Gesellschaft, und als psychologisches Werkzeug, im Sinne der Strukturierung von individuellen Denkprozessen und -inhalten. Die soziokulturelle Perspektive weist darauf hin, dass durch Austausch mit anderen nicht nur Individuen ihr Wissen aufbauen, sondern auch ein kollektives Verständnis durch diese Interaktionen aufgebaut wird (Mercer & Howe, 2012, S. 13). Lernen findet aus der soziokulturellen Perspektive im Kontext einer Kultur statt. In dieser Arbeit bezieht sich der Kontext auf den schulischen Unterricht und die Kultur im Klassenzimmer. Die Leistung der Lernenden hängt also nicht ausschliesslich von deren eigenen Anstrengungen ab, sondern ist das Produkt aus vielfältigen sozialen Interaktionen.

Die Unterrichtskommunikation *(teacher-student- bzw. student-student-talk)* ist eine besondere Form der Interaktion. Sie ist durch die sozial-psychologischen und situationsspezifischen Bedingungsfaktoren geprägt und beeinflusst diese wiederum gleichzeitig. Richert (2005) nennt als primäre Einflussfaktoren auf die Unterrichtskommunikation die Gruppenstruktur einer Klasse, den Unterrichtsstil und die Unterrichtsmethodik der Lehrperson. Eine wirksame und adaptive Unterrichtskommunikation im Klassenunterricht ist herausfordernd, da die Schülerinnen und Schüler unterschiedliches Vorwissen, unterschiedliche Interessen sowie unterschiedliche kognitive, motivationale oder emotionale Bedingungen mitbringen, variierend von Fach zu Fach. „Co-regulation between a teacher and twenty-some students with varying needs and competencies is highly complex in whole-class instruction" (Meyer & Turner, 2002a, S. 19).

In den aktuellen Forschungsansätzen über Instruktionsqualität basiert Lernen auf individuellen selbstgesteuerten, konstruktiven und kumulativen Prozessen, mit multiplen Zielen – kognitive, motivationale und emotionale (De Corte, 2003; Kunter, 2005; Pauli & Reusser, 2006). Im Folgenden werden vier bedeutsame Modelle von instruktionaler, adaptiv unterstützender Unterrichtskommunikation vorgestellt:

- Cognitive Apprenticeship (Kapitel 2.4.1),
- Scaffolding (2.4.2),
- Accountable Talk (2.4.3),
- Scaffolded instructional/motivational discourse (2.4.4).

2.4.1 Cognitive Apprenticeship

Die Begründer der Cognitive Apprenticeship[10] (Collins et al., 1989) haben als Grundprinzip formuliert, dass Lernende über authentische Aktivitäten und soziale Interaktionen in eine Expertenkultur eingeführt werden. Das Modell geht vom Kind bzw. Novizen aus, die ihre kognitiven Funktionen wie in einer handwerklichen Berufslehre erwerben, indem sie zuerst reifere Lernende bzw. Experten beobachten und zunehmend eigene Schritte tun. Das Modell beschreibt den schrittweisen Übergang von einem tendenziell fremd- zu einem mehrheitlich selbstgesteuerten Lernen in sozialer Interaktion und situierten Problemstellungen. „Once the learner has a grasp of the target skill, the master reduces (or fades) his participation, providing only limited hints, refinements, and feedback to the learner, who practices by successively approximating smooth execution of the whole skill" (Collins et al., 1989, S. 456).

---

10 Cognitive apprenticeship (engl.) = kognitive (Berufs-)Lehre.

Das Konzept der Cognitive Apprenticeship beschreibt, wie Lehrpersonen die Internalisierung von Denk- und Problemlöseprozessen auf inhaltlicher und metakognitiver Ebene anregen und fördern können, mit dem Ziel, die Schülerinnen und Schüler zum autonomen Problemlösen und zum selbstverantwortlichen Lernen hinzuführen. Collins et al. (1989, S. 476ff) haben folgenden Merkmale beschrieben:

- *Modelling.* Die Lehrperson zeigt vor bzw. denkt laut, damit die Lernenden Ziele und hinführende Wege, Mittel und Methoden nachvollziehen können. Ziel ist es, dass Lernende externalisierte kognitive und metakognitive Prozesse und Strategien mitverfolgen können und damit eine Denkstruktur für die zu lösende Aufgabe erhalten.

- *Coaching.* Die Lehrperson überwacht anhand von diagnostischen und fachdidaktischen Kompetenzen die individualisierten Lern- und Handlungsprozesse der Lernenden und optimiert diese mit Hinweisen, Scaffolds oder Feedbacks. „Coaching consists of observing students while they carry out a task and offering hints, scaffolding, feedback, modelling, reminders, and new tasks aimed at bringing their performance closer to expert performance" (ebd., S. 481).

- *Scaffolding.* Die Lehrperson unterstützt kognitiv anspruchsvolle Lernprozesse nur noch teilweise, individuell angepasst am Können der Lernenden und im Dialog. Die Lernenden gewinnen mehr an Kompetenz und Kontrolle, so dass die Lehrperson sich und ihre Hilfestellungen graduell zurücknimmt und allmählich ganz aus dem Lernprozess tritt *(fading)*.

- *Artikulation.* Die Lernenden verbalisieren ihr Wissen, ihre Denkprozesse und Lösungsstrategien, teilen diese mit ihren Peers oder Lehrpersonen und handeln gemeinsame Bedeutungen aus.

- *Reflektion.* Die Lernenden reflektieren ihre Strategien und Lösungen mit ihren Peers oder Lehrpersonen, mit dem Ziel, generelle, abstrakte Konzepte zu erwerben.

- *Exploration.* Die Lernenden werden aufgefordert, selber Fragestellungen oder Lösungsstrategien zu entwickeln. „Exploration is the natural culmination of fading. It involves not only fading in problem solving but fading in problem setting as well" (ebd., S. 483).

Das Modelling geschieht meist im Klassenverband, während Coaching und Scaffolding primär individualisiert erfolgen. Eine trennscharfe Abgrenzung der Definitionen von Coaching, Scaffolding und Fading gibt es nicht, alle drei stellen adaptive Lernunterstützungen dar. Scaffolding ist dabei einerseits als Form des Coachings und andererseits als Methode der Cognitive Apprenticeship zu betrachten (Krammer, 2009). Wesentlich aus sozial-konstruktivistischer Sichtweise sind auch die Aspekte der metakognitiven Ebene, Artikulation und Reflektion. Sie sind sowohl für die Förderung der selbstständigen Anwendung von Lösungsstrategien, als auch für die Selbststeuerung mit einer graduellen Übernahme der Verantwortung für die eigenen Lernprozesse bedeutsam (Reusser, 1994).

2.4.2 Scaffolding

„... explicit statements adjusted to fit the learners' emerging understandings about what is being learned (declarative or prepositional knowledge), why and when it is used (conditional or situational knowledge), and how it is used (procedural knowledge)" (Hogan & Pressley, 1997, S. 17).

Im sozial-konstruktivistischen und soziokulturellen Lehr-Lernverständnis kommt der Interaktion eine hohe Bedeutung für den Aufbau von Wissen und Fertigkeiten zu. Scaffolding als Konzept der individuellen Lernunterstützung beschreibt eine Form der Unterstützung im Lehr-Lerndialog, an welchem die Lehrperson und die Schülerinnen und Schüler gemeinsam beteiligt sind. ‚Scaffold' heisst übersetzt „Baugerüst" und meint in diesem Kontext ein „Lerngerüst". Diese Metapher steht für eine individuelle Unterstützung im pädagogisch-psychologischen Kontext für Verstehens- und Problemlöseprozesse, im Sinne einer adaptiven, prozessbezogenen, temporären und kontinuierlich abbaubaren Hilfestellungen. Der Begriff wurde durch Bruner geprägt (Bruner, 1978; Wood, Bruner & Ross, 1976) und orientiert sich an Vygotskys ‚zone of proximal development' (vgl. Vygotsky, 1978). Sie definierten Scaffolding als „(...) a form of adult assistance that enables a child or novice to solve a problem, carry out a task or achieve a goal which would be beyond his unassisted efforts (Wood et al., 1976, S. 90). Ist das Kind fähig, eine Aufgabe zu lösen, wird die Hilfe zurückgenommen, hat das Kind Schwierigkeiten, wird die Unterstützung erhöht.

Wood et al. (1976) haben zentrale Merkmale und Funktionen des Scaffoldings auf der motivational-emotionalen, der prozeduralen und der inhaltlichen Ebene beschrieben, Applebee und Langer (1983), Roehler und Cantlon (1997) und Hogan und Pressley (1997) haben aufbauend ergänzt:

Inhaltliche Aspekte:

- Eine an das Vorwissen anschlussfähige Aufgabenauswahl.

- Das Verstehensniveau der Schülerinnen und Schüler verifizieren und diagnostizieren, um Erklärungen (zum deklarativen oder prozeduralen Wissen) anzubieten, die adaptiv auf den aktuellen Wissensstand der Lernenden abgestimmt sind.

- Das gewünschte Verhalten bzw. Lösungswege anhand des Verbalisierens eigener Gedanken und Gefühle modellieren. Dabei Lösungswege einschränken, nicht aber prinzipiell verhindern.

- Auf bedeutsame Merkmale der Aufgabe aufmerksam machen *(making critical features)*.

Motivationale und prozedurale Aspekte:

- Interesse für das Problem wecken.

- Aufrechterhalten der Motivation und Weiterarbeit in einer vertrauensvollen, angstfreien Lernatmosphäre, sowie Frustration im Problemlöseprozess gering halten und Erfolgserlebnisse durch erfolgreiche Bewältigung von Transferaufgaben schaffen.

- Die Schülerinnen und Schüler zur Partizipation ermutigen und den Lernenden Möglichkeiten anbieten, am Unterrichtsdialog aktiv teilzunehmen und ihr Vorwissen einzubringen.

- Den Schülerinnen und Schülern individuelles und informatives Feedback geben, um eine Überwachung des eigenen Lernens zu ermöglichen.

Effektive Scaffolding-Techniken bedeuten sehr hohe Anforderungen an die Lehrperson. Sie muss anhand ihrer diagnostischen Fähigkeiten das aktuelle, individuelle Wissensniveau einschätzen können, beispielsweise durch verstehensorientierte Fragen (Chi, Siler, Jeong, Yamauchi & Hausmann, 2001), und die nächsthöhergelegenen Anforderungen *(zone of proximal development)* ihrer

Schülerinnen und Schüler erkennen. Idealerweise bringt die Lehrperson die Lernenden zu leistungsstarken Denkstrategien und konzeptionellem Verstehen, lässt die Schülerinnen und Schüler Problemlösungsideen konstruieren und verbalisieren und initiiert damit einen konstruktiven und reflexiven Lernprozess. Die Lehrperson ist gefordert, flexibilisierte, adaptive und individuelle Aufgaben für die Schülerinnen und Schüler zu gestalten, anhand eines profunden, fachbezogenen Wissens über die Aufgabenanforderungen und -schwierigkeiten, über Fehlerquellen und Missverständnisse sowie über verschiedene Lösungsansätze (Ireson, 2008).

Im Rahmen der Zielorientierung (siehe Kapitel 3.1.3) wurde ebenfalls intensiv geforscht, wie die Unterrichtskommunikation bzw. die Interaktionsmuster mit der Wahrnehmung der Zielorientierung der Schülerinnen und Schüler zusammenhängen. „Teachers' instructional practices and discourse contribute to their students' perceptions of goal structures" (Ames, 1992; zit. nach Turner & Patrick, 2004, S. 1763). Scaffolding gilt dabei als eine Instruktionsform, die den Schülerinnen und Schülern ein vertieftes Verstehen im Sinne einer Mastery-Orientierung ermöglicht (Ames, 1992; Ames & Archer, 1988; Anderman & Young, 1994; Stipek et al., 1998; Meece, Herman & McCombs, 2003; Turner & Patrick, 2004) und hat als Begriff bzw. Konzept nach der ersten Publikation von Wood et al. (1976) nochmals eine breite Rezeption erfahren. Die Offenheit und Vielfältigkeit des Begriffes ,Scaffolding' zeigt sich seither allerdings etwas nachteilig in einer vielfältigen und mehrdimensionalen Operationalisierung und beinahe inflationären Verwendung.

2.4.3 Accountable Talk

„In the ideal discussion-based classroom community, students have the right to speak and the obligation to explicate their reasoning, providing warranted evidence for their claims so that others can understand and critique their arguments" (Michaels, O'Conner & Resnick, 2007, S. 284).

Unter dem Begriff *Accountable Talk* werden eine reichhaltige Unterrichtskommunikation bzw. lernförderliche Unterrichtsgespräche verstanden. Die Denkfähigkeit und Wissenskonstruktion der Schülerinnen und Schüler wird geschärft, indem sie lernen, ihre Überlegungen zu verbalisieren, gegenseitig auszutauschen und in der gemeinsamen Wissenskonstruktion aufeinander Bezug zu nehmen (Resnick, Michaels & O'Connor, 2010; Michaels, O'Connor, Hall & Resnick, 2002). Die Vertreterinnen und Vertreter des Accountable Talk stützen ihre Ideen ebenfalls auf den soziokulturellen und sozialkonstruktivistischen Theorien des Lernens ab und vertreten die Meinung, Lernen kann ohne die Interaktion mit anderen nicht stattfinden, doch nicht jeder Austausch fördert das Lernen. Die Untersuchungen zum lernförderlichen Unterrichtsgespräch von der Studiengruppe um Lauren Resnick konnten für die wichtigsten Merkmale des Accountable Talk drei Dimensionen festmachen:

- *Accountability to the learning community* (Übernahme von Verantwortung für die Klasse als Lerngemeinschaft). Dazu gehören ein sorgfältiges und aktives Zuhören, was die Lernenden beitragen und ihnen durch Fragen die Möglichkeit geben, ihre Überlegungen zu klären und Lösungsvorschläge auszubreiten (Michaels et al., 2007). Die Lernenden werden Teil einer Lerngemeinschaft und übernehmen zusammen mit der Lehrperson Verantwortung für die gemeinsame Wissenskonstruktion mit einer hohen Partizipation aller Schülerinnen und Schüler. Dazu braucht es entsprechend anregende Aufgabenstellungen und eine symmetrische Diskussionskultur. „Implicitly or explicitly, teachers who have implemented these discourse strategies have shifted away from simple questions and one-word answers and opened up the conversation to problems that support multiple positions or solution paths" (Resnick et al., 2010, S. 181).

- *Accountability to standards of reasoning or to rigorous thinking* (Übernahme der Verantwortung für das folgerichtige Denken). Die Lehrperson ermutigt die Lernenden zur Verbalisierung von Erklärungen entlang einer logischen Argumentationslinie. Sie stellt dafür einen geschützten Rahmen zur Verfügung, in dem die Schülerinnen und Schüler sich getrauen, sich zu exponieren. Die Lehrperson lässt die Argumentationen durch die Studierenden hinterfragen und beurteilt primär nicht das Schlussergebnis, sondern die Vorgehensweise in der Erarbeitung der Lösung (Michaels et al., 2007).

- *Accountability to knowledge* (Übernahme der Verantwortung für die Korrektheit der Lerninhalte). Es geht darum, dass die Argumentationen und Erklärungen auf Fakten, geschriebenen Texten oder anderer evidenten, zugänglichen Informationen basieren. Die Lehrperson und die Lernenden sind verantwortlich, diese innerhalb der Unterrichtsgespräche beizuziehen und für das Reasoning konsequent zu verwenden. „Speakers make an effort to get their facts right and make explicit the evidence behind their claims or explanations. They challenge each other when evidence is lacking or unavailable" (Michaels et al., 2007, S. 289).

Die einzelnen Facetten von Accountable Talk sind miteinander untrennbar verbunden und treten in gegenseitiger Abhängigkeit miteinander auf (Michaels, O'Connor, Williams Hall & Resnick, 2012). Es handelt sich um eine äusserst anspruchsvolle und zeitbeanspruchende Aufgabe, die Dimensionen des Accountable Talk in einer Klasse so zu etablieren, dass eine reichhaltige Diskussionskultur entsteht. Erst wenn man das Denken der Lernenden sichtbar macht, ist es überhaupt möglich, Einblick in ihren Lernprozess zu haben, Defizite zu diagnostizieren und gezielt zu unterstützen.

Die Basis einer reichhaltigen Diskussionskultur im Sinne des Accountable Talks sind die Fragen und Antworten: Anstelle einer traditionellen Lehrgesprächssequenz werden Fragen auf die Antworten der Schülerinnen und Schüler gestellt, um die Antworten besser zu verstehen, um die Lernenden zum Argumentieren, Begründen und Erklären zu bringen, ähnlich den beschriebenen Merkmalen der kognitiven Aktivierung. Die Antworten der Lernenden werden so zu einer Ressource für den Unterricht. „In accountable talk, the answer matters no less than the question, and the oral springboard for learning is what we do with what children say. Children's words are a precious teaching resource" (Alexander, 2004).

Damit aber überhaupt eine gehaltvolle Diskussion zu Stande kommt, muss den Lernenden nach einer Frage genügend Zeit für die Formulierung einer Antwort gelassen werden. Dass dies keineswegs immer der Fall ist, zeigt Alexander (2001; 2008; vgl. auch Smith, Hardman, Wall & Mroz, 2004) mit der Feststellung aus seiner Studie, dass die Antworten der Schülerinnen und Schüler in 70% aller Fälle durchschnittlich fünf Sekunden und weniger als drei Worte lang sind.

Merkmale zur Erreichung einer lernförderlichen Gesprächskultur im Sinne des Accountable Talk sind im folgenden Abschnitt aufgelistet. Die Lehrperson

- rekapituliert, repetiert, erweitert, paraphrasiert die Aussagen der Lernenden *(revoicing)*;

- bringt Aufgaben- und Fragestellungen ein, die multiple Perspektiven oder Lösungswege zulassen;

- fordert die Schülerinnen und Schüler auf, ihre Argumentationen zu erläutern, gegenseitig zu ergänzen oder Erklärungen anderer in eigenen Worten zu formulieren;

- ermöglichst den Lernenden, sich in Peergroups für eine Lösung abzusprechen und auszutauschen und ermuntert sie gleichzeitig, Argumentationen anderer zu anerkennen oder in Frage zu stellen und nach Begründungen und Klärung zu verlangen;

- bezieht alle Schülerinnen und Schüler in die Diskussion ein (nicht nur diejenigen, die sich freiwillig melden);
- stellt sicher, dass die Diskussionen auf Fakten basieren und unterstützt die Schülerinnen und Schüler in einer sachlogischen Argumentation.

Zahlreiche Studien zeigen, dass sich die Etablierung einer derartigen Diskussionskultur lohnt, da sie sowohl zu vermehrtem Engagement der Schülerinnen und Schüler als auch zu elaborierteren Wissenskonstruktion bzw. verbesserten kognitiven Leistungen führt (vgl. Adey & Shayer, 2001; Cazden, 2001; Chapin & O'Connor, 2004; Michaels et al., 2007; O'Connor & Michaels, 1996; Resnick & Nelson-LeGall, 1997).

Das Konzept des Accountable Talk ergänzt die Konzepte der Cognitive Apprenticeship bzw. des Scaffoldings und hebt sich dennoch ab: Während sich das Scaffolding eher auf eine lehrpersonenzentrierte Unterstützung bezieht und sich primär in einem eins zu eins Setting abspielt, nimmt das Konzept des Accountable Talks die Schülerinnen und Schüler in die Verantwortung der Lerngemeinschaft und fokussiert damit die Unterrichtskommunikation im Klassenverband. Dabei konzentriert sich das Konzept des Accountable Talks primär die kognitiven, das Scaffolding dagegen sowohl auf die kognitiven als auch motivational-emotionalen Aspekte des Lernens.

2.4.4   Scaffolded instructional/motivational discourse

Turner und Kolleginnen (vgl. Meyer & Turner, 2002; Turner et al., 2002) bringen insofern eine Erweiterung der vorangegangenen Konzepte, indem sie in ihrer Darstellung der Unterrichtskommunikation instruktionales und motivationales Scaffolding getrennt darstellen und zusätzlich beschreiben, welche Formen der Unterrichtskommunikation *nicht* unterstützend sind.

Die Autorinnen sehen in der unterstützenden Unterrichtskommunikation folgende Ziele: Den Schülerinnen und Schülern zu helfen, Kompetenzen durch vertieftes Verstehen aufzubauen, sie dabei in ihren sozioemotionalen Bedürfnissen zu unterstützen und in jeder Hinsicht zu fördern, zu eigenständigen Lernern zu werden. Nebst dem Kompetenzerwerb und dem Hinführen der Schülerinnen und Schüler zu autonomen, reflektierten Lernern stehen vor allem auch die sozioemotionalen Bedürfnisse im Vordergrund.

Die Autorinnen unterscheiden in *scaffolded or nonscaffolded dialogues*, unterstützende oder nicht unterstützende Unterrichtkommunikation. Diese Schwarzweiss-Kategorisierung spielt für diese Arbeit eine bedeutsame Rolle.

2.4.4.1 Unterstützende Unterrichtsdialoge

„Scaffolded instructional discourse provides for negotiation of meaning and transfer of responsibility for learning to students. Negotiation is reflected both in teachers' attempts to build understanding with their students and to help them attain higher levels of competence" (Turner et al. 2002, S. 90).

Turner et al. (2002) nennen zwei grundlegend bedeutsame Dimensionen für die unterstützende Unterrichtskommunikation: Das Aushandeln von Bedeutung und die Übertragung von Verantwortung für das Lernen.

Etwas detaillierter haben darauf Meyer und Turner (2002a; 2002b) zentrale Merkmale von unterstützenden instruktionalen und motivationalen Unterrichtsdialogen durch die Analyse von Unterrichtsdialogen beschrieben. Alle Merkmale sind Bestandteile unterstützender Unterrichtsdialoge und wirken positiv sowohl auf die kognitiven als auch die motivational-emotionalen Aspekte des Lernens. Die Merkmale basieren auf den vorgängig erläuterten Konzepten und bieten eine praxisrelevante, weitgefasste Sammlung an instruktional und motivational unterstützenden Anteilen von erfolgreichen Unterrichtsdialogen.

- *Modelling.* Die Lehrperson denkt laut, wie sie die Aufgabe angeht.

- *Hinting.* Die Lehrperson gibt versteckte Hinweise *(hints)* in Bezug auf Lösungsstrategien.

- *Betonung von Schlüsselprozessen.* Das Verstehen der grundlegenden Prozesse steht im Mittelpunkt, dadurch dass die Lehrperson Schlüsselkonzepte oder -prozesse betont erläutert.

- *Geteilte Verantwortung und Reflexion.* Die Schülerinnen und Schüler übernehmen Verantwortung für ihr eigenes Lernen, indem die Lehrperson das Vorgehen in der Aufgabenbearbeitung/Problemlösung reflektieren und evaluieren lässt.

- *Nachfragen.* Die Lehrperson fragt nach, ob die Lernenden gründlich verstanden haben.

- *Artikulation.* Die Lehrperson lässt die Schüler den Lösungsweg artikulieren.

- *Lernförderliches Klima schaffen.* Die Lehrperson sorgt für ein emotional entspanntes, angstfreies und motivationförderndes Klima. Die Lernenden werden gleichzeitig ermutigt, sich anzustrengen und durchzuhalten. Fehler werden als Lernerfahrung beurteilt.

- *Kooperation fördern.* Die Lehrperson fördert Peerarbeit und kooperatives Lernen. Die Schülerinnen und Schüler werden aufgefordert, sich gegenseitig zu helfen.

- *Organisatorische Instruktionen.* Lehrpersonen leiten reibungslos und ruhig von einer zur nächsten Aktivität über.

Zusammenfassend zeigt sich eine unterstützende Unterrichtskommunikation einerseits durch eine hohe Verständnisorientierung und andererseits durch ein wertschätzendes Klima aus.

2.4.4.2 Nicht unterstützende Unterrichtsdialoge

Die Merkmale einer *nicht* unterstützenden instruktionalen bzw. motivationalen Unterrichtskommunikation *(non-scaffolded)* mit antizipierten negativen Folgen auf die kognitiven bzw. motivational-emotionalen Aspekte des Lernens haben Meyer und Turner (2002a) und Turner et al. (2002) wie folgt beschrieben:

- *Teacher controlled responses.* Die Lehrperson stellt geschlossene Fragen, deren Antworten eindimensional sind, und überprüft nicht, ob die Lerninhalte verstanden wurden. Sie gibt oberflächliche Feedbacks ab, ohne individuelle Bewertung und evaluiert falsche Schülerantworten ohne den Versuch, sie zu verstehen. Die Lehrperson legt den Fokus auf die richtige Antwort. Das Fertigstellen und die Exaktheit bzw. die Fehlerfreiheit einer Aufgabe zählen mehr als der eigentliche Lösungsweg.

- *Nonsupportive motivational or socio-emotional responses.* Die Lehrperson unterstützt eine Wettbewerbsorientierung, welche Schülerinnen und Schüler ausgrenzt oder exponiert. Sie äussert soziale Vergleiche und demotivierende Feedbacks bzw. sarkastische und einschüchternde Bemerkungen.

- *Telling the students what to think.* Die Lehrperson schreibt den Schülerinnen und Schülern vor, wie sie denken und handeln sollen.

> (...) telling the students what to think or do limits opportunity for student learning and autonomy while establishing the teacher as authority. Such forms of instructional discourse usually do not offer sufficient assistance, responsiveness, joint productive activity, or the building of common meanings and values to support student learning (Meyer & Turner, 2002a, S. 91).

Alle Konzepte in einem sozial-konstruktivistischen Lehr-Lernverständnis zur lernförderlichen Unterrichtskommunikation erachten die individuelle Unterstützung durch die Lehrperson und die geteilte Verantwortung im Lerngeschehen als relevant. Die Konzepte beinhalten sowohl Ziele auf der kognitiven als auch auf der metakognitiven Ebene, mit einem Fokus auf das tiefgründige Verstehen, entlang der konsequenten Orientierung am Lernprozess der Schülerinnen und Schüler. Die Lehrperson benötigt dazu die Bereitschaft und Kompetenz,

- sich auf die Denk- und Verstehensleistungen der Lernenden einzulassen und
- die Schülerinnen und Schüler sowohl mit einem soliden Fach- und Methodenwissen als auch mit diagnostischen Kompetenzen zu weiteren Denkschritten herauszufordern.

Das Codierinstrument zur Einschätzung der Ausprägung der Unterrichtskommunikation der Lehrperson in dieser Arbeit basiert auf den Darstellungen der vorgestellten Konzepte und wird in Kapitel 6.6 detailliert vorgestellt.

3 Merkmale der Angebotsnutzung

Im vorangegangenen Kapitel wurden die Merkmale der Unterrichtsqualität bzw. der Angebotsseite erläutert und die Wirkungen sowohl auf die kognitiven als vor allem auch auf die motivational-emotionalen Aspekte des Lernens aufgezeigt. Bereitgestellte Angebote von Lehrpersonen müssen von den Schülerinnen und Schülern effektiv genutzt werden – ein Angebot allein setzt noch keinen Lernprozess in Gang. In den folgenden Kapiteln werden die Anforderungen an die Nutzerseite erläutert, beginnend mit der Lernmotivation als soziokognitiver Prozess (Kapitel 3.1), gefolgt von den Ausführungen zu den drei relevantesten Motivationstheorien für diese Arbeit:

- Selbstbestimmungstheorie (Kapitel 3.2)
- Selbstwirksamkeitstheorie (3.3)
- Zielorientierungstheorie (3.4)

Die Bedeutung der Emotionen (3.5) im Schulkontext bildet den Abschluss der Merkmale der Nutzerseite.

3.1 Motivation als soziokognitiver Prozess

Motivation is a complex part of human psychology and behavior that influences how individuals choose to invest their time, how much energy they exert in any given task, how they think and feel about the task, and how long they persist at the task (Urdan & Schoenfelder, 2006, S. 332).

Lernmotivation gilt als psychische Kraft, die der Zielrichtung, der Persistenz und der Intensität menschlichen Verhaltens zu Grunde liegt (Schiefele, 1996). Motivation wurde von der psychologischen Forschung lange als hauptsächlich individuelles Phänomen betrachtet. Inzwischen dominiert jedoch die Meinung, dass motivationale Theorien um eine kontextuelle Perspektive erweitert werden müssen (vgl. Urdan & Schönfelder, 2006). Soziokognitive Theorien gehen davon aus, dass es eine Wechselbeziehung zwischen den individuellen Prozessen und der sozialen Umwelt gibt (vgl. Bandura, 1986; 1997), ein Ansatz, der in der Entwicklungs- und klinischen Psychologie anfänglich mehr Beachtung fand als in der Lernpsychologie. Der theoretische Ansatz von Bandura umfasst die Wechselwirkungen *(reciprocal interactions)* von Persönlichkeitsmerkmalen, kognitiven und emotionalen Faktoren sowie Kontextfaktoren für das Verhalten einer Person in einer Situation und bildet damit die Basis für die Analyse und Entwicklung motivationaler bzw. selbstregulatorischer Prozesse.

Die Lernmotivation nimmt in der pädagogischen Psychologie nebst den kognitiven Voraussetzungen eine zentrale Stellung ein, da sie als entscheidende Bedingung der Lernleistung angesehen wird (vgl. Pekrun & Schiefele, 1996; Covington, 2000; Urdan & Schönfelder, 2006). Die Bedeutung der Motivation für den Lernerfolg variiert in empirischen Studien stark, primär durch die Abhängigkeit vom Lernkontext und den damit verbundenen Schwierigkeiten in der Erfassung (vgl. Helmke, 2005; Schunk & Zimmerman, 2008). Die Messung der Lernmotivation geschieht häufig anhand von Fragebogen, mit Skalen zum Verhalten, zu kognitiven Strategien oder zu Strategien der Selbststeuerung, zur Selbstwirksamkeit oder zur Zielorientierung. Die Schwierigkeiten liegen darin, wie genau die Fragebogen die ‚beliefs' der Lernenden erfassen können, welche Rolle der Lerngegenstand und das damit verbundene Interesse spielt und wie Entwicklungen oder Veränderungen ausreichend sensitiv erfasst werden können (Turner & Patrick, 2008; Turner & Meyer, 2009).

Die Arbeit bezieht sich auf drei relevante soziokognitive Perspektiven zur Motivationsentwicklung im Unterricht, es sind dies die Selbstbestimmungs-, die Selbstwirksamkeits- und die Zielorientierungstheorie. Die Begründung der Auswahl dieser drei Theorien liegt darin, dass alle drei Ansätze die Motivation sowohl als individuelles als auch kontextbezogenes Phänomen begreifen und diesbezüglich Ansatzpunkte zur Entwicklung von Lernmotivation liefern. Den drei Theorien ist zudem die Wichtigkeit von herausfordernden Aufgabestellungen, die geteilte Verantwortlichkeit der Lernprozesse und die damit einhergehende Verschiebung der Rolle der Lehrperson von der Instruktorin zur Begleiterin gemein – allesamt bedeutsame Aspekte für diese Arbeit.

Die drei Motivationstheorien werden im Folgenden einzeln beschrieben, im Wissen darum, dass sie sich gegenseitig nicht ausschliessen, sondern überlappen.

3.2 Selbstbestimmungstheorie

„Self-determination theory maintains that an understanding of human motivation requires a consideration of innate psychological needs for competence, autonomy, and relatedness" (Deci & Ryan, 2000a, S. 227).

Die Selbstbestimmungstheorie basiert auf den Grundannahmen eines humanistischen Menschenbildes, das von einem universalen Streben nach Wachstum und Autonomie ausgeht, in einem Kontext, der darüber entscheidet, inwiefern diese angeborene Tendenz gefördert oder verhindert wird. Sie beschreibt intentionale Handlungen unter dem Aspekt der qualitativen Ausprägung der Motivation auf einem Kontinuum von extrinsisch bis intrinsisch und löst die frühere Kontrasttypologie „intrinsische versus extrinsische Motivation" auf. „Intrinsically motivated activities were defined as those that individuals find interesting and would do in the absence of operationally separable consequences" (Deci & Ryan, 2000a, S. 233).

Intrinsisch motivierte Handlungen werden aus purem Interesse, Neugier, Exploration, Spontaneität und Freude am Tun ohne externale Anreize ausgeübt, sind vollständig autonom, selbstbestimmt und selbstkontrolliert (vgl. Elliot & Dweck, 1988; Deci & Ryan, 1993; 2000a; Deci & Ryan, 2000; Ryan & Deci, 2000a; 2000b; Pintrich & Schunk, 2002; Pintrich, 2003; Elliot, 2005). Die extrinsische Motivation dagegen entsteht aus Antrieb ausserpersönlicher Gründe und zur Erreichung von sozial konstruierten Normen oder Werten, wobei Folgezustände eine bedeutende Rolle spielen: Positive Folgen, die erreicht, negative Folgen, die vermieden werden wollen. Ryan & Deci (2000b) unterscheiden extrinsische Motivationen innerhalb eines Kontinuums von maximal external kontrolliert bis internal selbstbestimmt (Tabelle 3.1.1), basierend auf der Annahme, dass auch extrinsische Motivation als selbstbestimmt erlebt werden kann.

Tabelle 3.1.1: Vier Typologien externer Motivation (Ryan & Deci, 2000b)

Externe Regulation	Introjektion	Identifikation	Integration
Belohnung Bestrafung	Anerkennung von aussen	Bewusste Bewertung von Aktivitäten	Kongruenz mit Zielen und Werten
externale Kontrolle	quasi external	quasi internal	internale Kontrolle

Extrinsisch motivierte Handlungen können durch Prozesse der Internalisierung und Integration in selbstbestimmte Formen überführt werden. Die verschiedenen Regulationsstufen repräsentieren die verschiedenen Stadien eines Internalisierungsprozesses, bei dem ein Individuum eine zunehmende Selbstbestimmung erlebt.

- Von *externaler Regulation* wird gesprochen, wenn Aufgaben nur aufgrund direkter Belohnung oder Vermeidung von Bestrafung erfüllt werden und die Kontrolle deutlich ausserhalb der Person liegt.

- Die nächste Stufe ist die *introjizierte Regulation*, gekennzeichnet durch die Erfüllung von Aufgaben aufgrund von Erwartungen bzw. Anerkennung anderer ohne eigentliche Verankerung im Selbst. Das Verhalten ist stabiler als bei der externen Regulation, da die Präsenz äusserer Anreize nicht mehr ständig nötig ist.

- Bei der *identifizierten Regulation* erkennen Personen den eigentlichen Wert bzw. die Wichtigkeit ihres Verhaltens, haben sich damit identifiziert, integrieren gegebene Ziele in ihr Selbstkonzept und handeln grösstenteils selbstreguliert und autonom. Nach wie vor zählt das erwartete Ergebnis mehr als ein Tun aus reinem Interesse und reiner Freude.

- Als letzte Stufe steht die *integrierte Regulation* als ausgereifteste Form der extrinsischen Motivation. Die Identifikation wird in das Selbst integriert und eine initial external regulierte Handlung vollständig in ein autonomes und selbstreguliertes Verhalten transformiert.

Zusammenfassend ist dieses Kontinuum von externer zu interner Regulation besonders für die Motivation im Schulkontext von Relevanz. Grundsätzlich korreliert eine höhere Internalisierung positiv mit vermehrtem Engagement, besserer Leistung und besserem psychischem Wohlbefinden (Ryan & Deci, 2000b; 2002). Der Grad der erlebten Selbstbestimmung stellt eine zentrale Voraussetzung für qualitativ anspruchsvolles Lernen dar (vgl. Deci & Ryan, 1993; Ryan & Deci, 2000b; 2002).

Es stellt sich die Frage, wie eine integrierte Selbstregulierung angeregt werden kann. Deci und Ryan (1985; 1991; 1993; 2000; 2000a) postulieren aufgrund empirischer Untersuchungen, dass sich der Wunsch nach Selbstbestimmung in drei grundlegenden angeborenen Bedürfnissen, den *basic needs*[11], manifestiert:

- Autonomieerleben (individuell wahrgenommene Selbstbestimmtheit des eigenen Handelns).
- Kompetenzerleben (individuell wahrgenommene Wirksamkeit eigenen Verhaltens).
- Soziale Eingebundenheit (individuelle Wahrnehmung der menschlichen Nähe).

Die Menschen streben danach, sich selbst als kompetent zu erleben und dabei sichtbaren Einfluss auf ihre Umwelt auszuüben, autonom zu handeln und dabei in einen sozialen Kontext eingebunden zu sein. Die Erfüllung dieser drei Bedürfnisse liefert die energetische Grundlage für die organismische Integration, hohe Selbstbestimmung und der damit verbundenen intrinsischen Motivation (Deci & Ryan, 1985; 1991; 1993; 2000).

3.2.1 Autonomieerleben und -unterstützung im Unterricht

Autonomy refers to volition – the organismic desire of self-organize experience and behavior and to have activity be concordant with one's integrated sense of self (Deci & Ryan, 2000a, S. 231).

Das Bedürfnis nach Autonomie in der Selbstbestimmungstheorie bezeichnet das Bestreben, sich selbst als Verursacher eigener Handlungen zu erleben und aus eigenen Werten und Interessen heraus zu handeln (vgl. Deci & Ryan, 1993; Ryan & Deci, 2002). Das Konzept geht zurück auf Heiders *, locus of causality'* (1958) und De Charms (1968) *, need of causation'*. Dieser unterscheidet zwischen *pawn and origin feeling*[12], wobei sich die ,origins' dadurch auszeichnen, dass sie sich als selbstbestimmt und wirksam erleben, im Gegensatz zu den ,pawns', die sich wie Bauern auf dem Schachbrett hin und her geschoben fühlen. Je weniger Fremdkontrolle eine Person wahrnimmt, umso höher schätzt sie die Autonomieunterstützung im Unterricht ein (Rakoczy, 2008).

---

11 Definition der „needs": „(...) needs specify innate psychological nutriments that are essential for ongoing psychological growth, integrity, and well-being" (Deci & Ryan, 2000a, S. 229).
12 pawn (engl.) bedeutet Bauer; origin (engl.) bedeutet Verursacher.

Drohungen, Druck oder Kontrolle wirken sich negativ auf die wahrgenommene Autonomie und die damit verbundene intrinsische Motivation aus. Autonome Handlungen werden aber nicht unabhängig von sozialen Einflüssen ausgeführt, Autonomie ist nicht gleichbedeutend mit Unabhängigkeit.

Wird versucht, die Autonomieunterstützung durch die Lehrperson im Unterricht zu operationalisieren, so stösst man auf eine Vielfalt von Konzepten wie *autonomes Lernen, selbstbestimmtes Lernen, selbstgesteuertes Lernen, eigenständiges Lernen, selbstorganisiertes Lernen,* welche sich typischerweise in einem offenen, schülerorientierten, individualisierten, nicht direktiven und soziointegrativen Unterricht manifestieren (vgl. Friedrich & Mandl, 1995; Deitering, 1995; Ackermann, 2000). Eine Klassifikation findet sich bei Stefanou et al. (2004), die drei Teilbereiche der Autonomieunterstützung identifiziert haben (vgl. Tabelle 3.1.2).

Tabelle 3.1.2: Bereiche und Strategien der Autonomieunterstützung (Stefanou et al., 2004)

Form	organisatorische Autonomie	prozedurale Autonomie	kognitive Autonomie
Ziel	selbstständige Gruppeneinteilung; Regelerstellung; Sitzordnung; Klassenorganisation.	selbstständige Aufgabenbearbeitung; eigenes Lerntempo; Wahl der Lernmaterialien; Wahl der Vorgehensweise.	persönliche Lernziele; unterschiedliche Strategien und Lösungswege; Scaffolding.

- Die Unterstützung in *organisatorischer Autonomie* ermöglicht den Schülerinnen und Schülern eine Wahl der Klassenorganisation, insbesondere eigenständige Gruppenzusammensetzungen, oder das Aushandeln von Klassenverträgen und -regeln.

- Die Unterstützung in *prozeduraler Autonomie* bedeutet, die Schülerinnen und Schüler zur freien Methodenwahl zu ermutigen, z.B. in der Vorgehensweise der Aufgabenlösung, in der Wahl der Lernmaterialien oder Präsentationsformen oder in der Bestimmung des eigenen Lerntempos.

- Die Unterstützung der *kognitiven Autonomie* ist wohl die herausforderndste und im Kontext dieser Arbeit die wesentlichste. Die Lehrperson gibt Raum für verschiedene Lösungswege und -strategien, lässt diese argumentieren und diskutieren, unterstützt im Sinne des Scaffoldings selbstständiges Problemlösen.

Kognitive Autonomieunterstützung bedeutet ausserdem, informatives Feedback zu geben, die Schülerinnen und Schüler ihre persönlichen Ziele formulieren zu lassen und unterschiedliche Aufgaben für unterschiedliche Interessen auszusuchen, die Perspektive der Lernenden zu übernehmen, deren Bedürfnisse, Interessen und Präferenzen zu identifizieren und zu unterstützen, ihnen die Initiative für Lernaktivitäten zu überlassen, bedeutsame Lernziele hervorzuheben, Herausforderungen und relevante, interessante Lernangebote bereitzustellen (vgl. Logan, Di Cinito, Cox & Turner, 1995; Ryan & Deci, 2000a; 2002; Stefanou et al., 2004; Jang et al., 2010).

> According to the existing literature, when teachers focus on supporting students' autonomous motives (e.g., interests, needs, preferences, personal goals) to guide their learning and activity, these instructional acts support students' engagement by presenting interesting and relevant learning activities, providing optimal challenges, highlighting meaningful learning goals and supporting students' volitional endorsement of classroom behaviors (Jang et al., 2010, S. 588).

Die Bedeutung der (primär kognitiven und prozeduralen) Autonomieunterstützung im Unterricht besteht im Erleben von Selbstbestimmung, was sich wiederum positiv auf eine intrinsische Lernmotivation und auf ein erhöhtes Engagement im Unterricht auswirkt (vgl. Deci & Ryan, 1985; Reeve et al., 2004; Reeve & Jang, 2006; Reeve, Jang, Carrell, Jeon & Barch, 2004), auf Motivation und Leistung (Urdan & Turner, 2005; Urdan & Schönfeld, 2006), ebenso auf ein höheres Selbstwertgefühl und Kompetenzerleben (Ryan & Grolnick, 1986) und sogar auf eine tiefere Dropout-Quote (Hardre & Reeve, 2003). Umgekehrt kann gleichzeitig nachgewiesen werden, dass zu starke externale Kontrolle das Erleben von Autonomie und damit die intrinsische Motivation unterminiert (Deci & Ryan, 2000; Reeve et al., 1999; Reeve & Jang, 2006; Ryan & Deci, 2002).

Nebst all den positiven Resultaten gibt es auch kontroverse Befunde: Die Untersuchung von Buff et al. (2011) hat entgegen den Erwartungen gezeigt, dass das Gewähren von Freiräumen (primär organisatorische/prozedurale Autonomie) keine positiven Effekte auf das affektive Erleben der Schülerinnen und Schülern mit guten kognitiven Voraussetzungen hat, sich jedoch eher ungünstig auf das affektive Erleben derjenigen Schülerinnen und Schülern mit ungünstigen kognitiven Eingangsbedingungen auswirkt.

Rakoczy (2008, S. 166) stellt ebenfalls fest, „ (...), dass organisatorische Freiräume negativ mit der Motivation zusammenhängen, wenn das kognitive Niveau des Unterrichts gleichzeitig berücksichtigt wird. Zunehmende Freiräume wirken sich unter Kontrolle des kognitiven Niveaus also negativ auf das motivationale Erleben aus."

Massnahmen zur Förderung der Eigeninitiative von Schülerinnen und Schülern wirken für das Autonomieerleben und damit für eine vermehrte Selbstregulation und Selbstwirksamkeit verstärkend. Korrelations- und experimentelle Studien weisen darauf hin, dass Autonomieunterstützung im Unterricht die Motivation und Leistung der Schülerinnen und Schüler erhöhen kann, unter Voraussetzung der Beachtung der Kontextfaktoren.

Die wahrgenommene Autonomieunterstützung ist wiederum eine wichtige Voraussetzung für das Kompetenzerleben, welches im nächsten Kapitel beschrieben wird.

3.2.2   Kompetenzerleben im Unterricht

„... we consider competence or effectance to be one of the three fundamental psychological needs that can energize human activity and must be satisfied for long-term psychological health" (Deci & Ryan, 2000a, S. 231).

Die Selbstbestimmungstheorie misst dem Kompetenzerleben einen hohen Stellenwert zu, mit der Annahme, dass Menschen eine angeborene Tendenz zeigen, sich als kompetent bzw. eine *effectance motivation'* zu erleben wollen (White, 1959, zit. nach Elliot et al., 2002). Kompetent sein bedeutet, mit seinen kognitiven Fähigkeiten und Fertigkeiten definierte Probleme in variablen Situationen zu lösen und die damit verbundenen motivationalen, volitionalen und sozialen Fähigkeiten verantwortungsvoll zu nutzen (Weinert, 2001). Die Person erlebt sich dabei als selbstwirksam, was sie wiederum dazu bringt, herausfordernde Situationen aufzusuchen, um ihre Fähigkeiten aufrechtzuerhalten oder zu erweitern. Kompetenzerleben bedeutet auch, Gelegenheiten zu nutzen, die eigenen Fähigkeiten anzuwenden, Einfluss auf die eigene Umwelt auszuüben und in der Interaktion mit der Umwelt wirksam zu sein (Deci & Ryan, 2000; Ryan & Deci, 2002; Deci & Ryan, 1991).

Untersuchungen zeigen, dass ein maximales Kompetenzerleben mit einer optimalen Passung von individueller Leistungsvoraussetzung und Anspruchsniveaus der Aufgabe einhergeht (Rheinberg, 2004). Den Zusammenhang zwischen dem Kompetenzerleben und der intrinsischen Motivation beschreiben Deci und Ryan (1985, S. 58) folgendermassen:

> We would expect a close relationship between perceived competence and intrinsic motivation such that the more competent a person perceives him- or herself to be at some activity, the more intrinsically motivated he or she will be at that activity.

Zusammenfassend ist das Bedürfnis nach Kompetenz durch das Bestreben gekennzeichnet, die Wirkungen eigener Handlungen zu kontrollieren und sich darin als kompetent zu erleben. Die Wirkungen des Kompetenzerlebens auf motivationale und emotionale Merkmale sind vielfältig und empirisch gut belegt.

3.2.3 Soziale Eingebundenheit im Unterricht

„Relatedness refers to the desire to feel connected to others – to love and care, and to be loved and cared for" (Deci & Ryan, 2000a, S. 231).

Die soziale Eingebundenheit ist die dritte Dimension der basic needs und geht auf die Konzepte von Maslows (1943) ‚need for relatedness' und Harlows (1958) ‚need for love' zurück. Es wird davon ausgegangen, dass Menschen die angeborene motivationale Tendenz haben, sich mit anderen Personen verbunden zu fühlen, sichere und emotionale Bindungen einzugehen, zu einer Gruppe zugehörig sein zu wollen, geliebt zu werden und in ihrem sozialen Umfeld effektiv zu wirken. Die Befundlage zur Bedeutung der sozialen Eingebundenheit für die intrinsische Motivation und Internalisierung ist jedoch weniger eindeutig als die zu den Bedürfnissen nach Autonomie- und Kompetenzerleben (Kunter, 2008, S. 38). Soziale Eingebundenheit in der Situation selber erscheint keine notwendige Bedingung für intrinsisch motiviertes Handeln, dennoch ist der Rückhalt durch eine sichere soziale Umgebung (z.B. durch das Elternhaus) und das Gefühl von Zugehörigkeit und Verbundenheit bedeutsam (Grolnick, Ryan & Deci, 1991; Ryan & Deci, 2000a; 2000b; Turner & Meyer, 2004a). Ein starkes Zugehörigkeitsgefühl zu den Peers, insbesondere zu den ‚significant others', zur Lehrperson oder zu den Eltern führt zu einer emotionalen Sicherheit und damit zu einer vermehrten aktiven Annahme von Herausforderungen, zu einer Übernahme von Werten und positiven Zielsetzungen und insgesamt höherer Leistungsmotivation (vgl. Reeve et al., 2004; Wentzel, McNamara Barry & Caldwell, 2004; Ryan & Deci, 2000b).

Mit der sozialen Eingebundenheit geht der Begriff des sozialen Unterrichtsklima einher. Ein soziales Unterrichtsklima *(social climate, classroom climate, supportive classroom climate, social environments)* umfasst sämtliche schülerorientierten Beziehungen (zwischen den Schülerinnen und Schülern und der Lehrperson), deren Qualität und Quantität und die damit verbundenen Interaktionen. „Interpersonal relationships, student-teacher relationship, peer relationships, teachers' beliefs and behaviours, teachers' communication style, classroom management and group processes are themes that can be considered to be included in the concept of the social climate of learning environments" (Allodi, 2010, S. 89).

Stipek et al. (1998) bezeichnen das emotionale Unterrichtsklima als eine der stärksten voraussagenden Variablen für die Motivation der Schülerinnen und Schüler. So geht eine gute Beziehung zur Lehrperson mit mehr schulischem Interesse einher (Wentzel, 1997), umgekehrt bewirkt ein negatives Klassenklima, geprägt von Befehlen, Sarkasmus oder Drohungen eine Schmälerung der Motivation (vgl. Turner et al, 2003; Deci & Ryan, 1985). Das Gefühl, von der Lehrperson „gemocht" zu werden, zu einer Klasse zu „gehören" und respektvoll behandelt zu werden, beeinflusst das Engagement der Schülerinnen und Schüler positiv (vgl. Wentzel, 1997; Butler, 2008; Turner et al., 1998; Ryan & Deci 2000a; 2000b; Reeve, 2002). Ebenfalls trägt ein durch Kooperation geprägtes Klima zu einem gelingenden Unterrichtsklima bei: Engagement, Interesse, gegenseitiges Helfen und emotionales Wohlbefinden werden dadurch gefördert (Ames, 1992; Schunk & Pajares, 2002), während ein wettbewerbsorientiertes Klima eher zu Vermeidungsverhalten, vermindertem Durchhaltevermögen und schlechterer Einschätzungen der eigenen Fähigkeiten führen kann. Studien zeigen, dass Schülerinnen und Schüler in einem positiven Unterrichtsklima signifikante persönliche Lerngewinne erzielen können (vgl. Schweinle et al., 2006; Turner et al., 2003; Stipek et al., 1998).

Es gibt aber auch gemischte bzw. neutrale Befunde: So fand zum Beispiel die deutsche SCHOLASTIK-Studie[13] keine nennenswerten Beziehungen zwischen Unterrichtsklima und Leistungszuwachs in Mathematik (Helmke & Weinert,

---

13 SCHOLASTIK = Schulorganisierte Lernangebote und Sozialisation von Talenten, Interessen und Kompetenzen, eine deutsche Langzeitstudie der Grundschule.

1997), auch Gruehn (2000) und Einsiedler (2000) haben in ihrer Review nur wenig empirische Evidenz dafür gefunden. Gründe dafür können in der Komplexität der Erforschung des Klassenklimas bzw. in der reliablen Erfassung beziehungsbezogener Komponenten (z.b. Helmke, 2002) und in der unterschiedlichen Operationalisierung der Konstrukte „Klima" oder „Schüler-Lehrer-Beziehung" (Lipowsky et al., 2009) liegen. Nebst dem Begriff des Klassenklimas gibt es noch weitere Konzepte, die in diesem Zusammenhang bedeutsam sind:

Involvement. Involvement meint das Ausmass, in dem eine Person an der Beziehung interessiert ist und darin Energie und Zeit investiert. Es wird vom Involvement der Lehrperson gesprochen als entscheidendem Faktor für ein respektvolles Unterrichtsklima und der damit verbundenen Wahrnehmung von sozialer Eingebundenheit (vgl. Reeve, Deci & Ryan, 2004; Ryan & Deci, 2000a; 2000b; 2002; Turner et al., 1998; Deci & Ryan, 1991). Involvement trägt umso mehr zum Gefühl der Eingebundenheit bei, „je stärker die Zielperson in ihrer Individualität und in ihrem Bezugssystem anerkannt wird, d.h., je weniger sich ihre Funktion darauf beschränkt, Instrument für die Zwecke der anderen Person zu sein" (Rakoczy, 2008, S. 46).

Enthusiasmus. Enthusiasmus ist ein weiterer Begriff, der im Zusammenhang mit dem Unterrichtklima erscheint, als Beschreibung erfolgreicher Instruktions- oder Kommunikationsausprägung. „(...), the word ‚enthusiasm' describes the enjoyment and excitement that people experience when engaged in certain tasks" (Kunter et al., 2008, S. 468). Eine enthusiastische Lehrperson vermag die Bedeutsamkeit, den Wert des Inhaltes bzw. der Auseinandersetzung und ihr eigenes Interesse zu vermitteln, was wiederum Motivation und Engagement der Lernenden fördert (Patrick et al., 2003; Turner et al., 2002).

Caring. Eine besondere Aufmerksamkeit gilt dem Konzept des Carings, das v.a. von der Autorin Nel Noddings (1992; 2003) beschrieben wurde. Sie beschreibt drei Qualitäten: (a) Eine demokratische Unterrichtskommunikation und Interesse an den Inputs der Schüler und Schülerinnen, (b) Respekt für individuelle Unterschiede der Lernenden in der Zielsetzung und Erwartungen und (c) sorgfältige und geduldige Kommunikation (ebd., 1992).

Caring meint „sich kümmern", „sich Gedanken machen", „sich sorgen" und steht für ein motivierendes und kognitiv herausforderndes Verhalten von Lehrpersonen, das ein erhöhtes Engagement von Schülerinnen und Schülern zur Folge hat (vgl. Rakoczy, 2008, S. 47). Wentzel (1997) hatte untersucht, welche Verhaltensformen von Lehrpersonen dazu führen, dass sie als wertschätzend empfunden werden. Er identifizierte Aspekte wie eine interessante Unterrichtsgestaltung, aufmerksames Zuhören im Gespräch sowie Ehrlichkeit, Gerechtigkeit und Vertrauenswürdigkeit. Es zeigte sich als relevant, dass sich die Lehrpersonen interessierten, ob die Schülerinnen und Schüler den Stoff verstanden haben oder Hilfe benötigen, und ob die Lehrpersonen etwas über das Leben der Schülerinnen und Schüler ausserhalb der Schule wussten. Empirische Befunde zeigten, dass Caring zu weniger Vermeidungsverhalten, mehr Lernorientierung, gründlichem Verstehen, Engagement und sozialer Verantwortung führt (Turner & Meyer, 2004a; Wentzel, 1997).

Ein positives Klassenklima wird von unterstützenden und respektvollen Interaktionen und wertschätzenden Beziehungen geprägt, und ist für das Gefühl sozialer Eingebundenheit, für die Lernbereitschaft, das Engagement und letztlich für die Leistung der Schülerinnen und Schüler entscheidend.

3.2.4 Implikationen für die Unterrichtsgestaltung

Aus der Selbstbestimmungstheorie ergeben sich theoretisch begründete als auch empirisch bestätigte Hinweise für die Unterrichtsgestaltung, insbesondere auch für die Gestaltung der Unterrichtskommunikation.

Autonomieerleben. Lehrpersonen, die ein Autonomie unterstützendes Instruktionsverhalten zeigen, sind darauf bedacht, die Lernenden zu eigenständigem Lernen und tiefgründigem Verstehen zu bringen. Wie gestalten autonomiefördernde Lehrpersonen im Gegensatz zu anderen Lehrpersonen ihren Unterricht? Die Studien von Reeve (2002), Assor und Kaplan (2001) und Black und Deci (2000) beschreiben folgendes Verhalten der Lehrpersonen. Die Lehrpersonen

- bieten vermehrt Wahlmöglichkeiten innerhalb einer strukturierten Umgebung an, die es Schülerinnen und Schülern ermöglichen, eigenständige Entscheidungen zu treffen;
- hören den Schülerinnen und Schülern länger zu;

- leisten häufiger Unterstützung;
- loben die Lernenden mehr;
- geben den Schülerinnen und Schüler mehr Zeit zur selbstständigen Aufgabenbearbeitung;
- versuchen deren Interesse auf vielfältige Weise zu wecken.

Ergänzend sind weitere Merkmale in Hinblick auf eine autonomiefördernde Unterrichtskommunikation wirksam:

- Die Lehrpersonen erfragen die Vorgehensweise der Schülerinnen und Schüler, lassen die Lernenden ihre eigenen Fragen stellen und beantworten diese in Ruhe (Stefanou et al., 2004);
- sie ermuntern die Schülerinnen und Schüler zur Eigeninitiative und wenden eine nicht kontrollierende, nicht direktive Kommunikation an (Ryan & Grolnick, 1985; Reeve et al., 1999).

Kompetenzerleben. Zur Gestaltung des Unterrichts bzw. der Unterrichtskommunikation hinsichtlich des Kompetenzerlebens gibt es ebenfalls einige empirische Hinweise. Die Lehrperson

- schlägt ein angemessenes Unterrichtstempo *(pacing)* an (Rosenshine & Meister, 1994);
- strukturiert den Unterricht klar (vgl. Reeve et al., 1999; Reeve, 2002; Pintrich & Schunk, 1996);
- fokussiert das konzeptuelle Verstehen der Lerninhalte, betont die Relevanz des Lerngegenstandes und pflegt ein konstruktiver Umgang mit Fehlern (vgl. Turner et al., 1998; Gruehn, 2000; Elliot et al., 2002);
- lässt die Schülerinnen und Schüler die Zusammenhänge zwischen einzelnen Konzepten erklären (vgl. Seidel & Prenzel, 2003; Baumert & Köller, 2000a);
- führt Leistungsbewertungen durch, die auf individuelle Fortschritte fokussieren und eine positive Erwartungshaltung innehaben (Pintrich & Schunk, 1996).

Soziale Eingebundenheit. Das Gefühl, zu einer Klasse zu „gehören" und in der Klasse gemocht zu werden, beeinflusst das Engagement der Schülerinnen und Schüler positiv.

Die Lehrpersonen sind verantwortlich für die Gestaltung des Unterrichtsklimas, der sozialen Beziehungen, Haltungen, Werten und Normen (Urdan & Schönfelder, 2006). Positiv wirken sich folgende empirisch bestätigten Merkmale des Lehrpersonenverhaltens auf das Unterrichtsklima und damit auf das positive motivational-emotionale Unterrichtserleben von Schülerinnen und Schüler aus:

- Ein authentisches, empathisches und fürsorgliches Verhalten, emotionale Wärme und ein respektvoller Umgang, Interesse an den Schülerinnen und Schülern, geförderter Perspektivenwechsel, gegenseitige Akzeptanz und eine kollegiale Atmosphäre gelten als entscheidende Faktoren für positive, motivational-emotionale und kognitive Wirkungen und stärken das Gefühl der sozialen Eingebundenheit (vgl. Deci & Ryan, 1985; Ryan & Deci, 2002; Patrick, Ryan & Kaplan, 2007; Rakoczy, 2008; Tausch & Tausch, 1998).

- ein konstruktives und individuelles Unterstützungsverhalten der Lehrperson (vgl. Stefanou et al., 2004; Patrick, Turner, Meyer & Midgley, 2003; Turner et al., 2002; Schweinle et al., 2006; Fraser et al., 2010; Turner et al., 1998);

- ein respektvoller Umgang im Unterricht (vgl. Patrick et al., 2003; Patrick, Anderman, Ryan, Edelin & Midgley, 2001) sowie die Förderung eines angstfreien Klimas durch Bewertung innerhalb individuellen Bezugsnormen (vgl. Klieme et al., 2006).;

- eine bewusste Förderung von Interaktionen zu und zwischen den Schülerinnen und Schülern (vgl. Patrick et al., 2001; Eccles, Wigfield, Midgley, Reuman, Mac Iver & Feldlaufer, 1993).

3.3 Selbstwirksamkeitstheorie

This theory states that psychological procedures, whatever their form, alter the level and strength of self-efficacy. It is hypothesized that expectations of personal efficacy determine whether coping behaviour will be initiated, how much effort will be expended, and how long it will be sustained in the face of obstacles and aversive experiences (Bandura, 1977, S. 191).

Die Selbstwirksamkeit *(self-efficacy)* ist ein Konzept innerhalb der soziokognitiven Theorien, das vor allem von Bandura (1977) geprägt wurde. Er definiert Selbstwirksamkeit als den persönlichen Glauben an die eigenen Fähigkeiten, Aufgabenstellungen lösen zu können. Die Überzeugung bezüglich der eigenen Fähigkeiten wiederum bestimmt, wie sich Menschen in bestimmten Situationen fühlen, sich motivieren und handeln. Das Konzept besagt, dass der entscheidende Erfolgsfaktor für menschliches Handeln weniger mit Intelligenz, Wissen oder Können zu tun habe als vielmehr mit der persönlichen Überzeugung, aus eigener Kraft etwas bewirken zu können. „Beliefs of personal efficacy constitute the key factor of human agency. If people believe they have no power to produce results, they will not attempt to make things happen" (Bandura, 1997, S. 3). Selbstwirksamkeit betrifft die Wahl der Aktivität, die Anstrengungsbereitschaft und das Durchhaltevermögen. Die Selbstwirksamkeit ist domänenspezifisch (vgl. Friedel, Cortina, Turner & Midgley, 2007a; 2007b), und es ist eine kleine Differenz auszumachen zwischen ‚die Fähigkeit haben' („Ich bin gut in Mathematik") und ‚die Fähigkeit nutzen' („Ich kann die Mathematikaufgabe lösen, wenn ich will").

Selbstwirksamkeitserwartungen gelten als gute Prädiktoren für motivationale und kognitive Prozesse. Dabei hat der Einsatz selbstregulatorischer Strategien, wie z.B. Zielsetzung, Selbstbeobachtung, Selbstbeurteilung und die Verwendung von metakognitiven Strategien, einen grossen Einfluss. Selbstwirksamkeit wird auch in neueren Studien mit höherer Verarbeitungstiefe beim Lernen, mehr Ausdauer und Effort, höherer Motivation, besseren Lernstrategien sowie besseren Leistungen in Verbindung gebracht (Middleton et al., 2004; Bong, 2004; Schunk & Pajares, 2002; Schunk, 1989). Gerade in der Mathematik gilt die Selbstwirksamkeit als guter Prädiktor für Leistungserfolg (Pajares & Miller, 1994; 1995).

Banduras (1977) Schlüsselkonzept sind die *beliefs*[14]. Beliefs bedeuten Glaubenssätze im Sinne von Erwartungen, Einschätzungen der eigenen Wirksamkeit, Überzeugungen hinsichtlich eigener Kompetenzen und Urteilen. „A major goal of formal education should be to equip students with the intellectual tools, self-beliefs, and self-regulatory capabilities to educate themselves throughout their lifetime" (Bandura, 1993, S. 136). Bandura spricht von zwei Erwartungshaltungen, welche menschliches Verhalten entscheidend mitbestimmen, die

- *efficacy beliefs* (Wirksamkeitseinschätzungen) und

- *outcome expectancies* (Ergebnis- bzw. Konsequenzerwartungen).

Die efficacy beliefs umfassen all jene Kognitionen, die ein Mensch hinsichtlich individueller Überzeugungen seiner eigenen Wirksamkeit verinnerlicht hat (Fuchs, 2005). Sie sind Einschätzungen, wie kompetent sich ein Mensch in Bezug auf ein gewisses Ziel hält. Efficacy beliefs sind abhängig von drei Aspekten: Vom Herausforderungsgrad der Aufgabenstellung *(level),* von der Stärke der Einschätzung *(strength)* und vom Verallgemeinerungsgrad der Einschätzung *(generality)* (Bandura, 1997, S. 42).

Bandura (1982; 1997) beschreibt fünf Quellen der Selbstwirksamkeitsüberzeugungen:

- *Mastery experience.* Das Erleben von eigenem Können (über persönliche Erfolgs- oder Misserfolgserfahrungen) ist der effektivste Weg, einen starken Sinn für die persönliche Wirksamkeit zu erzeugen.

- *Vicarious experience.* Das stellvertretende Beobachten und das Lernen am Modell anhand sozialer Vorbilder *(significant others)* stärken den Glauben an die eigenen Fähigkeiten, ähnliche Aktivitäten zu meistern. Je grösser dabei die angenommene Ähnlichkeit des Modells ist, desto überzeugender wirken Erfolg respektive Misserfolg des Vorbildes.

- *Social persuasion.* Die mündliche Überzeugung bzw. die verbale Unterstützung von Aussenstehenden stärkt Menschen in ihren beliefs, bestimmte Aufgabenstellungen zu meistern.

- *Physiological and affective states.* Emotionen, Launen und Stimmungen beeinflussen die Beurteilung der persönlichen Wirksamkeit. So können

---

14 beliefs (engl.) = Überzeugungen, Meinungen, Glauben

68

beispielsweise ängstliche Haltungen bescheidene Handlungsausführungen verursachen.

- *Integration of efficacy information.* Die Einschätzung der Selbstwirksamkeit basiert auf diagnostischen Fähigkeiten. Es gilt aus einer Vielzahl von Informationen und Quellen auszuwählen, zu gewichten und schliesslich relevante Informationen hinsichtlich der persönlichen Wirksamkeit zu integrieren.

Unter den Begriff der outcome expectancies fallen alle Vorstellungen, die sich eine Person hinsichtlich der Erfolgsaussichten einer Handlung macht, im Sinne einer gedanklich vorweggenommenen Konsequenz bzw. einer mentalen Repräsentation oder Vergegenwärtigung des Ergebnisses (Fuchs, 2005). Die Ergebniserwartung hängt von persönlichen Kompetenzen, vom sozialen Kontext, von emotionalen Faktoren und von der Selbsteinschätzung ab. Sie wirkt sich je nach dem positiv oder negativ auf die Motivation aus und entscheidet mit, ob Menschen Herausforderungen überhaupt annehmen bzw. bewältigen. Bandura (1997) betont die Unabhängigkeit der beiden Konstrukte der Selbstwirksamkeit und Ergebniserwartung – hohe Selbstwirksamkeit geht nicht automatisch mit hoher Ergebniserwartung einher. Die Umsetzung dieser Quellen zur Förderung der Selbstwirksamkeit im schulischen Kontext erwähnt Bandura hingegen in seinen Schriften nicht.

3.3.1 Das Selbstwirksamkeitserleben im Unterricht

Interessanterweise hat Bandura die Umsetzung seiner Ergebnisse der Selbstwirksamkeitsforschung nicht eigentlich in Bezug auf die Förderung im schulischen Kontext thematisiert (Fuchs, 2005), jedoch die Wirkung der Selbstwirksamkeit auf die kognitive, motivationale und emotionale Ebene als folgende beschrieben (Bandura, 1995):

- *Kognitive Prozesse.* Ein hoher Selbstwirksamkeitsglaube ist selbstverstärkend, fördert das Verantwortungsbewusstsein und steigert die Handlungsqualität. Je grösser die bewusste Selbstwirksamkeit, desto höher die Herausforderung, die Menschen annehmen, und desto höher ihr Verantwortungsbewusstsein für ihre Ziele.

- *Motivationale Prozesse.* Hohe Selbstwirksamkeitsüberzeugungen fördern Vertrauen in die eigenen Fähigkeiten und stärken Beharrlichkeit und Durchhaltevermögen. Menschen, die sich hoch wirksam einschätzen, tendieren weniger dazu, Verantwortungen zu delegieren oder an ihren Fähigkeiten zu zweifeln. Sie schreiben ihre Misserfolge eher ungenügenden persönlichen Anstrengungen oder widrigen Situationsbedingungen zu als mangelnden persönlichen Fähigkeiten. Wirksamkeitsüberzeugungen bestimmen die Ziele, die eine Person sich setzt, wie sehr sie sich dafür anstrengt, wie lange sie durchhält und wie gut sie sich von Misserfolgen erholt.

- *Affektive Prozesse.* Personen, die sich als selbstwirksam einschätzen, sehen schwierige Situationen eher als Herausforderung und weniger als Bedrohung an und können Ängste oder störende Gedanken besser abwenden.

Spezifische Selbstwirksamkeitserwartungen haben sich im Zusammenhang mit selbstkontrollierten Lernprozessen und -strategien als eine zentrale Variable für die Motivation erwiesen (Pajares, 2008; 1996; Schunk, 1996; Schunk & Miller, 2002; Zimmerman, Bonner & Kovach, 1996). Die Selbstwirksamkeit gilt dabei als eines der Schlüsselkonstrukte in Bezug auf selbstreguliertes Lernen und beeinflusst alle Phasen der Selbstregulation: Vorüberlegung und Planung *(forethought),* Durchführung *(performance)* und Reflexion *(self-reflection)* (Schunk & Zimmerman, 1994; 2008; Zimmerman et al., 1996). Je höher die Selbstwirksamkeitserwartungen von Schülerinnen und Schülern,

- desto höher das Interesse und die intrinsische Motivation (Bandura 1997; Zimmerman, Bandura & Martinez-Pons, 1992; Schunk, 1989; Bandura & Schunk, 1981);

- desto höher setzen die Schülerinnen und Schüler ihre persönlichen Ziele beim Lernen (Zimmerman et al., 1992; Pintrich & De Groot, 1990);

- desto länger verweilen sie in der Aufgabenlösung (Pajares, 2008; Pintrich & De Groot, 1990);

- desto öfter begeben sie sich in herausfordernde Situationen und lernen darin Kompetenzen zu entwickeln (Bandura, 1997);

- desto intensiver ist der Einsatz kognitiver und metakognitiver Lernstrategien (Pintrich & De Groot, 1990).

Zusammenfassend zeigt sich, dass die Selbstwirksamkeit ein solider Prädiktor für motivational-emotionale Aspekte des Lernens darstellt. Die Förderung der spezifischen Selbstwirksamkeit gehört zu den relevanten Aufgaben von Lehrpersonen und geschieht unter vielfältigen Aspekten, die im folgenden Kapitel dargestellt werden.

3.3.2 Implikationen für die Unterrichtsgestaltung

Nach Bandura (1986) werden Selbstwirksamkeitseinschätzungen durch drei Kontextfaktoren beeinflusst: vergangener Erfolg/Misserfolg mit ähnlichen Aufgaben, soziale Vergleiche und verbale Überzeugungen. Die Entwicklung der Selbstwirksamkeit im Unterricht kann mannigfaltig geschehen, insbesondere durch eine gezielte Unterrichtskommunikation:

- Durch spezifische und individuelle Zielsetzungen (Wolters, 2003; Schwarzer & Jerusalem, 2002; Schunk & Miller, 2002; Schunk & Pajares, 2002);

- durch die Vermittlung von Lern- und metakognitiven Strategien aufgrund der besseren Beobachtung, Bewertung und Regulation der eigenen Denkprozesse (Schunk & Miller, 2002; Schwarzer & Jerusalem, 2002);

- durch die Verbalisierung von Aufgabenstrategien und Lösungswegen *(modelling)* und den sorgfältigen Einsatz von Peer- und Coping-Modellen (Alderman, 1999; Zimmerman et al., 1996);

- durch erlebbare Lernfortschritte und Kompetenzentwicklung *(mastery experience)*, begleitet durch kontinuierliche, konkrete und informative Rückmeldungen über persönliche Fortschritte anhand individueller Bezugsnormen (Urdan & Turner, 2005; Schunk & Miller, 2002; Schwarzer & Jerusalem, 2002; Ryan & Deci, 2000a; 2000b; 2002; Brophy & Good, 1986; Schunk, 1989; Stipek et al., 1998);

- durch das Weglassen von normativen und sozial vergleichenden Feedbacks. „When evaluation is normative, emphasizes social comparison, is highly differentiated, and is perceived as threatening to one's sense of control, it contributes to a negative motivational climate" (Butler, 1987; zit. nach Ames, 1992, S. 265).

Weitere Studien zeigen, dass die Selbstwirksamkeitserwartungen in einem Mastery-Goal-orientierten Unterricht höher (Friedel et al., 2007a; 2007b; Middleton & Midgley, 1997), und in einem Performance-orientierten Unterricht tiefer sind (Schunk, 1996; Wolters, Yu & Pintrich, 1996).

Die Bedeutung und Gestaltung eines Mastery-Goals-orientierten Unterrichts wird im nächsten Kapitel erläutert.

3.4   Zielorientierungstheorie (Achievement Goal Theory)

„By contrast, achievement goal theory is less concerned with what individuals are trying to achieve and instead focuses more on understanding why" (Maehr & Zusho, 2009, S. 78).

Die Zielorientierungstheorie beschreibt die Art der Ziele, die eine Person in einer Leistungssituation verfolgt, wie sie sich währenddessen verhält, wie sie sich einer Leistungsaktivität nähert und wie sie sich darauf einlässt und reagiert. Ziele sind deutlich mehr als das angestrebte Resultat. Was nämlich einfach klingt, bietet die Ausgangslage für eine breitangelegte und kontroverse Diskussion über Definitionen, theoretische Hintergründe und verschiedene Perspektiven dieses theoretischen Konstrukts im Wandel der Zeit.

Geprägt und initiiert wurde diese Theorie vor allem von Ames (vgl. Ames, 1988; Ames & Archer, 1992), Nicholls (1984), Maehr und Braskamp (1986) und Dweck (vgl. Dweck, 1986; Dweck & Leggett, 1988; Elliot & Dweck, 1988). Differenziert, weiterentwickelt und in höherer Komplexität beschrieben wurde sie später durch Elliot (vgl. Elliot, 2005; Elliot & Church, 1997), Midgley (vgl. Midgley, Kaplan & Middleton, 2001), Harackiewicz (vgl. Harackiewicz, Pintrich, Barron, Elliot & Trash, 2002; Harackiewicz & Linnenbrink, 2005a; Harackiewicz et al., 2005b) und Pintrich (vgl. Pintrich, 2000; Pintrich, Conley & Kempler, 2003). In Bezug auf den Mathematikunterricht ist es die Forschergruppe um Turner, welche die Zielorientierungstheorie vorangebracht hat (vgl. Turner et al., 2002; 2003a; 2003b; Turner & Patrick, 2004; Friedel et al., 2007a; 2007b; Patrick et al., 2003; Schweinle et al., 2006).

Die Zielorientierungstheorie baut auf vier Prämissen auf (Maehr & Zusho, 2009):

- *Motivation ist ein Prozess und keine Charaktereigenschaft.* Entgegen früherer Annahmen wird in der heutigen Motivationsforschung nicht mehr davon ausgegangen, dass Motivation primär aus veranlagten Charaktereigenschaften entsteht, sondern nebst persönlichen Faktoren vor allem der soziokulturelle Kontext die Wahrnehmungen, Überzeugungen und Strategien eines Individuums prägt (vgl. Dweck & Leggett, 1988; Schunk, Pintrich & Meece, 2008).

- *Kompetenz steht im Mittelpunkt der Zielorientierungstheorie.* Das Kompetenzerleben ist definiert als Gefühl, mit den eigenen Fähigkeiten und Fertigkeiten die Umgebung meistern zu können (vgl. Elliot, 2005; Maehr & Nicholls, 1980; vgl. Kapitel 3.2.2).

- *Ziele erschaffen ein motivationales System.* Maehr (2001) beschreibt Ziele als Schemata oder *„broader interpretative frames"* (S. 183), Dweck (1992) als Konstrukt oder motivationaler Dreh- und Angelpunkt von Kognition, Verhalten und Affekten. Ziele stehen in enger Verbindung zu kognitiven und metakognitiven Strategien (Pintrich, 2000; Wolters, 2004), zum Interesse (Harackiewicz, Barron, Carter, Lehto & Elliot, 1997), zu Emotionen (Linnenbrink & Pintrich, 2002), zur Hilfesuche (Butler, 2008), zur Aufgabenwahl (Elliot & Dweck, 1988) oder zur schulischen Leistung (Harackiewicz et al., 2002; Pintrich, 2003). „Each goal, in a sense, creates and organizes its own world – each evoking different thoughts and emotions and calling for different behaviors" (Elliot & Dweck, 1988, S. 11).

- *Ziele und selbstbezogene Prozesse sind ineinander verflochten.* Es gibt Hinweise, dass gewisse Repräsentationen des „Selbst" in Beziehung zu unterschiedlichen Mustern der Zielorientierung stehen. Personen, die primär Mastery Goals verfolgen, fokussieren eher selbstbezogene, intrapersonale Standards *(private self)*, Performance-Goals-orientierte Personen hingegen eher normative und interpersonale Standards *(public self)* (Kaplan & Maehr, 2007).

Kernpunkt der Zielorientierungstheorie sind zwei Zielorientierungen mit ihren unterschiedlichen Konzeptionen von Erfolg, unterschiedlichen Gründen für Leistungsbereitschaft und unterschiedlichen selbstbezogenen Denkweisen.

3.4.1 Mastery Goals, Learning Goals, Task-oriented Goals

„Mastery goals are, above all, goals focused on the development of competence" (Maehr & Zusho, 2009, S. 79).

Die Ziele, die sich auf das Verstehen und die Kompetenzentwicklung beziehen, werden unterschiedlich benannt. Dweck (1986) nennt diese ‚Learning Goals', Ames (1992) ‚Mastery Goals' und Nicholls (1984) ‚Task-oriented Goals'. Im Rahmen dieser Arbeit wird ausschliesslich der Begriff Mastery Goal verwendet, nicht um speziell auf Ames Bezug zu nehmen, sondern weil der Begriff sich in der aktuellen Literatur durchgesetzt hat.

Die Motivation bei einer Mastery-Orientierung besteht primär darin, den Lernstoff gründlich zu verstehen und die eigenen Kompetenzen mit Engagement und Effort verbessern zu wollen (Dweck & Leggett, 1988). Der Grund für eigene Anstrengung liegt in einer persönlich bedeutungsvollen Aufgabe und damit verbundener intrinsischen Motivation, die wiederum die Selbstwirksamkeit und Selbstregulation positiv beeinflusst. Erfolg definiert sich als Verbesserung, Fortschritt, Kreativität, Innovation und wird dem eigenen Lernen zugeschrieben. Fehler werden als ein Teil des Lernprozesses gesehen, und bei Prüfungen werden Erfolg und Misserfolg den persönlichen Anstrengungen attribuiert. Schülerinnen und Schüler mit einer Mastery-Orientierung können sich selbstwirksam erleben und sind motiviert, sich aufgabenbezogen anzustrengen, indem sie mehr Effort leisten, an der Aufgabe dran bleiben und effektivere Lernstrategien verwenden (Bandura, 1986; Schunk, 1989). „Perceived progress in skill acquisition and self-efficacy for continued learning sustain motivation and enhance skillful performance" (Schunk, 2000, S. 336). Interessanterweise zeigt sich die Mastery-Orientierung aber nicht immer als zuverlässiger Prädiktor für die schulische Leistung, weil die Studien einerseits häufig in Klassen mit normativen Bewertungsstandards durchgeführt wurden und Mastery Goals andererseits schwierig zu messen sind (Maehr & Zusho, 2009).

3.4.2 Performance Goals, Ego-oriented Goals, Ability-focused Goals

„Performance Goals are goals focused on the demonstration of competence" (Maehr & Zusho, 2009, S. 79).

Dweck (1986) nennt die gegensätzliche Orientierung zu den Mastery Goals ‚Performance Goal Orientation', Nicholls (1984) nennt dasselbe Konstrukt ‚Ego Orientation' und auch der Begriff ‚Ability-focused Goals' ist mit derselben Bedeutung in der Literatur zu finden (Schunk, 2000). Diese Arbeit beschränkt sich auf den Begriff Performance Goal Orientation, er ist der meist verwendete und aufgrund der später erfolgten Aufteilung in die Dimensionen Performance-Approach und -Avoid Goals sinnvoll. Die nachfolgende Beschreibung der Performance-Orientierung ist die ursprüngliche und beschreibt eigentlich die Performance-Avoid-Orientierung.

Personen mit einer Performance-Goal-Orientierung messen ihre Fähigkeiten daran, etwas besser als die anderen zu tun, normative Standards zu erfüllen oder Erfolg mit wenig Aufwand zu erzielen (Dweck, 1986; Ames, 1992). Daraus resultiert ein Lernen als Mittel zur Erreichung eines vorgegebenen Leistungsziels (Nicholls & Dweck, 1979).

Arbeitet eine Person mit Performance-orientierten Zielen, ist sie darauf bedacht,

- gute Beurteilungen ihrer Kompetenzen zu erlangen, um vor den anderen clever dazustehen und Anerkennung von der Öffentlichkeit zu erhalten;
- negative Bewertungen zu vermeiden und deshalb Situationen, in denen sie als unfähig erscheinen könnte, zu umgehen.

Es werden risikolose Aufgaben gewählt, damit ein sicherer Erfolg gewiss ist, keine Fehler gemacht werden respektive keine Hilfe geholt werden muss (Covington, 1992; Elliott & Dweck, 1988; Meyer et al., 1997). „(...) the best tasks for purposes of looking smart are ones that are hard for others but not for you" (Dweck, 2000, S. 15).

Im Kontrast zur Mastery-Orientierung steht bei den Performance-Orientierung die Aufgabenerledigung im Vordergrund und nicht die zugrundeliegenden Lernprozesse (Schunk & Swartz, 1993a; 1993b). Die eigenen Fähigkeiten werden von den Schülerinnen und Schülern im sozialen Vergleich mit ihren Kolleginnen und Kollegen eingeschätzt, schulischer Erfolg wird ähnlich einem Wettbewerb beurteilt und Fehler bedeuten ein Versagen oder weisen auf mangelnde Fähigkeiten hin.

3.4.3   Frühe Perspektiven der Zielorientierungstheorie

Die Zielorientierungstheorie wurde teils in unabhängiger und teils in kollaborativer Arbeit von Ames, Dweck, Maehr und Nicholls in den späten 80er Jahren entwickelt. Die von Nicholls und Dweck (1979) sowie von Maehr und Nicholls

(1980) publizierten Untersuchungen waren für die Verbreitung der Theorie wegweisend. Obwohl Dweck und Nicholls nicht genau identische Ansichten des Leistungszielkonzeptes hatten, überwogen die Gemeinsamkeiten. Beide sahen die Zielorientierungstheorie als Ergänzung zu den Lücken bisheriger Konzepte zu Leistungsmotiven bzw. -attributionen und legten den Schwerpunkt auf das Leistungsverhalten. Sie suchten nach den Gründen, weshalb etwas in einer Leistungssituation getan wird (z.B. Kompetenzen aufzubauen versus ‚kompetent sein' gegen aussen zu demonstrieren) und welches die gewünschten Ziele oder Resultate dabei sind (z.B. sich selber zu verbessern versus im Klassenverband zu den Besten zu gehören). Dweck und Nicholls beschrieben beide eine Dichotomie innerhalb der Zielorientierungstheorie, beide Autorengruppen beschrieben diese Ziele als gegensätzlich und sich ausschliessend. Mastery-Orientierungen wurden eindeutig mit der Entwicklung von Fähigkeiten und positiven Lernprozessen in Verbindung gebracht, Performance-Orientierungen als negative Prozesse charakterisiert.

Tabelle 3.1.3: Übersicht der frühen Perspektiven der Zielorientierungstheorie (vgl. Maehr & Zusho, 2009)

Autor	Repräsentative Publikationen	Theoretisches Modell	Besonderheiten
Ames	Ames & Archer, 1988; Ames, 1992	Mastery Goals; Performance Goals	Untersuchungen von Unterricht
Dweck	Dweck & Leggett, 1988; Dweck, 1986; Elliot & Dweck, 1988	Learning Goals; Performance Goals	Implizite Kombination von approach/ avoidance bei den Performance Goals
Nicholls	Nicholls, 1984; Nicholls & Dweck, 1979	Entwicklung des Fähigkeitskonzeptes; Fokus auf motivationales Gleichgewicht	Task-involved Goals; Ego-involved Goals
Maehr	Maehr & Nicholls, 1980; Maehr & Braskamp, 1986	Rolle von Selbst-Prozessen; Sozio-kulturelle Faktoren der Motivation;	Performance Goals; Task/Mastery Ability

Tabelle 3.1.3 zeigt zusammenfassend die Perspektiven der Repräsentanten der Zielorientierung der ersten Generation mit ihren theoretischen Modellen und Besonderheiten. Die grösste Weiterentwicklung der folgenden 10 Jahre lag darin, die Dichotomie von Mastery und Performance Goals aufzuheben und eine Differenzierung durch die beiden Dimensionen *Avoidance* (Vermeidung) und *Approach* (Annäherung) einzuführen.

3.4.4   Die Dimension der Valenz von Zielen

Das dichotome Schwarz-Weiss-Denken von Mastery und Performance Goals brachte berechtigte Zweifel mit sich. Mastery Goals wiesen ziemlich konsistente Effekte auf, nicht aber die Performance Goals, die inkonsistente negative, neutrale und sogar positive Effekte hervorbrachten (vgl. Kaplan et al., 2002; Middleton & Midgley, 1997; Elliot, 1997; Elliot & Church, 1997; Harackiewicz et al., 1997). Diese Inkonsistenz führte zur Differenzierung der Performance Goals in Bezug auf ihre Valenz, wobei das Modell von Elliot mit den beiden Dimensionen Annäherung (Approach) und Vermeidung (Avoidance) am meisten Beachtung gefunden hat (vgl. Elliot, 1999; Elliot & McGregor, 2001; Elliot, 2005; Linnenbrink & Pintrich, 2001; Pintrich, 2003).

Die zweite konstituierende Dimension liegt in der Definition von Standards, bzw. was die Person zur Beurteilung der Güte der eigenen Kompetenz als Referenz annimmt. Welcher Standard im Vordergrund steht, widerspiegelt sich in hohem Masse in der Unterscheidung von Mastery und Performance Goals. Unterschieden wird ein intrapersonaler Standard (in Bezug auf frühere Leistungen), ein normativer Standard (in Bezug auf Leistungen anderer) und ein absoluter Standard (in Bezug auf eine a priori feststehende Grösse). Aus der systematischen Kreuzung der beiden Dimensionen Valenz und Standards entstand das 2 mal 2 Achievement Goal-Modell (vgl. Elliot, 1999; 2005; Elliot & Church, 1997; Elliot & McGregor, 2001):

- *Mastery-Approach Goals: How can I do it?* Die Mastery-Approach-Perspektive entspricht der „klassischen" Mastery-Orientierung mit dem Bestreben, Kompetenz zu erlangen, zu verbessern und leistungsbezogene Herausforderungen zu meistern. Kompetenz wird anhand intrapersonalen bzw. absoluten Standards gemessen.

- *Mastery-Avoidance Goals: Can I do it?* Personen, die Mastery-Avoidance-orientiert sind, möchten einen Verlust von Kompetenz vermeiden *(focus on past ability*; intrapersonaler bzw. absoluter Standard) und verhindern, dass ihre Anstrengungen zu einer ungenügenden Beurteilung führen *(avoid unflattering judgments)*.

• *Performance-Approach Goals: Will I look smart?* Bei einer Performance-Approach-Orientierung geht es um die Demonstration eigener Kompetenzen und Fähigkeiten den anderen gegenüber *(focus on present ability)* und folgen einem normativen Standard. Andere durch Kompetenz und Überlegenheit zu übertreffen *(seek flattering information)*.

• *Performance-Avoidance Goals: Will I look dumb?* Die Performance-Avoid-Perspektive gleicht der „klassischen" Performance-Goal-Orientierung mit dem Ziel zu vermeiden, als inkompetent oder unfähig angesehen zu werden (normativer Standard).

In der Weiterentwicklung der Zielorientierungstheorie kam nebst der Differenzierung von Approach/Avoidance eine weitere wesentliche Perspektive dazu, die der ‚Multiplen Ziele' *(multiple goals perspective)*.

3.4.5 Multiple Ziele

„ (...) the primary objective of the multiple goals perspective was never to champion performance goals, per se, but rather to document for whom and under what conditions performance goals resulted in enhanced academic performance" (Maehr & Zusho, 2009, S. 85).

In den ursprünglichen, normativen Perspektiven wurden Mastery und Performance Goals als konträre Konstrukte beurteilt. Die Realität hat aber gezeigt, dass die Lernenden sowohl Mastery als auch Performance Goals in variablen Ausprägungen verfolgen können, in verschiedenen Situationen und mit unterschiedlichen Leistungserfolgen (Meece & Holt, 1993; Pintrich, 2000; Linnenbrink & Pintrich, 2001; Midgley et al., 2001; Harackiewicz et al., 2002; Elliot, 2005). Unterschiedliche Muster der Ausprägung der beiden Zielorientierungen können zu unterschiedlichen Resultaten führen (vgl. Turner et al., 2003b; Kaplan et al., 2002):

• Eine *tiefe Mastery bei gleichzeitig tiefer Performance-Orientierung* scheint fast immer mit eher schlechten kognitiven, emotionalen und verhaltensbezogenen Mustern einherzugehen.

- Eine *tiefe Mastery bei gleichzeitig hoher Performance-Orientierung* schneidet leistungsbezogen ebenfalls häufig schlecht ab.

- Bei den Mustern mit *hoher Mastery und gleichzeitig hoher Performance-Orientierung* oder *hoher Mastery bei gleichzeitig tiefer Performance-Orientierung* ist die Befundlage unklar. Die meisten Studien zeigen zwar grundsätzlich eher positive Resultate, ohne zu klären, welches der beiden Muster das bessere sei.

Dweck (1999) sieht die beiden Ziele eher im Konflikt zueinander und beurteilt die Betonung von Performance-Zielen als problematisch. Andere Autoren wiederum sehen in der hohen Ausprägung beider Ziele eher eine Chance, dass die Schülerinnen und Schüler sich mit einer hohen Adaptivität situativ den Anforderungen der Aufgabe und Situation anpassen können (vgl. Kaplan et al., 2002). Mastery und Performance Goals sollen grundsätzlich nicht voneinander getrennt untersucht werden (Pintrich & Schunk, 2002; Kaplan, Gheen & Midgley, 2002).

Nebst den Kombinationen von Mastery und Performance Goals müssen Schülerinnen und Schüler zusätzlich nicht leistungsbezogene Ziele im Gleichgewicht halten, nämlich soziale Ziele *(social goals)*, persönliche Ziele *(personal goals)* oder kontextbezogene Ziele *(person-environment goals)* (Boekaerts, De Koning & Vedder, 2006). „... new learning environments (...) increase the need for self-regulation in the true sense of the term, mainly because students must keep their multiple content goals in balance" (ebd., S. 33). Relativ gut untersucht sind dabei die sozialen Ziele, z.B. Klassenkameraden helfen, Freunde finden oder sich für andere verantwortlich zeigen (Dowson & McInerney, 2003; 2001). Das Verfolgen von multiplen Zielen ist empirisch noch ungenügend untersucht, insbesondere die Wechselwirkung der unterschiedlichen Ziele (Boekaerts, 2006).

3.4.6 Bedeutung der Zielorientierung für motivationale und emotionale Aspekte des Lernens

Ames beschrieb in der Zielorientierungstheorie Muster von Überzeugungen und Emotionen im Unterricht in Bezug auf Erfolg, Fähigkeiten, Umgang mit Fehlern oder Feedbacks (vgl. Ames, 1992; Ames & Archer, 1988). Sie eröffnete damit einen spannenden Forschungszweig zum Einfluss des Instruktions-

und Kommunikationsverhaltens der Lehrpersonen auf die Zielorientierungen der Schülerinnen und Schüler, und damit deren Kognitionen, Motivationen und Emotionen (vgl. Turner, Meyer, Midgley & Patrick, 2003; Kaplan et al., 2002).

Die Wirkungen einer Mastery-(Approach)-Goal-Orientierung, insbesondere auf die motivational-emotionalen Aspekte des Lernens, sind vielfältig in empirischen Studien belegt. Schülerinnen und Schüler mit einer Mastery-(Approach)-Goal-Orientierung ...

- suchen sich herausfordernde Aufgabenstellungen als Lerngelegenheiten (Elliot & Dweck, 1988; Meyer, Turner & Spencer, 1997) und zeigen vermehrtes Interesse in schulischen Belangen (Harackiewicz et al., 1997; 2000);

- haben eine erhöhte Bereitschaft zum Risiko mit der Wahl herausfordernder Aufgabenstellungen und verwenden gleichzeitig weniger Self-Handicapping-Strategien (Midgley & Urdan, 2001; Turner et al., 2002; 2003);

- verwenden ausgeprägte kognitive und metakognitive Strategien (Ames & Archer, 1988; Meece, Blumenfeld & Hoyle, 1988; Pintrich & de Groot, 1990; Elliot et al., 1999; Pintrich, 2000);

- holen sich bei Bedarf vermehrt Hilfe (Butler & Neuman, 1995; Butler, 2008; Karabenick, 2004; Ryan, Gheen & Midgley, 1998; Zusho, Karabenick, Bonney & Sims, 2007; Ryan & Pintrich, 1997; Ryan, Pintrich & Midgley, 2001);

- zeigen nach Misserfolgen ein erhöhtes Engagement mit vermehrtem Gebrauch von effektiven Lern- und Copingstrategien (vgl. Ames & Archer, 1988; Urdan & Midgley, 2003; Wolters, 2004; Anderman & Wolters, 2006; Kaplan & Maehr, 2007) und und attribuieren Erfolg oder Misserfolg adäquat (Linnenbrink & Pintrich, 2001).

Die Zusammenhänge einer Performance-(Avoid)-Goal-Orientierung mit den motivational-emotionalen Aspekten des Unterrichterlebens zeigen sich in empirischen Untersuchungen wie folgt: Schülerinnen und Schüler mit einer Performance-(Avoid)-Goal-Orientierung ...

- weisen einen höheren Grad von Ängstlichkeit auf, vermeiden es, Hilfe zu ersuchen und zeigen Verhaltensweisen wie Self-Handicapping, Betrügen *(cheating)*, Prokrastination, Vermeiden von Hilfesuchen und negativen schulbezogenen Emotionen (vgl. Wolters, 2004; Kaplan et al., 2002a; Midgley & Urdan, 2001; Urdan, Midgley & Anderman, 1998; Ryan et al.1998; Ryan & Pintrich, 1997; Meece et al., 1988)

- verwenden eher oberflächliche und kurzfristige Lernstrategien, wie beispielsweise blosses Auswendiglernen (Meece et al., 1988; Dweck & Leggett, 1988; Ames, 1992; Kaplan, Middleton, Urdan & Midgley, 2003).

- zeigen ein tieferes Niveau an schulischem Interesse (Church et al., 2001; Elliot & Church, 1997; Elliot, McGregor & Gable, 1999; Skaalvik, 1997);

Uneinheitliche Befunde gibt es in Bezug auf die Selbstwirksamkeit: Positive Zusammenhänge wurden beispielsweise von Midgley et al. (1995), Midgley und Urdan (1995), Boekaerts (2002) oder etwas aktueller von Fast, Lewis, Bryant, Bocian, Cardullo, Rettig und Hammond (2010) gefunden, keine Zusammenhänge fanden dagegen Meyer und Kollegen (1997) und Middleton und Midgely (1997).

In der Zielorientierungstheorie spielt auch die soziale Eingebundenheit eine bedeutsame Rolle, positive interpersonale Beziehungen gelten als Quelle für das Erleben von Glück und Freude (Meyer & Turner, 2002a; 2002b; Martin & Dowson, 2009). „(...) relatedness in the academic domain teaches students the beliefs, orientations, and values needed to function effectively in academic environments" (Martin & Dowson, 2009, S. 329). Studien zeigten signifikante positive Zusammenhänge zwischen einer Mastery-Orientierung und

- der Qualität der Beziehung der Schülerinnen und Schüler zu den Lehrpersonen (vgl. Martin, Marsh, McInerney, Green & Dowson, 2007; Anderman & Maehr, 1994; Meece, 1991; Wentzel et al., 2004);

- der Beziehung zu den Peers (Dowson & McInerney, 2003) und zu den Eltern (Martin et al., 2007).

Eine interessante Diskussion ist, ob diese positiven Beziehungen bzw. die soziale Eingebundenheit Faktoren sind, welche die Inkonsistenzen der Resultate innerhalb der Zielorientierungstheorie erklären könnte, insbesondere in Performance-orientierten Kontexten. Bestehen in einem Unterricht mit Performance-Strukturen gute Beziehungen, könnten sich diese leistungsfördernd auswirken (Martin & Dowson, 2009). „Specifically, relatedness may act as a mediating variable with respect to the interface of goals and achievement motivation" (ebd., S. 331).

Zu bemerken gilt, dass die grosse Mehrheit aller Studien die Dichotomie der Mastery- und Performance-Orientierung verwendet haben und nur eine kleine Anzahl Studien mit der Approach-Avoid-Differenzierung existiert, häufig mit wenig signifikanten Aussagen (Maehr & Zusho, 2009). Empirische Studien zeigen für die differenzierte Zusammenhänge einer Mastery-Avoidance-Orientierung zu den motivational-emotionalen Aspekten des Unterrichterlebens eine vermehrte Ängstlichkeit bei den Schülerinnen und Schülern (Elliot & McGregor, 2001; Zusho et al., 2007), jedoch keine negative Vorhersage von intrinsischer Motivation bzw. Interesse (Elliot & Murayama, 2008). In Bezug auf die Performance-Approach Goals zeigen Studien bei diesen Lernenden eine höhere Emotionalität (Elliot & McGregor, 2001) und vermehrte Prüfungsangst (Middleton & Midgley, 1997). Das gezielte Verringern der Anstrengung bzw. schulisches Self-Handicapping korreliert positiv mit Performance-Avoid-Orientierung (Midgley & Urdan, 2001).

Mit der Aufhebung der Dichotomie von Mastery und Performance Goals und mit der Einführung der Perspektive der Multiple Goals wurde die Theorie zwar erfolgreich weiterentwickelt. Die Forschungslage in dieser Richtung ist jedoch noch eher dünn.

3.4.7 Implikationen für die Unterrichtsgestaltung

Die Bedeutsamkeit der Mastery-Goal-Strukturen für das motivationale und emotionale Unterrichtserleben wurde in den vorhergehenden Kapiteln beschrieben. Wie der Unterricht zur Förderung einer Mastery-Struktur im Detail gestaltet werden soll und welche Formen der Unterrichtskommunikation darin Erfolg versprechen, beschreibt das Konzept unter dem Akronym TARGET (*Task, Authority, Recognition, Grouping, Evaluation, Time*).

Es wurde ursprünglich von Epstein (1989) entwickelt, um sehr konkret den Einfluss der Lehrpersonen auf die Unterrichtsgestaltung aufzuzeigen (vgl. Tabelle 3.1.4). Das Modell wurde etwas später von den Vertreterinnen und Vertreter der Zielorientierungstheorie aufgenommen, um aufzuzeigen, wie eine Mastery-Orientierung im Unterricht erreicht werden kann (Ames, 1990; Midgley, 1993; Maehr & Midgley, 1996; Patrick et al., 2001; Pintrich & Schunk, 1996; Meece et al., 2006; Kaplan & Maehr, 2007).

Tabelle 3.1.4: Mastery- und Performance-Unterrichtsstrukturen entlang TARGET (vgl. Epstein, 1989)

TARGET	Mastery-Struktur	Performance-Struktur
Task	Selbstbezogene Aufgabenziele, bedeutungsvolle, herausfordernde, multidimensionale und interessante Aufgaben mit unterschiedlichen Schwierigkeitsgraden.	Wettbewerbsorientierte Ziele, uni-dimensionale und undifferenzierte Aufgabenstellungen.
Authority	Die Autorität und Verantwortung für das Lernen mit den Schülerinnen und Schülern teilen, die Lernenden in Entscheidungen einbeziehen.	Alle Entscheidungen liegen bei der Lehrperson.
Recognition	Fortschritte und Anstrengung der Schülerinnen und Schüler individuell anerkennen und wertschätzen.	Öffentliche Anerkennung und normative Vergleiche der Fähigkeiten.
Grouping	Lernsettings in flexiblen, kleinen, gemischten, kooperativen Gruppen anbieten.	Gruppierung geschieht nach Stärke (homogene Gruppen) und Unterricht häufig mit der ganzen Klasse.
Evaluation	Persönliche, informelle Rückmeldungen zu Leistung und Effort, anhand individueller Bezugsnormen.	Evaluationen geschehen normativ und öffentlich.
Time	Flexible Zeiten für die Aufgabenbewältigung und maximale Zeit zum Lernen.	Keine Flexibilität in der Zeit für die Aufgabenbearbeitung.

TARGET wurde auch als Rahmenmodell zur Analyse von adaptivem Unterricht verwendet, z.B. in Form des OPAL-Protokolls[15] (vgl. Patrick, Ryan, Anderman, Middleton, Linnenbrink, Hruda, Edelin, Kaplan & Midgley, 1997). Zusammenfassend gilt die Zielorientierungstheorie als attraktives Konzept sowohl zur Beschreibung der Wirkung unterschiedlicher Zielorientierungen auf

---

15 OPAL = Observing Patterns of Adaptive Learning: A Protocol for Classroom Observations (Patrick et al., 1997).

kognitive, motivationale, soziale und emotionale Aspekte des Lernens als auch zur Hervorhebung der Bedeutung einer unterstützenden Unterrichtskommunikation.

3.5 Affektives Erleben im Unterrichtskontext

> Emotions may trigger, sustain, or reduce academic motivation and related volitional processes. (...). In this way, positive activating emotions such as enjoyment of learning may generally enhance academic motivation, whereas negative deactivating emotions may just be detrimental (e.g. hopelessness, boredom) (Pekrun et al., 2002a, S. 97).

Schülerinnen und Schüler erleben eine Vielzahl von Emotionen im schulischen Kontext, so z.B. die Angst vor Prüfungen, Ärger über Lehrpersonen, Enttäuschungen über Prüfungsresultate, Freude über Lernfortschritte, Stolz über erbrachte Leistungen und Hoffnungen auf einen Lernerfolg. In den Motivationstheorien erschienen die Emotionen zwar schon ab den 50er Jahren, z.B. in Form der affektiven Erwartungen bei Erfolg oder Misserfolg im Modell von Atkinson (1957), der Kopplung von Motivation und Affekten in herausfordernden Aktivitäten bei Csikszentmihalyi (1975) oder im Zusammenhang mit den Attributionen bei Weiner (1986). Jedoch erst ab den 90er Jahren werden die Emotionen als zentrales Konstrukt und wesentlichen Teil von Unterrichtsaktivitäten anerkannt (vgl. Schutz & Lanehart, 2002; Turner et al., 2003), und noch viel später werden die Zusammenhänge von Motivation und Emotion systematisch erforscht (vgl. Boekaerts, 2002; Schutz & Lanehart, 2002; Pekrun; 2006; Pekrun & Schiefele, 1996; Pekrun et al. 2002a; 2002b).

Lernemotionen sind Emotionen, die Schülerinnen und Schüler in der Auseinandersetzung mit verschiedenen Lernsituationen und schulischen Herausforderungen erleben (Pekrun, 1998). Lernemotionen sind facettenreich: „Emotions involve sets of coordinated psychological processes including affective, cognitive, physiological, motivational, and expressive components" (Pekrun & Stephans, 2012, S. 4). So können beispielsweise vor einer Prüfung nervöse Gefühle (affektiv), Angst vor Prüfungsversagen (kognitiv), erhöhter Puls (physiologisch), der Wunsch vor der Situation davonzulaufen (motivational) oder ein ängstlicher Gesichtsausdruck (expressiv) auftreten. Von positivem affektivem Erleben ist dann auszugehen, wenn Schülerinnen und Schüler den Unterricht als spannend, reizvoll, anregend oder interessant empfinden (Buff et al., 2011). Lernemotionen können sich auf verschiedene Zeitabschnitte der Lernhandlung beziehen (Pekrun et al., 2002a; Knollmann & Wild, 2007):

- Prozessbezogen (z.B. Ärger bei einer Aufgabenlösung);

- prospektiv (z.B. Prüfungsangst);

- retrospektiv (z.B. Stolz nach einem Referat).

Die begrifflichen Definitionen sind variabel und breit gehalten. Linnenbrink und Pintrich (2002) schlagen eine Unterteilung in Affekte *(affects)*, Emotionen *(emotions)* und Stimmungen *(moods)* vor. Stimmungen unterscheiden sich von Emotionen im Bereich von Intensität und Länge, bzw. werden auch als *low-intensity emotions* bezeichnet (Pekrun, 2006). Sie halten länger an, während Emotionen kurze und intensive Episoden sind, die beim Nachlassen wiederum in eine Stimmung wechseln können. Emotionen haben in der Regel einen bestimmten Auslöser, Stimmungen können ohne bestimmten Grund auftreten. Der Begriff Affekt schliesst die beiden Konstrukte Emotion und Stimmung als übergeordnete und etwas weitergefasste Kategorie ein (Pekrun & Stephenson, 2012).

Tabelle 3.1.5: Dimensionen der unterrichtsbezogenen Emotionen (vgl. Pekrun et al., 2002a; Pekrun & Stephens, 2012)

Dimensionen	Positive Emotionen		Negative Emotionen	
	Aktivierend	Deaktivierend	Aktivierend	Deaktivierend
Aufgaben-, selbst- oder prozess-bezogen	Freude	Entspannung	Ärger	Langeweile
prospektiv	antizipierte Freude; Hoffnung	Zufriedenheit	Angst	Traurigkeit
retrospektiv	Freude über Erfolg; Stolz	Erleichterung	Scham, Schuld	Hoffnungslosigkeit
sozial	Dankbarkeit; Zufriedenheit; Empathie; Bewunderung; Sympathie	Zufriedenheit	Ärger, Neid; Eifersucht; Hass; Antipathie; Verachtung	Enttäuschung

Einen weiteren wichtigen Beitrag zur Definition lieferten Pekrun und Kollegen (2002a) mit dem Begriff *,academic emotions'* als Pendant zur *,academic motivation'* oder zum *,academic self-concept'*. Academic emotions meint diejenigen Emotionen, die direkt mit Lernen, Unterricht und schulischer Leistung verbunden sind.

Angst war in der Studie von Pekrun et al. (2002a) diejenige Emotion, die mit beachtlichen 15 bis 25% am meisten erwähnt wird, und dies nicht nur im Zusammenhang mit Prüfungen. Dennoch wurden positive Emotionen gleich häufig wie negative genannt.

Tabelle 3.1.5 zeigt die Vielfältigkeit der Emotionen im Schulkontext, gruppiert nach deren Valenz (positive versus negative) und bezüglich deren Aktivierungsgrad (aktivierend versus deaktivierend). In den empirischen Befunden werden die aktivierenden und deaktivierenden positiven bzw. negativen Emotionen mehrheitlich zusammengefasst und als ein universelles Konstrukt erforscht, was die Interpretation der Studienergebnisse erschweren kann (Pekrun & Stephens, 2012). Aktivierende positive Emotionen werden ziemlich konsistent mit positiven Effekten in Verbindung gebracht, deaktivierende positive Emotionen können hingegen die aufgabenbezogene Aufmerksamkeit senken und zu oberflächlicher Aufgabenbearbeitung führen. Die absorbierte Aufmerksamkeit sowohl positiver als auch negativer Emotionen ist grundsätzlich zu beachten. Wird die Aufmerksamkeit von irrelevanten Aspekten besetzt, bleibt weniger für die eigentliche Aufgabenlösung (Meinhardt & Pekrun, 2003). „Experimental research has produced cumulative findings showing that both positive and negative emotional states consume attentional resources by focusing attention on the object of emotion" (Pekrun & Stephens, 2012, S. 8). Unter diesem Blickwinkel müssen die Resultate des folgenden Kapitels mit Vorsicht genossen werden.

3.5.1 Empirische Befunde zu den Lernemotionen

Erst vor 10 bis 15 Jahren wurde mit der Untersuchung der reziproken, bidirektionalen Wirkungsweise von Emotionen und Motivation begonnen (vgl. Boekaerts, 2002; Op't Eynde, De Corte & Verschaffel, 2001; Schutz & Laenhart, 2002; Schweinle, Turner & Meyer, 2002; Schweinle et al., 2008; Buff et al., 2011).

> Furthermore, in our classroom studies it has been difficult, if not impossible, to separate emotions, cognitions, and motivations captured in observing instructional interactions as well as in student self-reports. Reconceptualizing the relationships between emotions and motivation in teaching and learning is becoming increasingly pivotal to making progress in our classroom research (Meyer & Turner, 2006, S. 378).

Die Forschung im Bereich der unterrichtsbezogenen Emotionen hat zwar zuvor eine beachtliche Anzahl empirischer Studien hervorgebracht, jedoch etwas einseitig, was die Inhalte anbelangt. So wurden über 1000 Studien von 1974 bis 2000 zum Thema Prüfungsangst identifiziert, jedoch nur neun Untersuchungen zum Thema Hoffnung oder 14 Studien zur schulischen Hoffnungslosigkeit (Pekrun et al., 2002a). Zudem hat die Forschung häufig Emotionen als Wirkung bzw. abhängige Variablen untersucht (z.b. Deci & Ryan, 1985), nicht aber als beeinflussende Faktoren oder als Prädiktoren (vgl. Schweinle, Turner & Meyer, 2008; Turner, Meyer & Schweinle, 2003a). Häufig wurden individuelle Phänomene dekontextualisiert untersucht und das Schul- und Unterrichtsumfeld gleichzeitig vernachlässigt (vgl. Schweinle et al., 2006; Anderman & Anderman, 2000).

Emotionen wissenschaftlich zu erfassen, ist äusserst anspruchsvoll:

- Emotionen sind prozesshaft und nicht einfach als stabile Variablen zu erfassen. „...emotions are very fluid. They can be quick to occur and quick to change" (Schutz & DeCuir, 2002, S. 125).

- Die meisten emotionalen Erfahrungen sind interpersonal und erfordern komplexere Modelle und Methoden zum Verständnis bzw. zur Erforschung (vgl. Pekrun & Stephens, 2012; Pekrun, 2006; Meyer & Turner, 2002b; Op't Eynde et al., 2001).

- Ethisch bedingte Einschränkungen erschweren ebenfalls eine wissenschaftliche Erforschung von Emotionen (vgl. Meyer & Turner, 2002b).

Die Kombination von multidimensionalen quantitativen und qualitativen Methoden erlaubt ein vertieftes Verständnis der Emotionen im Unterrichtskontext (vgl. Linnenbrink & Pintrich, 2002; Pekrun et al., 2002b; Turner et al., 2002; Meyer & Turner, 2002; Schutz & DeCuir, 2002).

Selbstbestimmte Formen der Lernmotivation wirken sich grundsätzlich positiv auf die Entwicklung der Lernemotionen aus (vgl. Pekrun et al., 2002a; 2002b; Linnenbrink & Pintrich, 2002; Boekaerts, 2002; Meyer & Turner, 2002a; 2000b; 2006), mit den Merkmalen einer intrinsisch geprägten Motivation, einer ausgeprägten Lernzielorientierung, einem positiven Selbstkonzept der eigenen Begabung und einer hohen wahrgenommenen Kompetenz.

Emotionen entstehen einerseits im schulischen Umfeld, andererseits beeinflussen sie die Lernleistungen und die Persönlichkeitsentwicklung (Pekrun et al.,

2002a). Untersuchungen zeigen, dass positives (aktivierendes) emotionales Erleben mit folgenden kognitiven und motivationalen Prozessen positiv korreliert:

- Mit der Aktivierung kognitiver Ressourcen bei der Problembearbeitung, bzw. mit einer kreativen Problembearbeitung (vgl. Clore & Huntsinger, 2007; 2009) und mit gewinnbringenden Lernstrategien (vgl. Pekrun, 2006; Pekrun et al., 2002a; 2002b);

- mit mehr Lernfreude (Helmke, 1993; Pekrun et al., 2002a; 2002b) und weniger irrelevanten Gedankengängen oder Aufmerksamkeitsstörungen (vgl. Meinhardt & Pekrun, 2003);

- sowohl mit intrinsischer Motivation, basierend auf Interesse und Neugier als auch mit extrinsischen Motivation, zusammenhängend mit dem Erreichen eines positiven Resultates bzw. der Vermeidung einer schlechten Note (vgl. Pekrun, 2006; Pekrun et al., 2002a; 2002b);

- mit Selbstregulation bzw. der Überwachung des eigenen Lernens und Anpassung der individuellen Zielen (ebd.), sowie mit der Speicherung und dem Abruf von Informationen aus dem Langzeitgedächtnis (vgl. Levine & Burgess, 1997).

Nach all diesen positiven Zusammenhängen muss erwähnt werden, dass einige wenige Studien keine Zusammenhänge von aktivierenden positiven Emotionen mit der Lernleistung nachweisen konnten (vgl. Linnenbrink, 2007; Pekrun, Elliot & Maier, 2009).

Negative Emotionen wie Angst oder Ärger hingegen korrelieren eher negativ mit den oben genannten Aspekten (vgl. Pekrun et al., 2002a; Titz, 2001), wobei die Prüfungsangst am häufigsten untersucht wurde, eine Metaanalyse findet sich z.B. bei Hembree (1988). Wiederum spielt die Allokation der persönlichen Ressourcen in nicht aufgabenbezogene Ziele oder irrelevantes Denken eine wichtige Rolle (vgl. Meinhardt & Pekrun, 2003; Pekrun, Goetz, Perry, Kramer & Hochstadt, 2004). Massiv negative Lernemotionen können sogar schulische Leistungen gänzlich verhindern, die Dropout-Chance erhöhen oder der Gesundheit schaden (Zeidner, 1998; 2007). Negative Emotionen korrelieren moderat mit eher schlechterer Schulleistung (vgl. Meece, Wigfield & Eccles, 1990; Pekrun, 1992; Titz, 2001; Pekrun et al., 2009), jedoch sind die Resultate in einigen Studien uneinheitlich (Pekrun & Stephens, 2012; Boekaerts, 1994; Pekrun et al., 2004).

Deaktivierende negative Emotionen wie Langeweile oder Hoffnungslosigkeit gehen konstant mit einer reduzierten Aufmerksamkeit, verminderter intrinsischer und extrinsischer Motivation und oberflächlicher Aufgabenbearbeitung einher (vgl. Pekrun et al., 2009; Pekrun, 2006; 1992; Titz, 2001).

Emotionale Stimmungen beeinflussen zudem die Wahrnehmung der Zielorientierung im Unterricht (Linnenbrink & Pintrich, 2002; Turner et al., 2003). Die Autoren interpretieren ihre Ergebnisse insofern, dass nur bei gleichzeitiger, emotionaler Unterstützung die Unterrichtskommunikation als hilfreich empfunden wird. „Teachers' affective discourse may help create moods that influence students' perception of goal structures. (...). ... our findings could be interpreted as suggesting that instructional supports are only experienced as ‚supportive' when the affective supports also are present" (Turner et al., 2003, S. 386).

Einen wichtigen Beitrag in der Erforschung des affektiven Erlebens im Unterricht hat die Control-Value Theory of Achievement Emotions (CVTAE) geleistet, welche vor allem von Pekrun geprägt wurde (Pekrun, 2000; 2006; Pekrun, Frenzel, Goetz & Perry, 2007; Pekrun et al. 2002a; 2002b). Die Theorie hält kontroll- und wertebezogene Bewertungen *(appraisals)* für die zentrale Quelle von schulbezogenen Emotionen.

> The theory posits that achievement emotions are induced when an individual feels in control of, or out of control of, activities and outcomes that are subjectively important, implying that appraisals of control and value are the proximal determinants of these emotions (Pekrun & Stephens, 2012, S. 13).

Die CVTAE geht weiterführend davon aus, dass Emotionen kognitive und motivationale Konsequenzen und damit indirekt einen Einfluss auf die Leistung haben (Buff et al., 2011). Die CVTAE geht von der Annahme aus, dass sowohl aktuelle, situative Kognitionen als auch der soziale Kontext Antezedenzien von positivem affektivem Erleben sind (ebd.). Als distalere Antezedenzien gelten das Geschlecht und die Zielorientierung, worauf im Folgenden kurz eingegangen wird.

Zusammenhänge von Geschlecht und Emotionen

- Für die generelle Prüfungsangst wurde festgestellt, dass diese bei weiblichen Schülerinnen mehr auftrat als bei den männlichen Schulkollegen (vgl. Hembree, 1988; Zeidner, 1998), ebenso für die Angst im Fach Mathematik (Hyde, Fennema, Ryan, Frost & Hopp, 1990);
- Stipek und Gralinsky (1991) wiesen bei den Mädchen ein „typisch weibliches" Attributionsmuster nach, und damit nebst der Prüfungsangst generell negativere Emotionen in der Mathematik. Mädchen attribuierten Misserfolg vermehrt zu tiefer und Erfolg weniger häufig zu hoher Fähigkeit als die Knaben, Mädchen zeigten sich zudem nach Erfolg weniger stolz und waren vermehrt beschämt nach Misserfolg.
- Die Studie von Goetz et al. (2013) ergab ebenfalls das klassische Bild der Geschlechterklischees in Bezug auf die Selbsteinschätzung der Mathematik-Angst ausserhalb der Unterrichtssituation. Innerhalb der Mathestunde hingegen fühlten sich die Schülerinnen in der tatsächlichen Unterrichtssituation keineswegs ängstlicher als ihre männlichen Schulkollegen. Die Ergebnisse der Studie weisen darauf hin, dass Schülerinnen vermutlich vielmehr von gängigen Meinungen dazu gebracht werden, ihre Fähigkeiten in der Mathematik niedriger einzuschätzen und in der Folge ihre Sorgen im Bereich der Mathematik überbewerten.
- Frenzel und Kollegen (2007) haben zusätzlich im Fach Mathematik bei den Mädchen weniger Freude, Stolz und Langeweile gefunden als bei den Knaben, und dafür vermehrt Angst und Hoffnungslosigkeit.

Zusammenhänge von Zielorientierung und Emotionen

- Schülerinnen und Schüler mit einer Mastery-Approach-Orientierung nehmen in der Aufgabenbewältigung vermehrt sowohl Kontrolle als auch einen positiven Wert in der Bearbeitung der Aufgabe wahr. Entlang der CVTAE führen beide Appraisals zu positiven Emotionen wie die Lernfreude (Pekrun et al., 2006; 2009).
- Im Gegensatz dazu geht eine Performance-Avoidance-Orientierung mit einer wahrgenommener Unkontrollierbarkeit und einer negativen Bewertung bei Misserfolg einher, was wiederum negative Emotionen wie Angst, Scham und Hoffnungslosigkeit auslöst (Linnenbrink & Pintrich, 2002; Pekrun et al., 2006; 2009).

3.5.2 Implikationen für die Unterrichtgestaltung

„Emotions are intertwinded in teachers' instructional responses and students' beliefs and actions, constituting an integral part of the interpersonal processes that create classroom contexts" (Meyer & Turner, 2006, S. 107).

Neben den intrapsychischen Bedingungen sind es die Charakteristika der Lernumgebung und der Qualität der Unterrichtskommunikation der Lehrperson, welche die Lernemotionen beeinflussen (vgl. Pekrun & Stephens, 2012; Buff et al., 2011; Pekrun et al., 2002a; Knollmann, 2006; Boekaerts, 2001). Bei den Vertreterinnen und Vertretern der Zielorientierungstheorie (vgl. Gonida, Voulala & Kiosseoglou, 2009; Nicholls, Jones & Hancock, 2003; Linnenbrink & Pintrich, 2000; Meyer & Turner, 2002b; 2006; 2007; Turner et al. 2003; Schweinle et al. 2002; 2006) finden sich viele Hinweise zur Förderung der positiven Emotionen. Es wird davon ausgegangen, dass Mastery-Approach-Strukturen zu positivem affektivem Erleben führen (Urdan & Schoenfelder, 2006; Linnenbrink & Pintrich, 2002; Meyer et al., 1997), siehe dazu auch Kapitel 3.4. Zusammenfassend sind es folgende Merkmale der Unterrichtsgestaltung bzw. der Unterrichtskommunikation, die ein positives affektives Erleben ermöglichen:

- Unterstützung der Autonomie (Assor et al., 2002; Knollmann, 2002; Pekrun et al., 2002a; Pekrun, 2000), wobei es auch kontroverse Befunde gibt: Buff et al. (2011) fanden bei Schülerinnen und Schülern mit günstigen Eingangsvoraussetzungen entgegen den Erwartungen keine Zusammenhänge vom Gewähren von Freiräumen und dem positiven affektiven Erleben, jedoch bei Schülerinnen und Schülern mit ungünstigeren Eingangsvoraussetzungen ein deutlich tieferes positives affektives Erleben;

- Förderung der Kompetenzüberzeugung (Buff et al., 2011; Boekaerts, 2001; Op't Eynde et al., 2001; Goetz, Frenzel, Hall & Pekrun, 2008; Knollmann, 2002) sowie die Passung von Erwartungen und Kompetenzen der Schülerinnen und Schüler mit den Anforderungen des Lernstoffes (Pekrun, 2006; Pekrun et al., 2002a; Ford, 1992);

- Interesse am Lernstoff (Rakoczy et al., 2007), Unterrichtsinhalte, die den Bedürfnissen der Lernenden entsprechen (Krapp, 2005) sowie ein Alignment von persönlichen Zielen und Classroom Goals (Ford, 1992);

- strukturierte Präsentation der Lerninhalte und Gelegenheiten zu konzeptuellem Denken und Problemlösen (Rakoczy et al., 2007; Stipek, 2002a;

Zeidner, 1998; 2007) sowie eine elaborierte Instruktion (Goetz, Pekrun, Hall & Haag, 2006);

- Verstärkendes, individuelles Feedback nach Erfolg, Unterstützung und konstruktive Fehlerkultur nach Misserfolg (Pekrun, 2000; Pekrun et al., 2002a; Goetz, Pekrun, Hall & Haag, 2006; Patrick et al., 2003; Turner et al., 1998) sowie eine emotionale Zuwendung in allgemeinen schulischen Belangen (Knollmann, 2002; Boekaerts, 2002; Ford, 1992);

- Enthusiasmus und Engagement der Lehrperson (Frenzel et al., 2009; Turner et al., 2003b; Pekrun, 2000; Goetz et al., 2006; Stipek et al., 1998) bzw. Lehrpersonen, welche die Wichtigkeit des Stoffes betonen (Assor et al., 2002) sowie die Ermöglichung von sozialen Kooperationen innerhalb von flexiblen Interaktionsstrukturen (Pekrun et al., 2002a).

- Pekrun & Stephens (2012, S. 14) betonen in Bezug auf die Genderunterschiede: „… educators should benefit by attending to female students' appraisals in mathematics and related subjects to help them ameliorate maladaptive patterns of emotions in these subjects".

Die obengenannten Aspekte überlappen sich wiederum mit den theoretischen und empirisch begründeten Merkmalen der Unterrichtsgestaltung aus der Selbstbestimmungs-, Selbstwirksamkeits- und Zielorientierungstheorie zur Förderung von motivationalen Aspekten des Lernens und des Unterrichtserlebens und schliessen das Kapitel ab.

4 Hypothesen

Wie einleitend bereits erwähnt, gehört diese Arbeit zur Fortsetzungsstudie der Pythagoras-Studie und bezieht sich auf den Datensatz „Einführung in die Satzgruppe des Pythagoras" mit 120 videographierten Lektionen, Schüler- und Lehrpersonenfragebogen sowie Leistungstests. Ziel dieser Arbeit ist es, die Unterrichtskommunikation zu analysieren, um die Zusammenhänge zwischen der instruktional und motivational unterstützenden Unterrichtskommunikation der Lehrperson und dem motivationalen und emotionalen Unterrichterleben der Schülerinnen und Schüler zu untersuchen.

Als motivationstheoretische Grundlagen dienen Aspekte aus der Selbstbestimmungs-, der Selbstwirksamkeits- und der Zielorientierungstheorie. Alle drei Ansätze begreifen die Motivation sowohl als individuelles als auch kontextbezogenes Phänomen und bieten diesbezüglich viele Ansatzpunkte zur Förderung und Entwicklung von Lernmotivation im Unterricht. Es ist vielfach empirisch belegt, dass die Unterrichtsqualität von der Kommunikations-, Beziehungs- und Unterstützungskultur abhängt, die wiederum die kognitiven, motivationalen, emotionalen und sozialen Bedingungsfaktoren für einen lernförderlichen Unterrichtskontext bilden (vgl. Reusser & Pauli, 2010; Meyer, 2004; Klieme & Rakoczy, 2008; Reusser, 2008). Dabei wird deutlich, dass es zahlreiche motivationale und emotionale Faktoren gibt, die durch eine unterstützende instruktionale und/oder motivationale Unterrichtskommunikation positiv beeinflusst werden. Theoretisch und empirisch gut belegt sind sowohl die Unterstützung des Autonomie-, Kompetenz- und Selbstbestimmungserleben, die soziale Eingebundenheit, die Zielorientierung als auch affektive Aspekte (Abbildung 4.1).

Als relevante Kovariable auf der individuellen Ebene wird das vorbestehende Interesse in Mathematik einbezogen, da die persönliche Bedeutsamkeit von Lerninhalten eine relevante Rolle für die Motivation und für das emotionale Erleben spielt (vgl. Krapp, 2002). Die zweite Kovariable auf der individuellen Ebene ist das Geschlecht der Schülerinnen und Schüler, aufgrund der geschlechterspezifischen Unterschiede im Unterrichtserleben, insbesondere in der Mathematik (vgl. z.B. OECD, 2004). Auf der Klassenebene bildet der Schultyp (Gymnasium- oder Sekundarschulklassen bzw. Realschulzweig der Gesamtschule) eine relevante Kovariable, ausgehend von der Annahme, dass es schultypenspezifische Lernkulturen gibt.

Unterrichtskommunikation	Motivational-emotionales Unterrichtserleben
Instruktional unterstützende Unterrichtskommunikation	Wahrgenommene Autonomieunterstützung
	Unterstützung des Selbstbestimmungserlebens
	Kompetenzunterstützung
	Soziale Eingebundenheit
	Zielorientierung
	Beziehung zur Lehrperson
Motivational unterstützende Unterrichtskommunikation	Motivierungsfähigkeit der Lehrperson
	Positive/negative Affektivität

Kovariablen:
Schultyp (Klassenebene)
mathematikbezogenes Interesse, Geschlecht (indidviduelle Ebene)

Abbildung 4.1: Übersicht der verwendeten Skalen und Kovariablen

4.1 Beurteilung des Codierinstruments

Die Ausgangslage der Analyse bildet die Untersuchung von Turner et al. (2002) mit dem darin verwendeten Codierinstrument und dem dazugehörigen Ratingverfahren.

Zur Beurteilung des Codierinstruments wird folgenden Fragen nachgegangen:

* Kann das Codierinstrument, welches ursprünglich von Turner et al. (2002) entwickelt und in einer Pilotstudie von Ledergerber (2006) auf den beschriebenen Datensatz adaptiert wurde, die Unterrichtskommunikation der Lehrpersonen beurteilen?

* Ist die Anwendung des Codierinstruments praktikabel und reliabel?

* Lassen sich die beiden Kategorien ‚instruktional' und ‚motivational' ausreichend abgrenzen?

4.2 Beschreibung der Unterrichtskommunikation

In der Beschreibung der Unterrichtskommunikation wird die quantitative Verteilung der verschiedenen Kategorien dargestellt (Kapitel 6.1) und qualitative Auszüge ausgewählter Unterrichtsdialoge zur Veranschaulichung (keine eigentlichen Resultate) bereitgestellt (6.2).

- Wie stellt sich die Verteilung der unterstützenden und der nicht unterstützenden Unterrichtskommunikation bei den 39 Klassen bzw. Lehrpersonen dar?

- Wie stellt sich die Verteilung der motivationalen und der instruktionalen Unterrichtskommunikation bei den 39 Klassen bzw. Lehrpersonen dar?

Die Fragen nach der Beschreibung der Unterrichtskommunikation dienen der Deskription, es existieren keine Hypothesen dazu.

4.3 Zusammenhänge der Unterrichtskommunikation mit der Unterstützung des Selbstbestimmungs- und Autonomieerlebens

Das Bedürfnis nach Autonomie in der Selbstbestimmungstheorie bezeichnet das Bestreben, sich selbst als Verursacher eigener Handlungen zu erleben und aus eigenen Werten und Interessen heraus zu handeln. Die Selbstbestimmungstheorie geht davon aus, dass die Menschen ein angeborenes Bedürfnis haben, ihre Fähigkeiten aktiv zu nutzen und neue Erfahrungen zu machen. Zentral für die Qualität der Lernmotivation ist der Grad der erlebten Selbstbestimmung und Autonomie. Die positive Wirkung der Autonomieunterstützung – allerdings nur unter Beachtung von Kontextfaktoren – wurde durch empirische Studien wiederum vielfältig aufgezeigt: Die Unterrichtskommunikation ist ein zentraler Faktor zu Förderung der Autonomie- und des Selbstbestimmungserlebens. Anhand einer Mehrebenenanalyse werden folgende Hypothesen überprüft:

- Bei Schülerinnen und Schülern, die in ihrer Klasse mehr instruktional und motivational unterstützende Unterrichtsdialoge erfahren, kann eine höhere Wahrnehmung der Autonomieunterstützung vorausgesagt werden.

- Bei Schülerinnen und Schülern, die bei ihren Lehrpersonen mehr instruktional und motivational unterstützende Unterrichtskommunikation erhalten, kann eine erhöhte Unterstützung des Selbstbestimmungserlebens vorausgesagt werden.

Die Resultate finden sich in den Kapiteln 6.3.1 und 6.3.2.

4.4 Zusammenhänge der Unterrichtskommunikation mit der Kompetenzunterstützung

Das Kompetenzerleben ist definiert als Gefühl, mit den eigenen Fähigkeiten und Fertigkeiten die Umgebung meistern zu können. Das Kompetenzerleben kann durch die Unterrichtskommunikation unterstützt werden, indem die Lehrperson den Unterricht klar strukturiert, den Schülerinnen und Schülern individuelle Fortschritte bewusst macht und eine positive Erwartungshaltung ausdrückt, verbunden mit dem Ziel, die Schülerinnen und Schüler zu eigenständigen Lernenden werden zu lassen. In Mehrebenenanalysen wird folgende Hypothese geprüft:

- Ein höherer Anteil an instruktional und motivational unterstützender Unterrichtskommunikation geht mit einer höheren wahrgenommenen Kompetenzunterstützung einher.

Die Resultate finden sich in Kapitel 6.3.3.

4.5 Zusammenhänge der Unterrichtskommunikation mit Aspekten der sozialen Beziehung

Die wahrgenommene soziale Eingebundenheit ist ein weiterer Faktor, der für das motivationale und emotionale Unterrichtserleben wichtig ist, ebenso die Beziehung zur Lehrperson. Das Gefühl des ‚Gemocht Werdens' ist eng mit intrinsischer Motivation und engagiertem Lernen verbunden, die Art der Unterrichtskommunikation beeinflusst wiederum das soziale Unterrichtsklima bedeutend. Anhand einer Mehrebenenanalyse werden folgende Hypothesen geprüft:

- Instruktional und motivational unterstützende Unterrichtskommunikation geht mit einer positiv wahrgenommenen sozialen Eingebundenheit der Schülerinnen und Schüler einher.

- Instruktional und motivational unterstützende Unterrichtkommunikation hat einen positiven Zusammenhang mit der Beziehung zur Lehrperson.

- Instruktional und motivational unterstützende Unterrichtskommunikation geht mit positiv mit Wahrnehmung der Motivierungsfähigkeit der Lehrperson einher.

Die Resultate zur sozialen Eingebundenheit, zur Beziehung zur Lehrperson und zur Motivierungsfähigkeit finden sich in Kapitel 6.3.4.

4.6 Zusammenhänge der Unterrichtskommunikation mit Aspekten der Zielorientierung

Die Zusammenhänge von Mastery-Goal-Strukturen im Unterricht und erhöhter Anstrengung oder positiven schulbezogenen Emotionen wurden vielfach empirisch bestätigt, ebenso die Möglichkeiten einer Förderung der Mastery-Goal-Strukturen durch eine unterstützende Unterrichtskommunikation. Die Hypothesen diesbezüglich lauten:

- Instruktional und motivational unterstützende Unterrichtskommunikation hat einen positiven Zusammenhang mit der Mastery-Orientierung, bzw. Schülerinnen und Schülern in Klassen mit einem hohen Anteil an unterstützender Unterrichtskommunikation geben eine höhere Einschätzungen der Mastery-Orientierung an.

- Instruktional und motivational nicht unterstützende Unterrichtskommunikation geht mit einer erhöhten Performance-Avoid-Orientierung der Schülerinnen und Schüler einher.

- Instruktional und motivational unterstützende Unterrichtskommunikation gehen mit einer erhöhten Performance-Approach-Orientierung der Schülerinnen und Schüler einher.

Die Hypothesen zur Mastery-, Performance-Approach- und Performance-Avoid-Orientierung werden anhand von Mehrebenenanalysen geprüft und finden sich in Kapitel 6.3.5.

4.7 Zusammenhänge der Unterrichtskommunikation mit der Affektivität

Neben den individuellen Bedingungen sind es die Charakteristika der Lernumgebung und die Qualität des Instruktionsverhaltens der Lehrperson, welche die unterrichtsbezogenen Emotionen beeinflussen. Aufgrund der Forschungsergebnisse aus der Emotionsforschung liegen folgende Hypothesen nahe:

- Eine instruktional und motivational unterstützende Unterrichtskommunikation geht mit positiven emotionalen Affekten der Schülerinnen und Schüler einher.

- Umgekehrt lässt sich bei Schülerinnen und Schülern eine negative Affektivität vermehrt voraussagen, wenn sie Klassen mit vermehrt instruktional und motivational nicht unterstützender Unterrichtskommunikation angehören.

Die Resultate der Mehrebenenanalysen zu den positiven und negativen Affekten finden sich in Kapitel 6.3.6.

4.8 Geschlechterspezifische Unterschiede

Bei allen Auswertungen wird zusätzlich geprüft, ob die Zusammenhänge zwischen den Ausprägungen der Unterrichtskommunikation und des Unterrichtserlebens bei Mädchen und Jungen unterschiedlich stark ausgeprägt sind. Gerade hinsichtlich des motivational-emotionalen Unterrichtserlebens im Mathematikunterricht gibt es zahlreiche Hinweise, dass das Geschlecht eine relevante Rolle spielt.

Die Resultate der geschlechtergetrennten Auswertungen finden sich jweils nach den Auswertungen der Gesamtstichprobe.

5 Methodik

Das folgende Kapitel erläutert die relevanten Inhalte zur Methodik und gliedert sich wie folgt:

- Bedingungen der Unterrichtsforschung und Beurteilungsansätze (Kapitel 5.1/5.2);
- Beschreibung des Kontextes der Studien, in welche diese Arbeit eingebettet ist (Kapitel 5.3);
- Aufzeichnung des methodischen Vorgehens zur Bestimmung der Stichprobe (Kapitel 5.4);
- Beschreibung des verwendeten Kategoriensystem (Kapitel 5.5);
- Erläuterung zu den verwendeten Fragebogendaten (Kapitel 5.6);
- ausgewählte Aspekte der Datenanalyse (Kapitel 5.7).

5.1 Bedingungen der Unterrichtsforschung

Bildungsforschung wird in Deutschland seit 1974 als „Untersuchung der Voraussetzungen und Möglichkeiten von Bildungs- und Erziehungsprozessen im institutionellen und gesellschaftlichen Kontext"[16] definiert. Mit der Entwicklung des Schulwesens und insbesondere der Unterrichtsstandards änderten sich auch die Aufgaben für die empirische Bildungsforschung: Erfordert wird eine objektive, multiperspektivischen Beschreibung und Analyse der Unterrichtsqualität bzw. der vielfältigen Interaktionen von Angebot und Nutzung. Die folgenden vier Grundsätze sind für die Unterrichtsforschung essentiell, unabhängig, mit welcher Methode Unterricht und Unterrichtskontext erforscht wird (Turner & Meyer, 2000):

(1) Unterrichtsforschung erfordert die gleichzeitige Untersuchung von mehr als einer Variablen. Unterrichtskontext ist ein komplexes, multidimensionales Phänomen und die Unterrichtsforschung muss diesen Anforderungen gerecht werden. Ein *‚multiple source'*- Ansatz bzw. eine Triangulation von Forschungsmethoden und -perspektiven ist zur Erforschung der Zusammenhänge von Instruktion und Interaktion auf Aspekte des Lernens unerlässlich.

---

16 Deutscher Bildungsrat (1974, S. 16): Empfehlungen der Bildungskommission. Zur Neuordnung der Sekundarstufe II, 38. Sitzung der Bildungskommission, 13./14. Februar 1974 in Bonn.

(2) Unterrichtsforschung erfordert neben quantitativen auch qualitative und induktive Komponenten. Häufig geben erst die qualitativen Daten Erklärungen und Interpretationsansätze zu möglicherweise paradoxen Ergebnissen aus den quantitativen Daten. „Qualitative methods also are more likely to take a systemic approach to understanding the interaction of variables in a complex environment" (Miles & Huberman, 1994, zit. in Turner & Meyer, 2000, S. 79).

(3) Unterrichtsforschung muss neben den WAS-Fragen auch die WIE- und WIESO-Fragen beantworten. Diese Forderung liegt nahe der obigen: Um komplexe Unterrichtsgeschehen abbilden zu können, dürfen nicht nur diejenigen Aspekte als relevant beurteilt werden, die beobachtbar und quantitativ messbar sind, sondern auch deren Hintergründe oder Ursachen.

(4) Unterrichtsforschung erfordert, dass die Forschungsperson im Unterricht präsent ist. Turner und Meyer (2000) verstehen den Unterrichtskontext als eine dynamische Umgebung, die eine kontinuierliche Beobachtung über längere Zeit erfordert. Vor allem um den Fragen nach dem WIE und dem WIESO nachzugehen, benötigt es eine breite und tiefe Einsicht in den Unterricht.

Die videographierte Unterrichtsbeobachtung ist eine Beobachtungsform, die durch die technischen Möglichkeiten der Aufzeichnung den konventionellen Beobachtungsmethoden deutlich überlegen ist.

> Mit der videobasierten Unterrichtsforschung anhand repräsentativer Stichproben wird erstmals der Blick in die Klassenzimmer und auf die Prozesse des Lehrens und Lernens im Unterricht möglich und damit die Forderung nach der Orientierung der Unterrichtsforschung am realen Unterrichtsgeschehen eingelöst (Krammer, 2009, S. 157).

Die komplexe, rohe, unanalysierte Unterrichtsrealität wird dauerhaft abgebildet und ermöglicht damit eine unterrichtsnahe Erfassung der Prozesse (Stigler, Gallimore & Hiebert, 2000). Bei den konventionelleren Methoden geschieht vorgängig eine Strukturierung, anhand von theoriegeleiteten Vorannahmen und Erhebungsinstrumenten. Dies im Gegensatz zur Videoanalyse, bei der mit unterschiedlichen Perspektiven und Kriterien auch ex post analysiert werden kann. Gerade in Bezug auf neuere Forschungsfragen ermöglicht die Videoanalyse eine differenzierte Sicht auf Lehr- und Lernprozesse. Bedeutende Beispiele von videobasierter Unterrichtsforschung[17] sind die TIMSS 1995 und 1999 Mathematik Videostudie (vgl. Hiebert et al., 2003; Stigler, Gonzales, Kawanaka, Knoll & Serrano, 1999), die IPN Videostudie (vgl. Seidel et al., 2006; Seidel & Prenzel, 2004) oder die dieser Arbeit zu Grunde liegende schweizerisch-deutsche Videostudie (vgl. Klieme et al., 2009).

Die Vorteile der videobasierten Unterrichtsforschung sind zahlreich (vgl. Hugener, Rakoczy, Pauli & Reusser, 2006; Kobarg & Seidel, 2007; Krammer & Reusser, 2004; Petko, Waldis, Pauli & Reusser, 2003; Stigler et al., 2000; Seidel et al., 2006; Clausen, 2002):

- Das Lehren und Lernen wird konkret sichtbar und die Komplexität von Unterrichtsprozessen kann unanalysiert widerspiegelt werden. Auch non- und extra-verbale Aspekte der beteiligten Akteure lassen sich untersuchen;

- Die subjekt- und theoriegebundene Qualität sowie analytische Fragestellungen und Kategorien müssen nicht bereits vor der Erhebung festgelegt werden. Es besteht Raum für nicht antizipierte Fragestellungen und wiederholte bzw. mehrdimensionale Analysen sind möglich;

- Videoanalysen zeichnen sich durch ein hohes Mass an Objektivität und Reliabilität aus;

- Videoaufnahmen sind nutzbar, um die praxisnahe Anschaulichkeit in der Ausbildung der Lehrpersonen zu erhöhen (z.B. Best-Practice-Modelle) und für konkrete Unterrichtsentwicklungsprogramme (z.B. SINUS[18]; DVD-Reihe „Unterrichtsvideos mit Begleitmaterialien für die Aus- und Weiterbildung von Lehrpersonen"[19]);

- Internationale und transdisziplinäre Kooperationen werden durch digitalisierte Daten erleichtert.

Um Unterricht jedoch nicht nur systematisch zu beschreiben, sondern theoriegeleitet zu erklären, müssen die Videoanalysen durch weitere Informationsquellen (z.B. Fragebogen, Leistungstests) ergänzt werden (Seidel et al., 2006). Eine

---

17 Eine Übersicht der letzten grossen Videostudien findet sich zudem bei Janik, Seidel und Najvar (2009).
18 SINUS=Steigerung der Effizienz des mathematisch-naturwissenschaftlichen Unterrichts (Ostermeier, Carstensen, Prenzel & Geiser, 2004; Prenzel, 2000).
19 Beispiel: Problemlösen im Mathematikunterricht (DVD) (Hugener, Krammer & Reusser, 2007).

Triangulation ermöglicht es, die Wirkung des Unterrichts auf kurz- und langfristige, auf kognitive, motivationale und affektive Lernprozesse zu erfassen (Seidel & Prenzel, 2004), um komplexe Lehr- und Lernprozesse im Unterricht zu untersuchen.

Zwei Limitationen der Videoanalysen, nebst den bekannten Faktoren wie Zeitanspruch, Kosten oder Archivierung, sind folgend genannt:

Kameraeffekt. Die Invasivität der Kamera (Kameraeffekt) wird als Limitation videographierter Unterrichtsforschung unterschiedlich beschrieben. Einerseits konnte bei Lehrpersonen nachgewiesen werden, dass sie für eine gefilmte Lektion mehr Vorbereitung leisten (vgl. Petko et al., 2003; Stigler et al., 2000), umgekehrt zeigte sich auch, dass Schülerinnen und Schüler den videographierten Unterricht als ‚regulär' bezeichnen (vgl. Petko et al., 2003; Helmke & Helmke, 2004; Seidel et al., 2006).

Verwendung in der Weiterbildung. Die videographierten Unterrichtslektionen können für die Aus- und Weiterbildung von Lehrpersonen genutzt werden, allerdings nur mit einer systematischen Analyse und Reflexion der Unterrichtsprozesse (Reusser, 2005). „Es bedarf einer geschulten Wahrnehmung mit einer tiefergehenden Analyse, um die Feinheiten des Unterrichts in den Zielstellungen, der Begleitung des Lernens, der Fehlerkultur und der Rolle experimentellen Denkens und Arbeitens wahrzunehmen." (Seidel et al., 2006, S. 103).

5.2 Beurteilungsansätze

Die Beobachtungsverfahren in der Unterrichtsforschung lassen sich auf einem Kontinuum von niedrig- bis hoch inferenten Beurteilungsansätzen zuordnen. Im kommenden Abschnitt werden kurz die beiden Ansätze zur Datengewinnung in der Unterrichtsforschung vorgestellt:

Niedrig inferente Beobachtungsverfahren. Niedrig inferente Beobachtungsverfahren beschränken sich auf Aspekte des spezifisch, konkret beobachtbaren Verhaltens, auf die Oberflächenstruktur des Unterrichts (vgl. Clausen, Reusser & Klieme, 2003). Sie werden als relativ objektiv beurteilt und generieren damit klare Aussagen mit einfachem, deskriptivem Informationswert. Ziel der niedrig inferenten Kodierverfahren ist es, umfassendes qualitatives Datenmaterial so weit aufzubereiten, dass es für weitere quantitative und qualitative Auswertungen vergleichbar wird. Bei einem niedrig inferenten Beobachtungsverfahren geht es um eine möglichst genaue Beschreibung von konkreten Ereignissen oder Organisationsformen in der Unterrichtsgestaltung. Damit ist ein solches Verfahren eher einfach zu codieren und erfordert wenig schlussfolgernde Kognitionen der beobachtenden Personen. Typische Beispiele von niedrig inferenten Kodierverfahren sind die Unterrichtsorganisation, die Verwendung technischer Hilfsmittel, Klassenorganisation, Sozialformen, Interaktionsformen oder Unterrichtsinhalte. Der Nachteil liegt ganz klar in den begrenzten Möglichkeiten zu Aussagen zur Qualität der Unterrichtsprozesse (vgl. Petko et al., 2003; Hugener et al., 2006). Turner und Meyer (2000, S. 75) warnen aber davor, die niedrig inferenten Beobachtungs- und Kodierverfahren als einfach und anspruchslos zu klassifizieren:

> For example, time on task is often used as a low inference measure of student engagement, but as Peterson and Swing (1982) discovered, students who appear engaged in class work to the observer may actually be engaged in other things.

Hoch inferente Beobachtungs- und Beurteilungsverfahren. Hoch inferente Beobachtungs- und Beurteilungsverfahren beziehen sich häufig auf abstrakte Sachverhalte bzw. globale Verhaltensmerkmale und erfordern Schlussfolgerungen bzw. Interpretationen, die über das beobachtete Verhalten ausgehen (vgl. Clausen et al., 2003). Sie beziehen sich auf qualitative Einschätzungen von Unterrichtsabschnitten und -prozessen (vgl. Hugener et al., 2006). Die Expertise der beobachtenden Person wird dafür zunutze gemacht, um gleichzeitig verschiedene Aspekte zu analysieren. Dabei spielen interpretative Prozesse eine bedeutende Rolle, was gleichzeitig Vor- und Nachteil sein kann. Durch sie sind die hoch inferenten Ratingverfahren anfälliger für systematische und unsystematische Beurteilungsfehler, im Sinne der Gefahr eines hohen Masses an Subjektivität, „only seeing what you want to see" (Turner & Meyer, 2000, S. 75). Von Wichtigkeit sind deshalb eine Reliabilitätsanalyse, ein Handbuch mit Ankerbeispielen und Codierregeln sowie ein Training der codierenden Personen.

Eine Kombination beider Verfahren ist ebenfalls denkbar, sie ermöglicht multiperspektivische und multimethodische Evaluationen zur Überprüfung der Wirkung von interaktiven, kognitiv aktivierenden Lernumgebungen (vgl. Hugener et al., 2006). Bei dieser Arbeit handelt es sich primär um ein hoch inferentes Beobachtungsverfahren, da die Expertise der beobachtenden Personen relevant ist, allerdings mit A-priori-Kategorien wie es eher bei niedrig inferenten Ratingverfahren üblich ist.

5.3 Kontext dieser Arbeit

5.3.1 Schweizerisch-deutsche Videostudie „Unterrichtsqualität, Lernverhalten und mathematisches Verständnis"

Die schweizerisch-deutsche Video-Unterrichtsstudie „Unterrichtsqualität, Lernverhalten und mathematisches Verständnis" wurde gemeinsam vom Deutschen Institut für Internationale Pädagogische Forschung (DIPF in Frankfurt am Main) und dem Institut für Erziehungswissenschaften (IFE) der Universität Zürich durchgeführt (vgl. Klieme & Reusser, 2003). In der Schweiz wurde das Projekt durch Mittel des Schweizerischen Nationalfonds[20] unterstützt, in Deutschland von der Deutschen Forschungsgemeinschaft im Rahmen des Schwerpunktprogramms „Bildungsqualität von Schule" (BIQUA)[21]. Das Design der Studie ist mit allen Erhebungs- und Auswertungsverfahren ausführlich in den drei Bänden der Reihe „Materialien zur Bildungsforschung"[22] dokumentiert.

Ausgangspunkt der Studie bildeten die Schulleistungsstudien TIMSS und PISA, um anhand mikrogenetischer Studien in Bezug auf deren Resultate differenzierte Analysen durchzuführen (Klieme, Pauli & Reusser, 2005). Das Projekt (2000–2006) gliederte sich in drei Phasen (vgl. Abbildung 5.1).

Phase 1: In der ersten Phase wurden Lehrpersonen zu ihren unterrichts-, kontext- und selbstbezogenen Kognitionen befragt, um länderspezifische Unterschiede zu ermitteln und die Kontextbedingungen zu erfassen (vgl. Pauli & Reusser, 2003; Lipowsky et al., 2003).

Phase 2: Die zweite Phase beinhaltet die videographierten Unterrichtslektionen und bildet damit den Kern des gesamten Forschungsprojektes, diese Arbeit ist zu dieser Phase zugehörig. Die 40 Klassen wurden während des Schuljahres 2002/2003 im Mathematikunterricht intensiv beobachtet, befragt und getestet.

Die schweizerisch-deutsche Videostudie untersuchte in diesem Studienabschnitt den Mathematikunterricht der 8. (CH) und 9. (D) Schulstufe[23] in je 20 Schulklassen unter Einbezug multikriterialer Kontextvariablen und Berücksichtigung unterschiedlicher kognitiver, motivationaler und affektiver Qualitätskri-

---

20 Aktenzeichen beim SNF: 1114-63564.00/1.
21 Aktenzeichen bei der DFG: KL1057/3.
22 Band 13: Befragungsinstrumente (Rakoczy, Buff & Lipowsky, 2005); Band 14: Leistungstests (Lipowsky, Drollinger-Vetter, Klieme, 2006); Band 15: Videoanalysen (Hugener, Pauli & Reusser, 2006).
23 CH: Sekundarstufe und Untergymnasium; D: Realschule und Gymnasium.

terien. Wegen der späteren Einschulung in der Schweiz liegen diese Stichproben altersmässig jedoch nicht weit auseinander. Die videographierten Unterrichtslektionen wurden in Verbindung mit den Befragungen der Lehrpersonen, Schülerinnen, Schüler und deren Eltern und mittels Leistungstests analysiert. Die Untersuchung wurde in zwei deutschen Bundesländern (Baden-Württemberg und Hessen) und in zwei Kantonen der Schweiz (Zürich und Bern) durchgeführt.

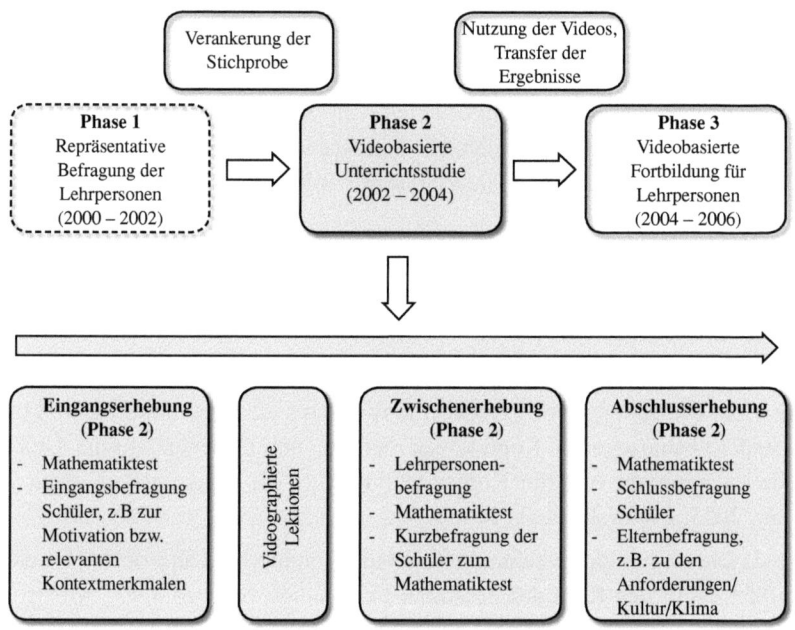

Abbildung 5.1: Überblick über den Aufbau des Projektes „Schweizerisch-deutsche Videostudie" (vgl. Rakoczy, 2008, S. 82)

Phase 3: In der dritten und letzten Phase des Projektes wurden die videographierten Ergebnisse aus den ersten beiden Phasen für die Aus- und Weiterbildung der Lehrpersonen aufbereitet und eingesetzt (vgl. Ratzka et al., 2005; Krammer & Reusser, 2005; Krammer et al., 2006; Krammer, Schnetzler, Ratzka, Reusser, Pauli, Lipowsky et al., 2008; Krammer et al., 2012).

Das Design der Untersuchung sah eine Standardisierung der Unterrichtsinhalte bzw. der videographierten Lektionen vor. Aus diesem Grund wurden zwei Themengebiete aus der Mathematik ausgewählt: Der Umgang mit Textaufgaben und die Einführung in die Satzgruppe des Pythagoras, wobei letzteres Thema für die diese Arbeit relevant war. Zusammenfassend wurde ein multiperspektivischer Ansatz mittels drei Wahrnehmungsperspektiven (Leistungstests, Fragebogen sowie videobasierte Beobachtungen von standardisierten Unterrichtseinheiten) verfolgt. Dieser erlaubt systematische Vergleiche der unterschiedlichen Unterrichtsstile bzw. Instruktionsmethoden und deren Auswirkungen auf verschiedenste Merkmale bei den Schülerinnen und Schülern.

5.3.2 Nachfolgestudie „Didaktische Kommunikation und Bildungswirkungen im problemorientierten Mathematikunterricht"

Die Studie „Didaktische Kommunikation und Bildungswirkungen im problemorientierten Mathematikunterricht" (DIDKOM) bildet die Nachfolgestudie der schweizerisch-deutschen Videostudie „Unterrichtsqualität, Lernverhalten und mathematisches Verständnis" (Pythagoras-Studie).

Sie schliesst inhaltlich an die Phase 2 an, indem sie die dort erhobenen Daten für weitere Analysen nutzte. Zeitlich fand sie von 2007 bis 2011 statt, was der Laufzeit des zweiten Nationalfondsprojekts entspricht. Charakteristisch für die Fortsetzungsstudie ist, dass keine weiteren Datenerhebungen mehr statt gefunden haben, sondern die bestehenden Daten hinsichtlich verschiedener Ziele zur Analyse bereitstanden. Die DIDKOM-Studie wurde deshalb wiederum in mehrere Teilprojekte aufgeteilt, um der Komplexität und Vielfältigkeit der Unterrichtskommunikation im Mathematikunterricht in unterschiedlichen Gesprächsformaten und -situationen Rechnung zu tragen. Es entstanden Teilprojekte zu folgenden Gesichtspunkten (Auswahl):

- Qualität der Unterrichtsgespräche in Hinblick auf die Erfassung lernrelevanter Merkmale auf der Grundlage eines adaptierten und erweiterten Instruments von Kobarg und Seidel (2003);

- Mathematisches Beweisen im Unterricht: Fachdidaktische und inhaltliche Analysen;

- Identifikation wirksamer Unterstützung von Verstehens- und Problemlösungsprozessen in tutoriellen Dialogen: Präzisierung des Konzepts „Scaffolding" unter Berücksichtigung inhaltlicher und interaktionsbezogener Aspekte;

- Untersuchung von Effekten der Qualität der didaktischen Kommunikation auf den Verlauf individueller Verstehensprozesse, in Hinblick auf ein flexibles und transferfähiges Wissen und Können (Klassenunterricht, tutorielle Dialoge, individuelle Unterstützung);

- Untersuchung der unterrichtsbezogenen Kognitionen und Einstellungen der Lehrpersonen;

- Erfassung des instruktionalen und motivationalen Unterstützungsverhaltens der Lehrperson auf der Basis der Zieltheorie.

Im letzten Teilprojekt ist diese Arbeit anzusiedeln.

5.4 Methodisches Vorgehen in der Auswahl der Stichprobe

5.4.1 Beschreibung der Stichprobe

Die Stichprobe für die vorliegende Arbeit entstammt der schweizerisch-deutschen Videostudie, mit dem Thema „Einführung in die Satzgruppe des Pythagoras". Es handelt sich dabei nicht um eine Zufallsstichprobe. Da sich die Studie mit einer umfassenden Datenerhebung als sehr aufwändig gestaltete, war die Teilnahme an der Untersuchung in beiden Ländern freiwillig. Bedingung für die Aufnahme einer Klasse war, dass die Lehrperson in der Klasse bereits seit mindestens einem Schuljahr im Fach Mathematik unterrichtete. Den Lehrpersonen wurden zur Unterrichtsgestaltung keine Vorgaben gemacht, sie wurden lediglich gebeten, einen Beweis zur Satzgruppe des Pythagoras durchzuführen und einen möglichst alltäglichen Unterricht zu präsentieren. Aufgrund der unterschiedlichen Curricula in Deutschland und der Schweiz (ausschlaggebend ist die Einbettung des Themas „Pythagoras" in das lokale Curriculum) wurden in Deutschland Klassen des 9. Schuljahrs, in der Schweiz Klassen des 8. Schuljahrs untersucht. Wegen der späteren Einschulung in der Schweiz liegen diese Stichproben altersmässig jedoch nicht weit auseinander.

Tabelle 5.1.1: Verteilung der Stichprobe nach Anzahl Klassen, Schülerinnen und Schülern und videographierten Lektionen

Land und Schultyp	Anzahl Klassen	Anzahl Schülerinnen und Schüler			Anzahl Lektionen
	n (%)	n	M (SD)	min/max	n
Deutschland (9. Schuljahr)					
Realschule	11 (55%)	296	26.9 (2.96)	22/32	33
Gymnasium	9 (45%)	222	24.7 (3.43)	19/29	27
Schweiz (8. Schuljahr)					
Sekundarschule	16 (84.2%)	299	18.7 (3.12)	14/25	46
Untergymnasium	3 (15.8%)	62	20.7 (0.58)	21/22	8
Total	39	879	23.0 (4.69)	14/32	114 [a]

[a] Drei Videolektionen/Transkripte lagen nicht zur Codierung vor.
M=Mittelwert; SD=Standardabweichung

Die Videoaufzeichnungen beinhalten je drei Lektionen in 19 Schweizer Klassen und 20 deutschen Klassen, vgl. Tabelle 5.1.1. Sieben der insgesamt 39 videographierten Lehrpersonen waren weiblich. Die durchschnittliche Anzahl der Schülerinnen und Schüler pro Klasse beträgt 23.0 (SD=4.69), in der kleinsten Klasse sind es 14 und in der grössten 32 Lernende. Der prozentuale Anteil Mädchen aller Klassen beträgt 51%. Nach Wittenbergs (1998) zweitem Daumenpeilverfahren sind die Klassengrössen annähernd normalverteilt[24] (Biaggi, 2010).

5.4.2   Vorgehen in der Auswahl der Analyseeinheiten

Diese Untersuchung analysiert die verbalen Interaktionen von Lehrperson und Schülerinnen und Schülern, deshalb wurde in den Unterrichtslektionen nach Phasen gesucht, die für die Unterrichtskommunikation der Lehrpersonen aussagekräftig und repräsentativ sind.

---

24   Durchschnittliche Anzahl Schüler pro Klasse: Skewness =-.183, *SE* Skewness =.378, *CRSKE* =-.484, Kurtosis =-.823, *SE* Kurtosis =.741, *CRKUR* =-1.111.

Analyseeinheiten. Die Analyseeinheiten sind definierte Ausschnitte aus den Unterrichtslektionen, die für diese Arbeit ausgewählt wurden. Die Auswahl der Analyseeinheiten folgte diesen Kriterien:

- Sie weisen eine hohe Dichte an Interaktionen[25] auf. Eine hohe Dichte kommt zustande, wenn sich Schülerinnen und Schüler mit der Lehrperson vertieft austauschen, beispielsweise in einer Aushandlung von gemeinsamer Bedeutung durch wechselseitiges aufeinander Bezugnehmen;

- Sie sind über alle drei Lektionen einer Lehrperson verteilt und zeitlich abgegrenzt, zwischen 15 bis 25 Minuten pro Lektion;

- Sie beinhalten verschiedene Sozialformen des Unterrichts: Klassenunterricht, Schülerarbeitsphasen wie Einzel-, Partner- oder Gruppenarbeit;

- Sie enthalten verschiedene Funktionen und inhaltsbezogene Aktivitäten des Unterrichts.

Die Kriterien werden etwas später detailliert beschrieben.

Schritt 1. Die Auswahl der Analyseeinheiten geschah in einem ersten Schritt anhand der oben genannten Kriterien, mittels einer tabellarischen Übersicht der Lektionen mit Angaben über die zeitliche Aufteilung von Sozialformen, Funktionen und den inhaltsbezogenen Aktivitäten des Unterrichts. Die Bezeichnungen der Sozialformen, inhaltsbezogenen Aktivitäten und Funktionen des Unterrichts lagen durch die Arbeiten von Hugener et al. (2006) bereits vor. Die drei Lektionen wurden jeweils hinsichtlich der oben genannten Kriterien auf dem Papier durchgesehen und die Analyseeinheiten entsprechend der obigen Kriterien ohne Einblick in die Videos pro Lehrperson ausgewählt.

Schritt 2. Die getroffene Auswahl wurde in einem zweiten Schritt anhand der Sichtung der Videodaten überprüft, ob die darin vermutete Dichte der Interaktionen zwischen Lehrperson und Lernenden vorlag. Wurde festgestellt, dass eine ausgewählte Analyseeinheit zu wenig repräsentativ war (z.B. zu wenig Unterrichtskommunikation/Interaktion auftrat), wurde eine stellvertretende, repräsentativere Analyseeinheit gesucht und ausgewählt. Die Auswahl aller Analyseeinheiten wurde durch die Autorin getroffen.

---

25 Krummheuer und Brandt (2001, S.30) bezeichneten begründungsintensive Interaktionssituationen als „interaktional verdichtet".

Codiereinheiten. Die Analyseeinheiten wurden systematisch in Codiereinheiten unterteilt, die mit je einem Code versehen werden konnten.

Eine neue Codiereinheit beginnt, wenn...

- die Lehrperson zu einer anderen Schülerin oder zu einem anderen Schüler spricht;
- die Lehrperson in einem bestehenden Dialog zu einer anderen Aufgabe wechselt;
- die Lehrperson in ihren Ausführungen inhaltlich eine neue Aussage beginnt.

Die graphische Darstellung von Analyse- und Codiereinheiten ist in der Abbildung 5.2 dargestellt. Pro Codiereinheit konnte maximal ein Code der Kategorie „Motivation" und maximal ein Code der Kategorie „Instruktion" vergeben werden: ‚Unterstützend', ‚nicht unterstützend' oder ‚neutral'. Dieses Vorgehen geschah in Anlehnung an Turner et al. (2002, S. 92): „The forms of motivational support could appear independent of, or could co-occur with, instructional and organizational discourse. Therefore, any instructional or organizational response could be coded simultaneously as motivationally supportive or nonsupportive".

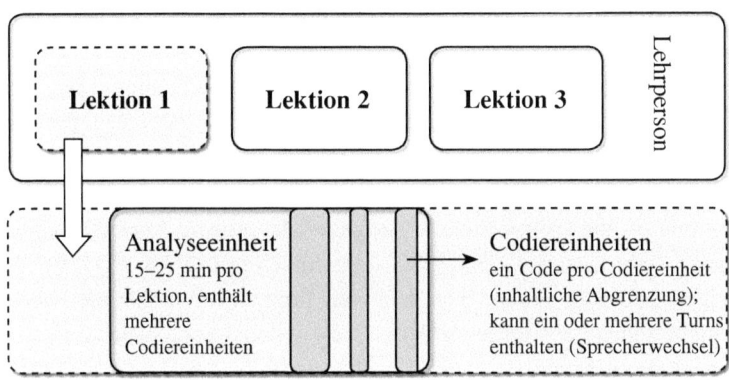

Abbildung 5.2: Schematische Darstellung der Anordnung von Analyseeinheiten und Codiereinheiten

Turns. Der gesamte Datensatz mit 39 Klassen aus der Pythagoras-Studie umfasst 47'335 transkribierte Turns. Zur Bestimmung der Turns wurden Time-Codes bei jedem Sprecherwechsel gesetzt. Pro Sprechereinheit konnten jedoch maximal drei Zeilen eingegeben werden (technische Eigenschaft von vPrism[26]). Gesprächsbeiträge mit mehr als drei Zeilen Text wurden auf mehrere Einheiten zu maximal drei Zeilen aufgeteilt mit eigenen Time-Codes (Hugener et al., 2007). Eine Codiereinheit kann über einen bis mehrere Turns dauern.

5.4.3 Beschreibung der ausgewählten Analyseeinheiten

In den folgenden drei Kapiteln werden die Ansprüche an die ausgewählten Analyseeinheiten in Bezug auf Dauer, Sozialform, Funktion im Lernprozess und inhaltsbezogenen Aktivitäten aufgezeigt.

5.4.3.1 Dauer der Analyseeinheiten

Zeitlich wurden die Einheiten auf ca. 15-20 Minuten pro Lektion limitiert, um bei den 40 Lehrpersonen eine bewältigbare, aber aussagekräftige Menge an Analysematerial zu berücksichtigen. Anstelle einer Vollerhebung rechtfertigt sich die zeitliche Reduktion des Analysematerials auf durchschnittlich 17 Minuten pro Lektion dadurch, dass das Unterrichtsverhalten einer Lehrperson weitgehend stabil ist (Hiebert et al., 2003; Stigler et al., 1999, vgl. dazu auch Kapitel 5.7.2).

Damit ergeben sich pro Lehrperson eine Dauer von über 50 Minuten analysierbarem Unterrichtsmaterial (siehe Tabelle 5.1.2). Es kann von einer repräsentativen Dauer ausgegangen werden. Die Verteilung der Codiereinheiten (vgl. Abb. 5.2) innerhalb einer Analyseeinheit einer Lehrperson war abhängig davon, wie schnell und oft die Lehrperson die Aufgabe oder Ansprechperson wechselte. Die Spannweite betrug 42 bis 118 Codiereinheiten (M=75; SD=20). Alle Auswertungen erfolgten anhand von relativen Prozentwerten für die Kategorien, und nicht anhand absoluter Zahlen, da die Anzahl vergebener Codes pro Lehrperson variieren konnte.

---

26 vPrism Datenaufbereitungs-Software

Tabelle 5.1.2: Verteilung der Dauer der Analyseeinheiten nach Lektionen

Analysedauer	Anzahl Lektionen	Analysedauer (in Minuten) M (SD)	min/max
Lektion 1	39	17.0 (2.1)	14/25
Lektion 2	37	17.5 (2.5)	13/24
Lektion 3	38	17.3 (2.4)	14/24

M=Mittelwert; SD=Standardabweichung

5.4.3.2   Sozialformen

In der ersten Lektion wird in der Regel das Thema Pythagoras eingeführt, auf Historisches verwiesen, der Satz mit Beweis hergeleitet und erste Anwendungen gezeigt – häufig in einem öffentlichen Unterrichtsgespräch. Dabei handelt es sich meistens um die Erarbeitung des theoretischen Konzeptes und um das Aktivieren von Vorwissen. In der zweiten und dritten Lektion werden mehrheitlich Anwendungsaufgaben gelöst und die Lösungsprozedur erarbeitet, teils öffentlich, aber vor allem auch in Einzel-, Partner- oder Gruppenarbeiten. Dabei werden einzelne Problemstellungen oder ganze Aufgabengruppen repetiert und anspruchsvoll vertieft, wobei die Lehrpersonen die Schülerinnen und Schüler dabei mehr oder weniger unterstützend begleiten.

Die Sozialformen wurden entlang dem oben beschriebenen Auftreten ausgewählt. Das öffentliche Unterrichtsgespräch wurde vor allem in der ersten Lektion, Einzelarbeit in der zweiten und Partner- oder Gruppenarbeit hauptsächlich in der dritten Lektion codiert. Partnerarbeit wird bei Möglichkeit als Analyseeinheit der Gruppenarbeit vorgezogen, da die Interaktionen zwischen der Lehrperson und den Schülerinnen und Schülern besser den einzelnen Personen zugeordnet werden kann.

In Tabelle 5.1.3 wird die Verteilung der Turns pro Sozialform dargestellt. Verteilt über die Stichprobe ist der öffentliche Unterricht mit 44.6% am besten vertreten, gefolgt von Einzelarbeiten (33.8%) und Partner- und Gruppenarbeiten (21.6%).

Tabelle 5.1.3: Darstellung der Verteilung der Häufigkeiten der Turns pro Sozialform

Sozialformen	Turns Total n (%)	Lektion 1 n (%)	Lektion 2 n (%)	Lektion 3 n (%)
Öffentlicher Unterricht	8'614 (44.6)	11'371 (58.9)	8'050 (41.7)	6'699 (34.7)
Einzelarbeit	6'515 (33.8)	4'112 (21.3)	8'938 (46.3)	6'583 (34.1)
Partner- und Gruppenarbeit	4'176 (21.6)	3'822 (19.8)	2'317 (12.0)	6'023 (31.2)

n=Anzahl Turns; gesamter Datensatz der Studie: 47'335 Turns (100%); Stichprobe=19'305 Turns (41%).

Die Verteilung über die drei Lektionen zeigt, dass 58.9% des öffentlichen Unterrichts in der ersten Lektion codiert wurden, in der dritten Lektion noch 34.7%. Einzelarbeiten sind in der zweiten Lektion mit 46.3% am besten vertreten, Partner- und Gruppenarbeiten in der dritten Lektion mit 31.2%.

5.4.3.3   Funktion im Lernprozess

Wie bereits erwähnt lagen die Bezeichnungen der Funktionen im Lernprozess bereits vor (vgl. Hugener et al., 2006, S. 89ff). Grundlage dabei war der von Aebli (1994) postulierte vollständige Lernprozess mit den Phasen ‚Problemlösender Aufbau', ‚Durcharbeiten', ‚Üben' und ‚Anwenden'.

Die Analyseeinheiten der Lektionen wurden vor allem in Kombination mit den folgenden Funktionen ausgewählt, da diese vielfältige Interaktionen und Unterrichtsdialoge vermuten liessen:

- Erarbeitung theoretischer Konzepte und Lösungsstrategien (primär öffentliche Phasen);
- Exploration, Üben, repetitives Üben oder anspruchsvolles Üben (primär Problem- bzw. Aufgabenbearbeitung in Schülerarbeitsphasen).

Die Auswertung der Verteilung der Funktionen im Unterricht über die drei Stichproben wird in Tabelle 5.1.4 dargestellt.

Tabelle 5.1.4: Darstellung der Häufigkeiten der Turns pro Funktion im Lern-prozess

Funktionen im Unterricht	Turns Total n (%)	Lektion 1 n (%)	Lektion 2 n (%)	Lektion 3 n (%)
Aufgabenbear-beitung Einzel /Partner	9'898 (51.3)	7'143 (37.0)	9'556 (49.5)	12'606 (65.3)
Erarbeiten im öffentlichen Unterricht	4'205 (21.8)	965 (5.0)	1'081 (5.6)	2'529 (13.1)
Aufgaben-besprechung	1'815 (9.4)	6'352 (32.9)	4'112 (21.3)	2'413 (12.5)
Aufgaben-bearbeitung im öffentlichen Unterricht	1'576 (8.2)	2'393 (12.4)	2'124 (11.0)	1'062 (5.5)
Sichern	919 (4.8)	1'023 (5.3)	1'892 (9.8)	19 (0.1)
Restkategorie	892 (2.1)	1'429 (7.4)	540 (2.8)	676 (3.5)

n=Anzahl Turns pro Funktion im Lernprozess; gesamter Datensatz der Studie: 47'335 Turns (100%); Stichprobe=19'305 Turns (41%).

Am häufigsten fanden sich verdichtete Interaktionen in der Aufgabenbearbei-tung (in Einzel-, Partner- bzw. Gruppenarbeiten), deshalb wurde diese Katego-rie für die Stichprobe am meisten ausgewählt (51.3%). Die zweitgrösste Kate-gorie war das Erarbeiten einer Aufgabenstellung im öffentlichen Unterricht mit 21.8%.

5.4.3.4   Inhaltsbezogene Aktivitäten

Die zweite Basiscodierung bezieht sich auf die inhaltlichen Aspekte, mit denen sich die Schülerinnen und Schüler auseinandersetzen, zum Beispiel auch für fachdidaktische Auswertungen, die nicht Gegenstand dieser Arbeit sind. Als Grundlage dieser Basiscodierung (vgl. Hugener et al., 2006, S. 62ff) dienten Aspekte aus dem Codiermanual der TIMSS 1999 Videostudie (Jacobs et al., 2003).

Bei der Einführung in die Satzgruppe des Pythagoras steht ein neues mathematisches Konzept im Mittelpunkt, deshalb wurden die inhaltsbezogenen Aktivitäten in die folgenden drei Facetten unterteilt:

- Aufgabenbearbeitung: Aufgabenlösung zum Üben, Durcharbeiten und Anwenden von bekannten Sachverhalten. Eine einzelne Aufgabe oder eine Gruppe von Aufgaben wird zur Bearbeitung zur Verfügung gestellt und selbstständig bearbeitet bzw. öffentlich besprochen;
- Theoriephasen: Das Erlernen von mathematischen Konzepten beinhaltet die Einführung neue Begriffe, das Formulieren eines mathematischen Satzes (Pythagoras), das Beweisen von Aussagen oder das Besprechen von historischen Facetten.
- Theorieprobleme: Anhand eines problemlösenden Aufbaus soll ein neues Konzept erarbeitet werden (Entwicklung des Satzes von Pythagoras), geschieht sowohl lehrpersonenzentriert als auch in Schülerarbeitsphasen in selbständiger Erarbeitung.

Die inhaltsbezogenen Aktivitäten dienten ebenfalls dem Auffinden von dichten Interaktionen und vielfältiger Unterrichtskommunikation. Für die Analyse nicht berücksichtigt wurden beispielsweise Kategorien wie ‚Historische Information' (in der Regel Vortrag der Lehrperson) oder ‚Organsisatorisches' (nicht aufgabenbezogene Dialoge).

Tabelle 5.1.5: Darstellung der Verteilung der inhaltsbezogenen Aktivitäten

Inhaltsbezogene Aktivitäten	Turns Total n (%)	Lektion 1 n (%)	Lektion 2 n (%)	Lektion 3 n (%)
Aufgaben-bearbeitung	7'636 (39.6)	1'583 (8.2)	8'224 (42.6)	12'432 (64.4)
Theoriephasen	6'096 (31.5)	3'089 (16.0)	6'506 (33.7)	5'772 (29.9)
Theorieprobleme	5'136 (26.6)	14'093 (73.0)	4'093 (21.2)	734 (3.8)
Restkategorie	437 (2.3)	540 (2.8)	482 (2.5)	367 (1.9)

n=Anzahl Turns pro inhaltsbezogener Aktivität; gesamter Datensatz der Studie: 47'335 Turns (100%); Stichprobe=19'305 Turns (41%).

Die Verteilung der inhaltsbezogenen Aktivitäten wird in der Tabelle 5.1.5 präsentiert. Mit knapp 40% ist die Aufgabenbearbeitung die meistvertretene Kategorie. Die Häufigkeit der Kategorie ‚Aufgabenbearbeitung' steigt über die drei Lektionen von 8% in der ersten bis fast 65% in der dritten Lektion am deutlichsten an, die Theorieprobleme dagegen nehmen von 73% in der ersten auf unter 4% in der letzten Lektion ab.

5.5 Kategoriensystem

In dieser Arbeit wird ein Kategoriensystem angewendet, wie es Turner et al. (2002; 2003) in ähnlicher Form verwendet und beschrieben haben. Die Autorinnen haben mit ihrem Codierinstrument ebenfalls Mathematikunterricht untersucht und ähnliche Ziele wie diese Arbeit verfolgt. Das Kategoriensystem wurde in einer Art ‚Pilotstudie' schon einmal verwendet, auf die beschriebenen Daten modifiziert und für den deutschsprachigen Raum übersetzt und geprüft (Ledergerber, 2006). Es ordnet die Aussagen der Lehrpersonen in vier mögliche A-priori-Kategorien zu: Der unterstützenden Unterrichtskommunikation *(scaffolding)* oder der nicht unterstützenden Unterrichtskommunikation *(non-scaffolding)* zu, mit einer zusätzlichen Zuordnung in eine instruktionale oder in eine motivationale Kategorie.

5.5.1 Instruktional unterstützende Kommunikation

Instruktional unterstützende Unterrichtskommunikation der Lehrperson beinhalten Aussagen, die Schlüsselkonzepte und Strategien herausheben, die Autonomie der Schülerinnen und Schüler unterstützen und ihnen einen Teil der Verantwortung für das Lernen übertragen (vgl. Tabelle 5.1.6). Die Ankerbeispiele entstammen dem verwendeten Datensatz und dienen zum besseren Verständnis der von Turner et al. (2002) eher marginal beschriebenen Kategorien.

Tabelle 5.1.6: Instruktional unterstützende Unterrichtskommunikation

Kategorie <Instruktional unterstützend (IU)>

Themen	**Inhalte und Ankerbeispiele**
	Anweisungen, Vereinfachen, Klären, Erarbeiten.
Hervorheben von Strategien und Konzepten	*„So, ich will jetzt einen Merksatz formulieren! ... Wir haben jetzt genug ausprobiert! ... Und ich denke mir ... unsere Vermutung scheint zu stimmen. Und aus dieser Vermutung müssen wir jetzt einmal einen Satz formulieren, der offensichtlich eine gewisse Allgemeingültigkeit hat."* [P-1114-L2-00:10:41:24]

Modelling: Die Lehrperson denkt laut, wie sie die Aufgabe angeht; sie macht vor und modelliert ihre Gedankenwege vorbildhaft für die Schülerinnen und Schüler. Sie denkt laut in Ich-Form.

„Und man bekommt auch bei fünf, zwölf und dreizehn ein rechtwinkliges Dreieck. Bei all diesen, man nennt diese Triplets, dreier Zahlenfolge, bei all diesen gibt es rechtwinklige Dreiecke. Und da haben sie begonnen zu überlegen, wieso muss das so sein?" [P-2101-L1-00:10:04:15]

„Aber, wenn du das verbindest, kriegst du ja keine Parallele. ... Verstehst du? Wenn du jetzt hier hingehst und jetzt möchtest du irgendwie die zwei Punkte verbinden oder so. Dann kriegst du ja keine Parallele her. Dann stimmen ja die Streckenverhältnisse nicht. Also den Ersten könntest du da nicht nehmen." [P-1223-L1-00:37:00:20]

Aushandeln von Bedeutungen

Modelling: Lautes Denken in Bezug auf die Antwort einer Schülerin oder eines Schülers, die Lehrperson modelliert eine Antwort einer Schülerin oder eines Schülers.

„MACHMUT, du hast eine Idee gehabt, dann hast du eingesehen, es geht doch nicht so richtig. Was war denn deine Idee? Also, du hast es irgendwie mit dem Strahlensatz probiert. Warum funktioniert es nicht so einfach?" [P-1223-L1-00:13:13:28]

„Was möchtet ihr denn jetzt da mit dem Thaleskreis machen? Es geht ja darum, die Länge von den Dachsparren herauszufinden. REBECCA, du hast zum Beispiel die Idee aufgegriffen. Was bringt das?" [P-1223_L1-00:14:07:16]

Die Schülerinnen und Schüler werden zur Eigenverantwortung und zu einem gründlichen Verstehen angehalten.

„Du solltest dir das – dir – notieren, damit du weisst, wie du darauf gekommen bist, denn ... so weiss man das ja schlecht." [P-1117-L1-00:31:49:04]

Offene Fragen stellen, Klärungsfragen stellen, echte Rückfragen stellen und bei den Schülerinnen und Schülern interessiert nachfragen, ob alles verstanden wurde.

„Können wir über die vier Dreiecke da aussenrum vielleicht noch eine Aussage machen?" [P-1104-L1-00:40:12:28]

„Ja, jetzt sag du einmal, woran liegt jetzt das, dass es bei dem einen Bauern stimmt und bei den zwei Bauern stimmt es nicht." [P-1205-L1-00:28:17:14]

Übertragene Verantwortung

„Super, ja...wenn diese Gleichung gilt, dann ist es rechtwinklig. Ist das jedem klar soweit, oder ist da jemand, der sagt, oh das ist mir jetzt gar nicht so klar!" [P-1110-L2-00:10:48:11]

Artikulation: Die Lehrperson lässt die Schülerinnen und Schüler den Lösungsweg artikulieren, beschreiben, erklären und stellt Fragen dazu.

„Oder sag einmal, beschreib einmal – wenn man das einmal beschreiben würde, was ihr jetzt da gemacht habt. Wie würdest du das denn beschreiben?" [P-1223-L3-00:25:55:22]

Hinting: Hinweise auf Lösungsstrategien. Die Lehrperson gibt versteckte Hinweise, Tipps für die Lösungsstrategie und macht Vorschläge, wie es weitergehen könnte in der Aufgabenbearbeitung.

„So, können wir vielleicht damit was anfangen? Also Wurzelziehen war der erste Tipp, jetzt hab ich gesagt, das Gegenteil, das Gegenteil hatte uns Herr W. eben erzählt, wir können möglicherweise hier vielleicht was mit Quadrieren erreichen." P-1114-L1-00:38:36:14]

Die Lehrperson bietet Hilfe zu Lösungsstrategien an.

„Mach dir doch die Planskizze so, dass du's erkennen kannst." [P-1104-L3-00:28:47:05]

Unterstützung von autonomem Denken

Geteilte Verantwortung und Reflexion. Die Schülerinnen und Schüler werden für ihr eigenes Lernen verantwortlich gemacht.

„KATHARINA? ... Kannst du mir und nicht nur mir, sondern uns allen vielleicht jetzt noch einmal ... den Rechenweg ... hier offenbaren, den wir beschreiten müssen um tatsächlich C rauszubekommen." [P-1114-L2-00:37:07:02]

5.5.2 Motivational unterstützende Kommunikation

Eine motivational unterstützende Unterrichtskommunikation ermöglicht ein positives Unterrichtsklima, fördert die intrinsische Motivation und den Fokus auf das Lernen. Eine motivational unterstützende Lehrperson baut Kooperationen unter den Lernenden auf und ermöglicht eine gegenseitige Unterstützung unter den Peers (vgl. Tabelle 5.1.7).

Tabelle 5.1.7: Motivational unterstützende Unterrichtskommunikation

Kategorie <Motivational unterstützend (MU)>

Themen	Inhalte und Ankerbeispiele
	Fokus (Ziele) auf den Lernprozess setzen. Beharrlichkeit unterstützen, die Schülerinnen und Schüler ermutigen, sich anzustrengen und durchzuhalten.
	„Streckt noch einmal herunter, es dünkt mich, es ist viel zu rasch ... nochmals ein bisschen." [P-2105-L1-00:03:50:13]
	„So, jetzt bitte ich euch, wieder ernsthaft bei der Sache zu bleiben, hä? Und noch ein bisschen durchzuhalten, RAMON...Danke." [P-2101-L2-00:19:28:25]
Fokus auf das Lernen	Die Schülerinnen und Schüler aktiv herausfordern.
	„Also welche Verfahren haben wir jetzt alle gebraucht? Das war schon eine ziemlich komplexe Aufgabe. Wir haben schon eine ganze Menge Sätze und Verfahren anwenden müssen." [P-1126-L3-00:33:08:04]
	„Ja, knobelt mal ein bisschen!" [P-1101-L3-00:45:42:03]
	Fehler konstruktiv angehen, Fehler als Lerngelegenheiten nutzen bzw. als Lernerfahrungen sehen.
	„Und du machst dir jetzt wieder doppelte Arbeit, hättest du es vorhin gleich richtig aufgeschrieben, müsstest du jetzt nicht noch einmal neu rechnen lassen. ... Und deshalb ist es günstig, man schreibt sich das gleich vernünftig auf." [P-1117-L1-00:50:44:13]
	„Ja, das ist seine Vermutung. Lasst ihm die, wieso nicht? Jetzt müsst ihr mal nur zeigen ob's stimmt oder nicht. Es kann ja falsch sein, aber ist immerhin ein guter Ansatz, oder?" [P-2112-L2-00:28:09:01]

Enthusiasmus und Humor verwenden, emotionale Bedürfnisse ansprechen, ein emotional entspanntes Lernklima schaffen.

„Ja, die Zauberformel, ich weiss! Aber jetzt schreibst du das erst einmal auf, machst einen dicken, fetten, roten Rahmen darum, damit du das nachher dann deinen Urenkeln noch zeigen kannst!" [P-1114-L2- 00:15:01:05]

Lernförderliches Klima schaffen

„Eins null für dich. Mit Brille wär' mir das nicht passiert." [P-1104-L3-00:23:15:01]

„Das sind magische Zahlen und das ist jetzt genau das, was die Mathematiker beschäftigt hat. Das war eine Philosophie, wie hängen die zusammen und die haben jetzt studiert und studiert, wie ihr jetzt auch noch ein wenig studiert." [P2101-L1-00:16:51:22]

Angst abbauen, ein angstfreies Lernklima schaffen.

„Und habt ihr etwas rausbekommen? Traut euch! Das sind noch zu wenige! ... Ihr habt ja alle etwas gemacht!" [P-1117-L1-00:37:35:08]

Positive Emotionen hervorrufen

Explizites, informatives und positives Feedback bezüglich den Aspekten einer Antwort geben.

„Zu zerlegen! Ganz genau, zu zerlegen, und schauen, ob es passt, ja? Und tatsächlich sind viele, viele Beweise für diesen Satz des Pythagoras solche Zerlegungsbeweise." P-1110-L3-00:24:50:10]

„Jede Zahl wird mit sich selbst multipliziert, ist dir aufgefallen. Sehr schön! Bei wem ist noch was aufgefallen, PATRICK?" [P-1110-L2-00:29:50:25]

„Es ist immer besser, wenn die Schüler etwas selbst herausfinden, ich mache euch ein Kompliment, es haben es alle mit ganz wenig Hilfe selbst herausgefunden." [P-2105-L1-00:08:46:03]

Peer-Unterstützung und Zusammenarbeit

Zusammenarbeit aufbauen, Peerarbeit und kooperatives Lernen fördern.

„Vielleicht kommt ihr gleich darauf, wenn ihr mit euren Leuten darüber sprecht. Ich hatte gerade gesagt, achtet bitte darauf. (...) Ihr sitzt mit Partnern zusammen, derjenige der alphabetisch im Vornamen eher ist von den beiden, fängt an dem anderen das noch einmal zu erklären." [P-1117-L2-00:30:05:21]

„Wenn du soweit bist, kannst du schon mal kucken, wo nochmal jemand Hilfebraucht, von der Umgebung, nochmal schauen." [P-1126-L2-00:22:10:22]

Gemeinsame Ziele und geteilte Verantwortlichkeiten betonen.

„Ja, was könnten wir eigentlich machen, um zu zeigen, ob JULIEN und TOBIAS Recht haben oder nicht? ... Für unsere – hm ... was diese Feststellungen anbetrifft?" [P-2113-L2-00:32:37:15]

„So! Der ANTONIO hat uns hier eben (etwas serviert), das glaub ich dir nicht! EVA, erzähl einmal, kann das überhaupt sein?" [P-1114-L2-00:06:44:00]

Die Lernenden auffordern, sich gegenseitig zu helfen.

„Helft euch gegenseitig und unterstützt euch ein kleines bisschen. Ich bin hier nebendran." [P-1104-L3-00:47:23:17]

„... dass wir das noch hinkriegen in der Stunde, aber besprecht's untereinander und helft euch gegenseitig, ja?" [P-1110-L3-00:25:23:01]

5.5.3 Instruktional nicht unterstützende Kommunikation

Die Lehrperson wirkt nicht unterstützend, wenn sie direktive Instruktionen und Antworten gibt *(teacher controlled responses)*, die keinen Denkraum für die Schülerinnen und Schüler erlauben. Nicht unterstützende Unterrichtskommunikation zeigt sich zudem in geschlossenen Fragen, deren Antwort eindimensional ist oder entlang der Sequenz ‚Frage - Antwort - Evaluation' *(Initiation - Reply – Evaluation bzw. IRE-Sequenz)* gängelnd durch den Unterricht führt. Die untenstehende Tabelle 5.1.8 zeigt die Übersicht der nicht unterstützenden instruktionalen Unterrichtskommunikation.

Tabelle 5.1.8: Nicht unterstützende instruktionale Unterrichtskommunikation

Kategorie <Instruktional nicht unterstützend (INU)>

Themen	Inhalte und Ankerbeispiele
Enge, gängelnde Unterrichts-führung	Eine Frage stellen, deren Antwort eindimensional und (fast) allen bekannt ist, geschlossene Fragen stellen und die Schülerinnen und Schüler gängelnd durch eine Aufgabenstellung führen *(teacher controlled responses)*.
I-R-E	*„Welche Seiten sind in Aufgabe C gegeben? – Die Seite C und die Seite A. Ja, wie lang ist A? – Neun Zentimeter, C ist einundvierzig Zentimeter. Wie lang ist C? – Einundvierzig Zentimeter. Jetzt brauchen wir den Rechner wahrscheinlich, he? – Nein. Nicht? – Doch. Doch doch."* [P-2102-L1-00:24:00:14]
	Eine Antwort eines SCH evaluieren (bewerten) ohne Verständnis / Verstehen aufzuzeigen, ohne eine Erklärung abzugeben.
	„35. – stimmt nicht, LAURA weisst du es?"
Direktive Instruktion	Den Schülerinnen und Schülern vorschreiben, wie sie denken und handeln sollen, ohne auf die konkreten Probleme/Fragen einzugehen. Individuelle Lösungsvorschläge werden nicht beachtet.
	„Ihr zählt jetzt die beiden Zahlen zusammen und dann teilt ihr das ganze durch drei, macht jetzt einfach!".
	Die Lehrperson überprüft nicht, ob der Lerninhalt verstanden wird.
	„Also, du musst immer die beiden Kleineren zusammenzählen. – Also, das sind diese beiden? Ja, die müsstest du zusammenzählen, dass du die Längste bekommst, oder. – Mhm [ja]. [P-2102-L2-00:37:04:13]
	Das Fertigstellen und die Exaktheit bzw. die Fehlerfreiheit einer Aufgabe steht mehr als das Lernen selbst im Vordergrund.
	„Heft raus! Ein Dreieck mit einem rechten Winkel zeichnen, Überschrift: Der Satz des Pythagoras, und dann schreibt ihr den Rest noch ab." [P-1101-L1-00:22:27:04]
	„Und diese Seite ist doch fünfunddreissig, oder. ... Und dann musst du diese noch ausrechnen... Das ist A Quadrat plus B Quadrat gleich C Quadrat. Es ist die längste. Da vorne, oder. Also muss du sie zusammenzählen, nicht von einander abziehen. ... Fünfunddreissig im Quadrat plus zwölf Quadrat ... Dann geht's eben nachher auch auf." [P-2102-L3-00:18:59:24]
	Die Lehrperson oder das Lernmaterial steht im Vordergrund.

5.5.4 Motivational nicht unterstützende Kommunikation

Analog zu den motivational unterstützenden Aussagen gibt es auch motivationsbezogene nicht unterstützende Äusserungen der Lehrperson im Unterricht. Dazu gehören wettbewerbsorientierte Aussagen oder sarkastische, unpersönliche, abwertende oder oberflächliche Feedbacks. Tabelle 5.1.9 bietet einen Überblick für die Codierung der nicht unterstützenden motivationalen Aussagen.

Tabelle 5.1.9: Nicht unterstützende motivationale Unterrichtskommunikation

Kategorie <Motivational nicht unterstützend (MNU)>

Themen	Inhalte und Ankerbeispiele
Unpersönliche, negative Feedbacks	Oberflächliche, positive oder negative Feedbacks abgeben, die keine individuellen Bewertungen inne haben.
	„Dann lass mich mal gucken, bevor wieder alles falsch ist." [1101-L2-00_20:22:15]
	Eine Antwort eines Lernenden evaluieren, ohne sie zu verstehen versuchen.
	Drohungen oder Sarkasmus anwenden
Drohungen oder Sarkasmus	*„Wir haben es doch so schön benannt! Da oben haben wir doch ein wunderschönes Dreieckchen Gamma neunzig Grad, habe ich so leichte Zahlen gegeben, ... dass man das doch ganz einfach...hinkriegen müsste. Ach! Ihr habt so komische Vorstellungen von senkrecht und waagrecht!" [P-1104-L1-00:17:46:13]*
	„Oh – das wurde sogar aufgenommen, das wird beim Elterngespräch gezeigt. [L1-2115-00:27:51:05]
Individuelle Erfolge oder Misserfolge betonen	Wettbewerb unter den Schülerinnen und Schülern ankurbeln.
	Soziale Vergleiche anstellen, die Schülerinnen und Schüler ausgrenzt oder exponiert.
	„Guck einmal, wie schön ich das da hin geschrieben habe, CHRISTOPH! ... Und dann, wenn du das dann einmal mit dem vergleichst, was du in deinem Heft hast! ... „ [P-1104-L1-00:31:16:02]
	„Vornehmes Schweigen auf der Damenseite. Stimmt also doch das Vorurteil, dass die Mädchen und Mathematik nicht zusammenpassen." [P-1104-L3-00:13:27:13]

Turner et al. (2002) verwendeten im Gegensatz zur dieser Arbeit noch eine weitere Kategorie: Organisation. Organisatorisch unterstützend heisst, dass die Lehrpersonen für die Klassenorganisation klare Anweisungen gibt und Übergänge zwischen Aktivitäten störungsfrei durchführt, organisatorische nicht unterstützend sind Unterbrechungen oder Störungen durch die Lehrperson durch nicht aufgabenbezogene Äusserungen. In der Pilotstudie (Ledergerber, 2006) zeigte sich diese Kategorie als zu marginal und deshalb als nicht relevant und wurde deshalb in der aktuellen Arbeit für die Auswertung ausgeklammert.

Um die Unterrichtskommunikation auch qualitativ sichtbar zu machen, werden im Resultateteil (Kapitel 6.2) einige ausgewählte Beispiele von besonders gelungener als auch von kritischer Unterrichtskommunikation dargestellt. Es handelt sich dabei nicht um eigentliche Resultate, sondern die Beispiele dienen der Veranschaulichung. Sie wurden beim Codieren als ,bemerkenswert' angezeichnet, da sie als besonders illustrierend für die Tiefenstruktur des Unterrichts erschienen.

> Während die Oberflächenstruktur sich auf die Sozial- und Inszenierungsformen sowie die Methoden und Medien des Unterrichts bezieht, meint die Tiefenstruktur dessen psychologische-didaktische Qualitätsdimensionen. Dazu gehören Prozessmerkmale wie transparenter Stoffaufbau, Verstehensklarheit, Klassenführung, kognitive Aktivierung und lernförderliches Sozialklima ebenso wie eine psychologisch-didaktische Grundvorstellung über den Zyklus vollständiger Lehr-Lernprozesse (Reusser, 2008, S. 231).

Die Merkmale einer gelingenden, unterstützenden Unterrichtsgestaltung und -kommunikation sind bereits in den vorangegangenen Kapiteln ausführlich dargestellt worden. Die Videobeobachtungen bieten nun die Möglichkeit, einen vertieften Einblick in die Realität des Unterrichtsgeschehens zu erhalten, um die Tiefenstrukturen des Unterrichts zu analysieren.

5.5.5 Interrater Reliabilität

„Die Reliabilität kennzeichnet die Zuverlässigkeit oder die Genauigkeit einer Messung. Die Beurteilung ist reliabel, wenn andere Beurteiler mit gleichem Wissensstand zu einem ähnlichen Urteil kommen" (Wirtz & Caspar, 2002, S. 15).

In dieser Arbeit wurden die Codierungen von der Autorin zusammen mit einer im Rahmen des Projektes angestellten Codiererin vorgenommen. Die Einarbeitung der Codiererin in das Codiermanual, das Codiertraining und die Verfeinerung des Manuals dauerte mehrere Wochen. Nach getrennt durchgeführten Codierungen wurden jeweils intensive Gespräche geführt, die Begründungen für die Codevergabe abschliessend diskutiert und die gewonnenen Erkenntnisse im Codiermanual festgehalten. Dieses Vorgehen wurde regelmässig wiederholt, und die Übereinstimmung der beiden Codiererinnen stieg stetig an.

Die Berechnung der abschliessenden Reliabilitätswerte erfolgte anhand von zwei Reliabilitätsprüfungen anhand von drei Lehrpersonen mit je drei Lektionen (vgl. Tabelle 5.1.10).

Tabelle 5.1.10: Interrater Reliabilität

Interrater Reliabilität	Test 1 κ (SE)	Test 2 κ (SE)
Instruktionale Kategorie	0.788 (0.06)	0.765 (0.07)
Motivationale Kategorie	0.687 (0.06)	0.761 (0.07)

κ=Cohens Kappa; SE=Standardfehler von κ

Die Übereinstimmung in Prozent über beide Kategorien lag in Test 1 bei 78.8%, in Test 2 bei 79.7%, im Vergleich dazu erreichten Turner et al. (2002) in ihrer Untersuchung eine Übereinstimmung von 78 bis 84%. Zur Interpretation des Kappa Wertes lässt sich festhalten, dass ein Kappa-Wert von > 0.75 gut bis ausgezeichnet beschrieben wird (Greve & Wentura, 1997, S. 111) bzw. nach Landis und Koch (1977) ein Kappa-Wert von 0.6-0.8 eine beachtliche *(substantial)* Übereinstimmung bedeuten.

5.6 Fragebogendaten zur Erfassung motivational-emotionalen Aspekte des Unterrichtserlebens

Für diese Untersuchung wurden die Fragebogendaten aus der Eingangsbefragung der Schülerinnen und Schüler der schweizerisch-deutschen Videostudie verwendet, bis auf zwei Skalen, die in der Zwischenbefragung erhoben wurden (positive und negative Emotionen unmittelbar nach den videographierten Unterrichtslektionen). Grund für die Wahl der Daten aus der Eingangsbefragung ist, dass darin für diese Arbeit elf relevante motivational-emotionale Unterrichtsmerkmale erfragt wurden, während im Abschlussfragebogen nur deren vier enthalten sind. Im Abschlussfragebogen wurden zudem weniger Klassen und damit weniger Schülerinnen und Schüler aufgrund von Ausfällen befragt (Eingangsfragebogen: 39 Klassen, 870 Schülerinnen und Schüler; Ausgangsfragebogen 38 Klassen, 770 Schülerinnen und Schülern).

Aufgrund dieser Voraussetzungen wurden die Daten aus dem Eingangsfragebogen gewählt, gestützt auf der begründeten Annahme, dass das Lehrpersonenverhalten (insbesondere die Qualität der Unterrichtskommunikation) hinreichend stabil ist (siehe Kapitel 5.7.2).

Um ein Verständnis für die Skalen der Eingangs- bzw. Zwischenbefragung zu erhalten, werden diese im Folgenden kurz erläutert. Eine ausführliche Dokumentation findet sich bei Rakoczy et al. (2005).

5.6.1 Verwendete Skalen der Eingangsbefragung

Die verwendeten Skalen bilden die Perspektive der Schülerinnen und Schüler ab und beinhalten relevante Aspekte des motivationalen und emotionalen Unterrichtserlebens. Die Zusammenstellung der Skalen orientiert sich an

- der Selbstbestimmungstheorie mit den Skalen zum Selbstbestimmungserleben, zur Wahrnehmung der Autonomie- bzw. zur Kompetenzunterstützung und zur sozialen Eingebundenheit. Letztere wieder wiederum in drei Variablen aufgeteilt: Motivierungsfähigkeit der Lehrperson, Beziehung zur Lehrperson und soziale Eingebundenheit;
- der Zielorientierungstheorie mit den Skalen Mastery-Orientierung und Performance-Orientierung mit je den beiden Dimensionen Avoid/Approach;
- den unterrichtsbezogenen Affektivitäten (positive und negative).

5.6.1.1 Wahrgenommene Autonomieunterstützung

Die verwendete Skala (vgl. Klieme et al., 2005, S. 48, gestützt auf eine frühere Skala von Prenzel, Kirsten, Dengler, Ettle & Beer, 1996) umfasst vier Items:

- *„Im Mathematikunterricht werde ich zu selbstständigem Arbeiten ermuntert. "*
- *„Im Mathematikunterricht habe ich die Möglichkeit, neue Themen selbstständig zu erkunden. "*
- *„Im Mathematikunterricht habe ich Gelegenheit, mich mit interessanten Aufgaben oder Inhalten eingehender zu beschäftigen. "*
- *„Im Mathematikunterricht kann ich selber entscheiden, wie ich arbeite. "*

Antwortformat: (1) nie, (2) selten, (3) manchmal, (4) häufig; Skalenkennwerte: Cronbachs α=0.63 (N=862); Varianzaufklärung 15.93%.

5.6.1.2 Unterstützung des Selbstbestimmungserlebens

Diese Skala (vgl. Klieme et al., 2005, S. 73) besteht aus drei Items:

- *„Im Mathematikunterricht ist die Atmosphäre freundschaftlich. "*
- *„Im Mathematikunterricht habe ich den Eindruck, ernst genommen zu werden. "*
- *„Im Mathematikunterricht traut mir der Lehrer etwas zu. "*

Antwortformat: (1) nie, (2) selten, (3) manchmal, (4) häufig; Skalenkennwerte: Cronbachs α=0.72 (n=863); Varianzaufklärung 64.1%.

5.6.1.3 Wahrgenommene Kompetenzunterstützung

Die Skala Kompetenzunterstützung (Klieme et al., 2005. S. 45, gestützt auf Waldis, Buff, Pauli & Reusser, 2002 sowie Prenzel et al., 1996) umfasst neun Items:

- *„Im Mathematikunterricht hilft der Lehrer, wenn ich bei einer Aufgabe nicht weiter weiss. "*
- *„Im Mathematikunterricht informiert mich der Lehrer über meine Fortschritte. "*
- *„Im Mathematikunterricht werde ich für gute Leistungen gelobt. "*

- *„Im Mathematikunterricht bespricht der Lehrer mit mir schwierige Mathematikaufgaben."*
- *„Im Mathematikunterricht sagt mir der Lehrer, was ich noch verbessern könnte."*
- *„Im Mathematikunterricht muntert mich der Lehrer auf, damit ich auch bei schwierigen Aufgaben den Mut nicht verliere."*
- *„Im Mathematikunterricht finden meine Leistungen Anerkennung."*
- *„Im Mathematikunterricht traut mir der Lehrer etwas zu."*
- *„Im Mathematikunterricht kümmert sich der Lehrer darum, wenn ich beim Lösen von Mathematikaufgaben Probleme habe."*

Antwortformat: (1) nie, (2) selten, (3) manchmal, (4) häufig; Skalenkennwerte: Cronbachs $\alpha=0.7$ (n=851); Varianzaufklärung: 41.68%.

5.6.1.4 Beziehung zur Lehrperson

Diese Skala (vgl. Klieme et al., 2005, S. 51, gestützt auf frühere Skalen von TIMSS, 1995 und Prenzel et al., 1996) umfasst sieben Items:

- *„Mein Mathematiklehrer kümmert sich wenig um mich."*
- *„Ich habe das Gefühl, mein Mathematiklehrer mag mich nicht."*
- *„Mein Mathematiklehrer hört aufmerksam zu, wenn ich ihm etwas erzähle."*
- *„Ich glaube, dass ich mit meinem Mathematiklehrer auch persönliche Probleme besprechen kann."*
- *„Ich glaube, mein Mathematiklehrer mag mich."*
- *„Im Mathematikunterricht ist die Atmosphäre freundschaftlich."*
- *„Im Mathematikunterricht habe ich den Eindruck, ernst genommen zu werden."*

Antwortformat: (1) nie, (2) selten, (3) manchmal, (4) häufig; Skalenkennwerte: Cronbachs $\alpha=0.78$ (n=866); Varianzaufklärung: 36.03%.

5.6.1.5 Motivierungsfähigkeit der Lehrperson

Die Skala (vgl. Klieme et al., 2005, S. 50, erstellt aus Vorarbeiten von Baumert, Gruehn, Heyn, Köller und Schnabel, 1997) besteht aus drei Items:

*   *„Unser Mathematiklehrer gestaltet den Unterricht oft sehr spannend."*
*   *„Unser Mathematiklehrer kann auch trockenen Stoff wirklich interessant machen."*
*   *„Unser Mathematiklehrer kann Schüler/innen manchmal richtig begeistern."*

Antwortformat: (1) stimmt gar nicht, (2) stimmt eher nicht, (3) stimmt eher, (4) stimmt genau; Skalenkennwerte: Cronbachs $\alpha=0.81$ (n=871); Varianzaufklärung: 8.42%.

5.6.1.6 Wahrgenommene soziale Eingebundenheit

Diese Skala (vgl. Klieme et al., 2005, S. 53, gestützt auf frühere Arbeiten von Prenzel et al., 1996) umfasst vier Items:

*   *„Im Mathematikunterricht werde ich von den anderen in der Klasse als Kollege/Kollegin behandelt."*
*   *„Im Mathematikunterricht habe ich das Gefühl, dass mir die anderen in der Klasse helfen würden, wenn es nötig wäre."*
*   *„Im Mathematikunterricht fühle ich mich von den anderen in der Klasse verstanden."*
*   *„Im Mathematikunterricht habe ich das Gefühl, dazuzugehören."*

Antwortformat: (1) nie, (2) selten, (3) manchmal, (4) häufig; Skalenkennwerte: Cronbachs $\alpha=0.78$ (n=866); Varianzaufklärung: 16.39%.

5.6.1.7 Mastery Goals

Die Skala (vgl. Klieme et al., 2005, S. 39, basierend auf den Vorarbeiten von Köller, 1998 und Balke & Stiensmeier-Pelster, 1995) umfasst drei Items:

*   *„Im Mathematikunterricht bin ich wirklich zufrieden, wenn der Unterricht mich zum Nachdenken bringt."*
*   *„Im Mathematikunterricht bin ich wirklich zufrieden, wenn ich intensiv arbeite."*

- *„Im Mathematikunterricht bin ich wirklich zufrieden, wenn die Aufgaben richtiges Nachdenken von mir verlangen."*

Antwortformat: (1) stimmt gar nicht, (2) stimmt eher nicht, (3) stimmt eher, (4) stimmt genau; Skalenkennwerte: Cronbachs α=0.65 (n=855); Varianzaufklärung 12.61%.

5.6.1.8   Performance-Approach-Goals

Diese Skala (vgl. Klieme et al., 2005, S. 39) umfasst fünf Items:

- *„Im Mathematikunterricht bin ich wirklich zufrieden, wenn ich mehr weiss als die anderen."*

- *„Im Mathematikunterricht bin ich wirklich zufrieden, wenn ich vor den anderen fertig bin."*

- *„Im Mathematikunterricht bin ich wirklich zufrieden, wenn ich mehr Aufgaben richtig habe als die anderen."*

- *„Im Mathematikunterricht bin ich wirklich zufrieden, wenn ich bessere Noten bekomme als andere."*

- *„Im Mathematikunterricht bin ich wirklich zufrieden, wenn ich als Einziger/als Einzige die richtige Antwort weiss."*

Antwortformat: (1) stimmt gar nicht, (2) stimmt eher nicht, (3) stimmt eher, (4) stimmt genau; Skalenkennwerte: Cronbachs α=0.85 (n=855); Varianzaufklärung: 33.09%.

5.6.1.9   Performance-Avoidance-Goals

Die Skala (vgl. Klieme et al., 2005, S. 39, gestützt auf Arbeiten von Balke & Stiensmeier-Pelster, 1995, Elliot & Church, 1997, Elliot & Sheldon, 1997, Rost & Wild, 1990 und Wild & Remy, 2002) umfasst wiederum fünf Items:

- *„Im Mathematikunterricht bin ich wirklich zufrieden, wenn ich Fehler vor der Klasse vermeiden kann."*

- *„Im Mathematikunterricht bin ich wirklich zufrieden, wenn niemand denkt, ich sei unbegabt."*

- *„Im Mathematikunterricht bin ich wirklich zufrieden, wenn ich keine ‚dummen' Fragen stelle."*

- *„Im Mathematikunterricht bin ich wirklich zufrieden, wenn niemand merkt, dass ich etwas nicht ganz verstanden habe."*

- *„Im Mathematikunterricht bin ich wirklich zufrieden, wenn ich mich vor den anderen nicht blamiere."*

Antwortformat: (1) stimmt gar nicht, (2) stimmt eher nicht, (3) stimmt eher, (4) stimmt genau; Skalenkennwerte: Cronbachs $\alpha=0.72$ (n=855); Varianzaufklärung: 10.61%.

5.6.1.10   Positive und negative Affektivität

Diese Skala (vgl. Klieme et al., 2005, S. 35, gestützt auf Arbeiten von Krohne, Egloff, Kohlmann & Tausch, 1996), umfasst je vier Items für die positive und für die negative Affektivität:

„Wie fühlst du dich im Mathematikunterricht im Allgemeinen?"

positiv:	negativ:
+ interessiert	- nervös
+ aktiv	- ängstlich
+ aufmerksam	- bedrückt
+ wach	- verärgert

Antwortformat: (1) gar nicht, (2) ein bisschen, (3) einigermassen, (4) erheblich, (5) äusserst; Skalenkennwerte: Cronbachs α für die positive Affektivität=0.80 (n=871), für die negative Affektivität=0.71 (n=871); Varianzaufklärung: positive Affektivität: 36.18%; negative Affektivität: 23.88%.

5.6.2   Verwendete Skalen aus der Zwischenbefragung

5.6.2.1   Positive und negative Affekte (nach Video Pythagoras)

Diese Skala (vgl. Klieme et al., 2005, S. 83, gestützt auf Arbeiten von Prenzel et al., 1996 und Prenzel, Duit, Euler, Lehrke und Seidel, 2001), umfasst je vier Items für die positive und für die negative Affektivität:

positiv:	negativ:
+ spannend	- frustrierend
+ anregend	- verwirrend
+ interessant	- unangenehm
+ reizvoll	- belastend

Antwortformat: (1) nie, (2) selten, (3) manchmal, (4) häufig; Skalenkennwerte: Cronbachs α für die positive Affekte=0.79 (n=823), für die negative Affekte=0.76 (n=823). Varianzaufklärung: positive Affekte 37.08%, negative Affekte: 24.17%.

5.7 Aspekte zur Datenanalyse

Das Kapitel der Datenanalyse wird in fünf Abschnitte gegliedert:

- die Überprüfung der Normalverteilung der verwendeten Daten (Kapitel 5.7.1);

- die Beurteilung der Stabilität des Lehrpersonenverhaltens aufgrund der unterschiedlichen Zeitpunkte der Fragebogenerhebung und Videoaufnahmen (5.7.2);

- der Umgang mit fehlenden Werten (5.7.3);

- die Ausführungen zu den der Mehrebenenanalysen mit den Interklassen-Korrelationskoeffizienten der ausgewerteten Skalen (5.7.4);

- die geschlechterdifferenzierten Betrachtungen bei den Mädchen und Jungen (5.7.5).

5.7.1 Normalverteilung

Bevor multivariate statistische Verfahren angewendet werden dürfen, müssen die Grundvoraussetzungen dazu überprüft werden. Eine Voraussetzung dafür ist die Prüfung der Normalverteilung der Variablen. Als Test wurde der Kolmogoroff-Smirnov-Test gewählt, um zu überprüfen, ob von einer Normalverteilung in der Grundgesamtheit ausgegangen werden kann (vgl. Bortz, 2005, S. 76). Die Überprüfung zeigt, dass die codierten Variablen der Unterrichtskommunikation als normalverteilt gelten, ausser der Variable ,motivational nicht unterstützend'. Dieses Merkmal wurde eher selten beobachtet, was bei der heterogenen Lehrpersonengruppe wohl zu einer anormalen Verteilung geführt hat. Als Folge davon wird die Kategorie ,motivational nicht unterstützend' nicht isoliert in die Analysen einbezogen, hingegen sind deren Werte in die Gesamtheit der nicht unterstützenden Unterrichtskommunikation (motivationale und instruktionale) eingeflossen. Alle Variablen der Schülerbefragung entsprechen den Kriterien der Normalverteilung.

5.7.2 Stabilität des Lehrpersonenverhaltens

Da der Erhebungszeitpunkt der Eingangsfragebogen deutlich vor den videographierten Unterrichtseinheiten lag (siehe auch Kapitel 5.6), wurde die Stabilität des Lehrpersonenverhaltens überprüft. Bedingung zur Teilnahme an der Studie war, dass die Klassen bereits vor der Eingangsbefragung mindestens ein Jahr lang bei ihrer Lehrperson im Unterricht waren.

Unter der Prämisse, dass das Interaktions- bzw. das Unterstützungsverhalten der Lehrpersonen zeitlich hinreichend stabil ist (Hiebert et al., 2003; Stigler et al., 1999), kann argumentiert werden, dass die Schülerinnen und Schüler dem in den Videoanalysen beobachteten Lehrpersonenverhalten schon vor den Videoaufnahmen längere Zeit ausgesetzt waren (auch zur Zeit des Eingangsfragebogens).

Für die statistische Prüfung der Stabilität des Lehrpersonenverhaltens aus der beschriebenen Stichprobe wurde zudem eine zweite Unterrichtseinheit bei zwölf zufällig ausgewählten Lehrpersonen codiert. Die Lektionen fanden im Abstand von mehreren Wochen statt im Thema mathematische Textaufgaben. Es wurde ein Wilcoxon-Test durchgeführt, mit dem Ziel, zwei abhängige Stichproben, bzw. die Messung des Ausprägungsgrades eines Merkmales zu zwei unterschiedlichen Zeitpunkten in derselben Stichprobe, hinsichtlich ihrer zentralen Tendenz zu untersuchen (Bortz, 2005, S. 153). Die Berechnung erfolgt aufgrund der Bildung von Paardifferenzen aus den verbundenen Stichproben, in diesem Fall einer Lehrperson im Setting „Pythagoras" und derselben Lehrperson im Setting „Textaufgaben". Der Wilcoxon-Test zeigte bei keiner der Variablen einen signifikanten Unterschied zwischen den beiden Messzeitpunkten.

Daraus erschliesst sich die Legitimation, das Datenmaterial der Eingangsbefragung zu verwenden, obwohl dieses nicht unmittelbar vor oder nach den gefilmten Lektionen erhoben wurde.

5.7.3 Umgang mit fehlenden Werten

Die Fragebogendaten weisen je nach Skala in 12% bis 16% der Fälle fehlende Werte auf (Rakoczy, 2008), aufgrund verschiedener Zeitpunkte der Datensammlung, Fluktuation innerhalb der Klassen oder unkenntlichen Codes. Von 1015 Schülerinnen und Schülern in der Stichprobe haben insgesamt 61.6% die Fragebogen vollständig ausgefüllt, für die verwendeten Skalen in dieser Arbeit liegen sogar fast 85% vollständige Datensätze vor (N=860). Es liegt nahe, auf eine Imputation der fehlenden Werte zu verzichten, jedoch muss geprüft werden, ob dies zu einer systematischen Verzerrung der Stichprobe führt.

Tabelle 5.1.11: Mittelwerte, Standardabweichungen und Cohens' d der vollständigen und unvollständigen Fragebogendaten

Vollständige Fragebogen	M (SD)	Unvollständige Fragebogen	M (SD)	d	Sig.
Autonomieunterstützung (n=859)	2.74 (0.59)	Autonomieunterstützung (n=25)	2.53 (0.64)	0.33	ns
Selbstbestimmung (n=859)	3.09 (0.68)	Selbstbestimmung (n=24)	2.76 (0.69)	0.49	*
Kompetenzunterstützung (n=859)	2.84 (0.59)	Kompetenzunterstützung (n=27)	2.50 (0.63)	0.56	*
Soz. Eingebundenheit (n=859)	3.37 (0.60)	Soz. Eingebundenheit (n=27)	3.01 (0.71)	0.55	*
Beziehung zur LP (n=859)	2.87 (0.64)	Beziehung zur LP (n=41)	2.42 (0.67)	0.68	***
Motivierungsfähigkeit (n=859)	2.39 (0.74)	Motivierungsfähigkeit (n=32)	1.90 (0.57)	0.75	***
Mastery Goals (n=859)	2.69 (0.67)	Mastery Goals (n=29)	2.72 (0.58)	0.06	ns.
Performance App. (n=859)	2.84 (0.76)	Performance App. (n=28)	2.97 (0.85)	0.17	ns.
Performance Avoid (n=859)	2.65 (0.63)	Performance Avoid (n=29)	2.87 (0.74)	0.32	ns.
Positive Affektivität (n=859)	3.47 (0.81)	Positive Affektivität (n=31)	2.94 (0.80)	0.66	**
Negative Affektivität (n=859)	1.65 (0.74)	Negative Affektivität (n=31)	1.97 (0.86)	0.40	*
Interesse (n=859)	2.71 (0.70)	Interesse (n=41)	2.41 (0.81)	0.40	*

M=Mittelwert, SD=Standardabweichung; Anzahl Klassen n=39

Dazu wird ein Vergleich der Mittelwerte der verwendeten Fragebogenskalen erstellt: Es wird die Gruppe von Schülerinnen und Schülern, die alle Fragen beantwortet haben, mit der Gruppe von Schülerinnen und Schülern verglichen, die mindestens eine Frage nicht beantwortet haben (vgl. Tabelle 5.1.11). Als Wert der Effektstärke wurde Cohens d gewählt. Cohen (1988) bezeichnet einen Effekt von d=0.2 als klein, d=0.5 als mittleren Effekt und d=0.8 als grossen Effekt.

Bei den verwendeten Daten aus vollständigen und unvollständigen Fragebögen liegen mittlere, signifikante Effekte bei der positiven Affektivität, bei Aspekten der wahrgenommenen Kompetenzunterstützung, der sozialen Eingebundenheit, der Beziehung zur Lehrperson und der Motivierungsfähigkeit (höchster Wert) vor. Bei den anderen motivational-emotionalen Aspekten des Unterrichtserlebens ergeben sich nur kleine Effekte, was bedeutet, dass das Fehlen von Werten und die damit verbundene Reduktion der Stichprobe in diesen Fällen nur einen begrenzten Einfluss hat.

Das Fehlen der Werte von Schülerinnen und Schülern mit unvollständigen Datensätzen reduziert die Varianz dieser Merkmale, was wiederum das Finden von bedeutsamen Ergebnissen erschwert bzw. es eher zu einer Unterschätzung der tatsächlichen Zusammenhänge kommt (Rakoczy, 2008). Es ist jedoch nicht auszuschliessen, dass ein auch ein Bias zugunsten von eher angepassten, gut integrierten Schülerinnen und Schülern und deren Eigenschaften entstehen kann, wenn die Schülergruppe mit fehlenden Werten ohne geeignete Korrekturmassnahmen weggelassen wird.

Auf sogenannte Missing-Data-Techniken, beispielsweise die Imputation fehlender Werte anhand von Schätzwerten, wurde in dieser Arbeit verzichtet.

5.7.4   Mehrebenenanalyse bei hierarchischer Datenstruktur

In dieser Arbeit liegt eine hierarchische Schachtelung (Mehrebenenstruktur) der Individualdaten verteilt auf die 39 Klassen vor, da ganze Klassen einbezogen wurden und keine Zufallsstichproben der Schülerinnen und Schüler. Liegen hierarchische Daten vor, sind die Beobachtungen auf der Schülerebene nicht unabhängig voneinander, da sie einer zweiten Ebene, der Klassenebene angehören. Eine Mehrebenenanalyse berücksichtigt diese Struktur und zeigt auf, ob es über den Effekt individueller Faktoren hinaus Bedingungen und Prozesse in einer Schulklasse gibt, in unserem Fall durch die Unterrichtskommunikation der Lehrperson, die zu Unterschieden im motivationalen Erleben führen. Für diese Arbeit wurden die Analysen mit dem Programm HLM (Hierarchical Linear Modeling) von Raudenbush, Bryk, Cheong und Congdon (2001) durchgeführt, da dieses den Mehrebenencharakter der Daten berücksichtigt und gleichzeitig zu adäquaten Schätzungen der Standardfehler der Regressionskoeffizienten führt. Dieses Verfahren ist konzeptuell als Reihe geschachtelter Regressionsanalysen vorzustellen, in denen die Koeffizienten einer Analyseebene zur abhängigen Variablen auf der nächsten Analyseebene werden – es wird deshalb auch von ‚hierarchischen linearen Modellen' gesprochen (Kopp & Lois, 2010).

Intraclass Correlation Coeffizient (ICC). Der erste Schritt einer Mehrebenenanalyse besteht darin, dass die Intraklassen-Korrelationen der verwendeten Skalen ermittelt werden. Der Koeffizient gibt an, welcher Anteil der Gesamtvarianz einer Variablen innerhalb einer Stichprobe zwischen den Einheiten auf der Klassenebene liegt, und ist damit ein Indikator für die Ausprägung der Mehrebenenstruktur der untersuchten Variablen (vgl. Hartig & Rakoczy, 2010; Raudenbush & Bryk, 2002). Der ICC kann als Ausmass der hierarchischen Struktur der Daten interpretiert werden: Je höher der Intraklassen-Koeffizient, umso stärker stimmen die Schülerinnen und Schüler einer Klasse in der Beurteilung des entsprechenden Items überein (Rakoczy, 2008), ist der Wert nahe bei Null, existieren keine Gruppenunterschiede im Niveau der betreffenden Variablen und die individuellen Wahrnehmungen eines Unterrichtsmerkmals divergieren stark.

Tabelle 5.1.12 zeigt die Intraklassen-Korrelationskoeffizienten der relevanten Variablen dieser Studie: Die Werte liegen zwischen 0.02 und 0.25 mit der Bedeutung, dass sich 2% bis 25% der Varianz auf der Klassenebene erklären lässt. So werden beispielsweise 18% der Gesamtvarianz der Unterstützung des Selbstbestimmungserlebens durch den Unterschied der Schulklassen erklärt, der Rest entfällt auf Unterschiede zwischen den Schülerinnen und Schülern.

Das Ignorieren einer Mehrebenenstruktur kann schon bei geringen ICC-Werten zu Verzerrungen der Signifikanztests und falschen Interpretationen führen, da ein vergleichsweise grosser Varianzanteil auf die Aggregatebene, d.h. der Klassenebene, zurückgeht. Heck, Thomas und Tabata (2010, S. 74) sprechen schon ab 5% von einem beträchtlichen Anteil der Varianz und begründen damit die Verwendung von Mehrebenenfaktorenanalysen.

Tabelle 5.1.12: Intraklassen-Korrelationskoeffizienten (ICC) der verwendeten Skalen aus dem Eingangsfragebogen

Variable	n	ICC	95% CI
Wahrgenommene Autonomieunterstützung	879	0.05	0.014, 0.096
Unterstützung des Selbstbestimmungserlebens	878	0.18	0.097, 0.254
Wahrgenommene Kompetenzunterstützung	881	0.20	0.119, 0.282
Beziehung zur Lehrperson	895	0.24	0.148, 0.336
Motivierungsfähigkeit	881	0.25	0.15, 0.346
Wahrgenommene soziale Eingebundenheit	881	0.06	0.014, 0.098
Mastery Goals	879	0.04	-0.014, 0.019
Performance-Approach-Goals	878	0.08	0.027, 0.129
Performance-Avoid-Goals	886	0.04	0.003, 0.072
Positive Affektivität	880	0.02	-0.009, 0.04
Negative Affektivität	880	0.04	0.002, 0.072
Positive Affektivität nach Video	821	0.04	0.001, 0.076
Negative Affektivität nach Video	819	0.07	0.017, 0.11

Anzahl Klassen n=40; ICC=Intraklassenkoeffizient; CI=Konfidenzintervall

Bei einigen Skalen liegen die ICC Werte unter 0.05, was nicht zwingend eine Mehrebenenanalyse erfordert hätte. Eine Mehrebenenanalyse ist ab 30 bis 50 Einheiten auf der Klassenebene möglich (Rakoczy, 2008), in unserem Fall ist diese Bedingung mit 40 Klassen erfüllt. Für die Auswertungen wurden alle Variablen z-standardisiert, deshalb können die Koeffizienten der Mehrebenen-analysen *b* als standardisierte Regressionsgewichte der Prädiktoren interpretiert werden (Buff et al., 2011).

Kovariablen. Ausgehend von der Vermutung, dass es schultypenspezifische Lernkulturen gibt, beinhalten alle Modelle den Schultyp (Gymnasium=0 bzw. Real- oder Sekundarschule=1) als Kovariable auf der Klassenebene. Auf der individuellen Ebene enthalten die Modelle das Geschlecht (0=weiblich, 1=männlich) und das vorbestehende Interesse in Mathematik als Kovariablen, unter der Annahme, dass beide das Unterrichtserleben signifikant beeinflussen.

Bildung der Modelle. Um die Rolle des Interesses zu dokumentieren, wurde jeweils dasselbe Modell mit und ohne Interesse als Kovariable gerechnet. Interesse wirkt einerseits als potenzieller Einflussfaktor auf die motivationalen Aspekte des Unterrichtserlebens, kann aber anderseits auch Folge von diesen sein (z.B. steigendes Interesse infolge von erlebter Autonomieunterstützung). Interesse als Folge von motivationalen Aspekten des Unterrichtserlebens bindet wiederum Varianz und konkurrenziert potenzielle Einflussfaktoren. Wie oben bereits erwähnt, wurden nebst dem Interesse auch das Geschlecht auf der individuellen, sowie der Schultyp auf der Klassenebene einbezogen.

Modelle mit Interesse:

Level-1 Modell: Y = B0 + B1*(Geschlecht) + B2*(Interesse) + R
Level-2 Modell: B0 = G00 + G01*(Schultyp) + G02*(UK^{27}) + U0

Modelle ohne Interesse:

Level-1 Modell: Y = B0 + B1*(Geschlecht) + R
Level-2 Modell: B0 = G00 + G01*(Schultyp) + G02*(UK) + U0

Geschlechtergetrennte Modelle:

Level-1 Modell: Y = B0 + B1*(Interesse) + R
Level-2 Modell: B0 = G00 + G01*(Schultyp) + G02*(UK) + U0

5.7.5 Differenzielle Untersuchungen bei Mädchen und Jungen

Die Verteilung der Mädchen und Jungen ist auf Tabelle 5.1.13 ersichtlich. Im Schultyp Gymnasium gehen deutlich mehr Mädchen zur Schule (D: 59%; CH: 58%).

Die Anzahl Mädchen und Jungen pro Klasse variiert beträchtlich, das Minimum pro Klasse ist bei beiden Geschlechtern fünf, das Maximum liegt bei den Mädchen bei 24, bei den Jungen bei 17. Der Einfluss des Geschlechts wird in dieser Arbeit anhand von Cross-Level-Interaktionen (Geschlecht mit Merkmalen der Unterrichtskommunikation) und anhand von geschlechtergetrennten Mehrebenenanalysen berechnet (siehe Kapitel 6.4).

---

27 *UK=jeweilige Ausprägung der Unterrichtskommunikation*

Tabelle 5.1.13: Verteilung der Stichprobe nach Mädchen und Jungen

Land und Schultyp	Klassen	Mädchen		Jungen	
	n	n	M (SD)	n	M (SD)
Deutschland (9. Schuljahr)					
Realschule	11	149	13.6 (3.14)	161	14.6 (3.17)
Gymnasium	9	135	15.0 (4.80)	93	10.3 (3.64)
Schweiz (8. Schuljahr)					
Sekundarschule	16	143	8.94 (2.26)	67	10.44
(2.99)					
Untergymnasium	3	37	12.3 (0.58)	27	9.0 (1.00)
CH und D total	39	464	11.9 (4.03)	448	11.5 (3.63)

M=Mittelwert, SD=Standardabweichung

Inwiefern sich die Auswertungen der Unterrichtskommunikation im Zusammenhang mit motivationalen und emotionalen Aspekten des Unterrichtserlebens für die beiden Geschlechter unterscheiden, ist eine interessante Frage. Gerade im Fach Mathematik gibt es zahlreiche Hinweise auf entscheidende Unterschiede in Bezug auf Interesse, Selbstkonzept, Prüfungsangst und Leistung (vgl. Goetz et al., 2013; Jurik et al., 2013; TIMSS 1997; Labudde & Zalesak, 2000; Krapp, 2002; PISA2-Studie, 2003; Dickhäuser & Meyer, 2006; Neuschmidt, Barth & Hastedt, 2008; Hyde, Fennema, Ryan, Frost & Hopp, 1990).

Die geschlechtergetrennten Ausprägungen der verwendeten Skalen des motivationalen und emotionalen Unterrichtserlebens werden in der Tabelle 5.1.14 dargestellt. Die Auswertungen zeigen nicht in allen Merkmalen des Unterrichtserlebens signifikante Unterschiede für die beiden Geschlechter:

- *Hoch signifikante Unterschiede:* Mathematikbezogenes Interesse (Jungen > Mädchen), positive Affektivität (Jungen > Mädchen) und Dimensionen der Zielorientierung (Jungen > Mädchen).
- *Signifikante Unterschiede:* Soziale Eingebundenheit (Mädchen > Jungen), Motivierungsfähigkeit (Jungen > Mädchen) und Autonomieunterstützung (Mädchen > Jungen).

- *Keine signifikanten Unterschiede:* Beziehung zur Lehrperson, Kompetenzunterstützung, Unterstützung des Selbstbestimmungserlebens und negative Affektivität.

Tabelle 5.1.14: Mittlere Ausprägung, Standardabweichung und Mittelwertvergleiche der verwendeten Skalen, getrennt nach Geschlecht

Motivational-emotionales Erleben	Mädchen		Jungen		t-Test♀♂
	n	M (SD)	n	M (SD)	
Interesse	460	2.52 (0.70)	438	2.88 (0.66)	***
Autonomie-unterstützung	450	2.69 (0.61)	432	2.77 (0.57)	*
Selbstbestimmungs-erleben	423	2.85 (0.61)	392	3.00 (0.66)	ns.
Kompetenz-unterstützung	450	2.80 (0.57)	434	2.87 (0.61)	ns.
Beziehung zur LP	460	2.84 (0.66)	438	2.86 (0.64)	ns.
Motivierungs-fähigkeit	455	2.30 (0.72)	435	2.46 (0.76)	**
Soziale Eingebundenheit	451	3.42 (0.59)	433	3.30 (0.62)	**
Mastery Goals	455	2.60 (0.63)	432	2.78 (0.69)	***
Perform. Approach	455	2.73 (0.76)	430	2.96 (0.75)	***
Perform. Avoid	455	2.60 (0.63)	431	2.71 (0.63)	**
pos. Affektivität	455	3.33 (0.81)	433	3.58 (0.80)	***
neg. Affektivität	455	1.69 (0.74)	433	1.63 (0.75)	ns.

M=Mittelwert; SD=Standardabweichung; t-Test für unabhängige Stichproben; $p<.05$; **$p<.01$; ***$p<.001$; ns.=nicht signifikant

Die deutlichen geschlechterspezifischen Ausprägungen des mathematikbezogenen Interessens und der damit verbundenen positiver Affektivität bestätigen die empirischen Befunde aus der Literatur. Ergebnisse aus der Studie von Rakoczy (2008) zeigen, dass entgegen den Erwartungen in Bezug auf die aktuelle intrinsische Motivation in den Pythagoras-Lektionen keine relevanten Unterschiede zwischen Mädchen und Jungen nachweisbar sind (im Gegensatz zu den Textaufgaben). Unter Kontrolle des Interesses zeigen die Mädchen sogar etwas höhere Werte (ebd., S. 189). Eine Erklärung könnte sein, dass die Satzgruppe des Pythagoras für Mädchen und Jungen gleichermassen neu ist und die Schülerinnen und Schüler noch keine Gelegenheit hatten, eine Meinung und Interessensbeziehung zu diesem Thema aufzubauen.

5.7.6 Datenschutz und Datenaufbereitung

Videoanalysen erfordern ein besonderes Augenmerk im Zusammenhang mit Datenschutz, da die Videoaufzeichnungen keine vollständige Anonymisierung im herkömmlichen Sinne bei der Datenaufbereitung zulassen. Den Teilnehmenden des Projektes wurde die Einhaltung des Datenschutzes prinzipiell gewährleistet: Lehrpersonen und Schülerinnen und Schüler gaben ihre schriftliche Einwilligung zur wissenschaftlichen Verwendung und konnten zudem die Verwendungszwecke der Daten abgestuft einschränken, zum Beispiel nur für Analysen oder für Analyse und Ausbildung. So wurden die geltenden Standards des Datenschutzes vollständig erfüllt und gleichzeitig möglichst viel Material für Dokumentations-, Aus- und Weiterbildungszwecke zugänglich gemacht (Hugener et al., 2006).

Im Anschluss an die Aufnahmen wurden sämtliche Videobänder in ein digitales Format transformiert (MPEG-1). Die Transkription der Videos (einschliesslich Organisation und Qualitätskontrolle) entspricht im Wesentlichen den Leitlinien der Standards der TIMSS-Videostudie von 1999 (vgl. Jacobs et al., 2003) und wurde an die lokalen Verhältnisse angepasst (Pauli & Reusser, 2002).

142

6 Ergebnisse

Die Datenauswertungen wurden mit dem SPSS[28] Programm und dem Programm HLM[29] (Raudenbush et al., 2001) durchgeführt.

Die Präsentation der Ergebnisse erfolgt in folgender Reihenfolge:

- Beschreibende Statistik der analysierten Unterrichtskommunikation (Kapitel 6.1)

- Qualitativer Einblick in die Unterrichtskommunikation (Kapitel 6.2)

- Mehrebenenanalysen (Kapitel 6.3). Zusammenhänge der Unterrichtskommunikation mit

  o der wahrgenommenen Autonomieunterstützung (6.3.1)
  o dem Selbstbestimmungserleben (6.3.2)
  o mit der wahrgenommenen Kompetenzunterstützung (6.3.3)
  o mit der sozialen Eingebundenheit (6.3.4)
  o mit der Zielorientierung (6.3.5)
  o mit der positiven und negativen Affektivität (6.3.6)

6.1 Beschreibende Statistik der analysierten Unterrichtskommunikation

Das Kernstück dieser Arbeit ist die Analyse der Unterrichtskommunikation von 39 Lehrpersonen in den videographierten Lektionen der Einführung in die Satzgruppe des Pythagoras.

Tabelle 6.1.1 zeigt die Verteilung der erfassten Kategorien der Unterrichtskommunikation über die gesamte Stichprobe. Über alle Lehrpersonen verteilt ergeben sich durchschnittlich 35% (SD=17.9) instruktional unterstützende Kommunikation, in der Kategorie motivationale Unterstützung liegen die Anteile bei 25% (SD=12.7). Bemerkenswert ist, dass die unterstützenden Anteile der Unterrichtskommunikation klar überwiegen. Die Differenz zu 100% resultiert daraus, dass im Mittel bei ca. 35% der erfassten Dialoge weder eine unterstützende noch eine nicht unterstützende Kommunikation vorliegt, zum Bei-

---

28 IBM SPSS Statistics Version 19,
    http://www-01.ibm.com/software/de/analytics/spss/products/statistics/index.html,
    abgerufen am 20.11.2011.
29 Hierarchical Linear Modeling, http://www.ssicentral.com/hlm/index.html, abgerufen am
    20.11.2011.

spiel organisatorische, nicht aufgabenbezogene, nicht codierbare (unverständliche Aussagen) oder neutrale Aussagen.

Tabelle 6.1.1: Mittlere Ausprägung und Standardabweichung der Unterrichtskommunikation in Prozenten

Unterrichtskommunikation (n=39 Klassen)	M (SD)	min/max
instruktional unterstützend	35.13 (17.88)	6/73
instruktional nicht unterstützend	11.87 (12.70)	0/47
motivational unterstützend	25.49 (14.20)	2/67
motivational nicht unterstützend	06.82 (9.43)	0/44

Gesamtübersicht (Abbildung 6.1). Die Abbildung zeigt die Verteilung der Gesamtwerte der unterstützenden und nicht unterstützenden Kategorien (inklusive Weder-noch-Kategorie) über alle Lehrpersonen. Es ist ersichtlich, dass die 39 Lehrpersonen sehr unterschiedliche Muster der Unterrichtskommunikation zeigen. Es wird deutlich, dass der unterstützende Anteil deutlich grösser als der nicht unterstützende Anteil ist. Die Fläche dazwischen symbolisiert den Anteil an „Weder-noch"-Kommunikation (keine Codierung).

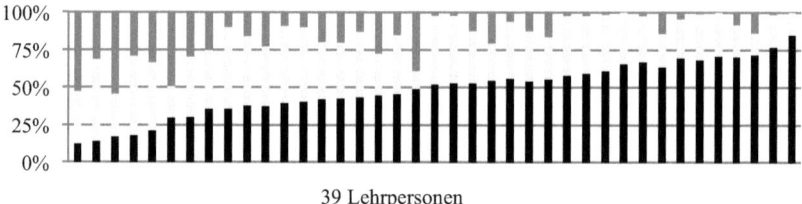

Abbildung 6.1: Anteile der unterstützenden und nicht unterstützenden Unterrichtskommunikation bei den einzelnen Lehrpersonen

Verteilung der unterstützenden Kategorien (Abbildung 6.2). Das Verhältnis der Anteile an instruktional und motivational unterstützenden Unterrichtsdialogen ergibt ebenfalls ein Bild starker Varianz der Lehrpersonen.

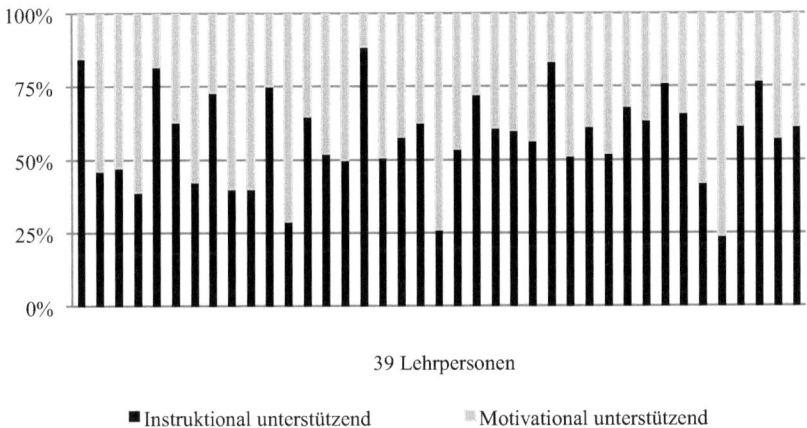

39 Lehrpersonen

■ Instruktional unterstützend ▨ Motivational unterstützend

Abbildung 6.2: Anteile der instruktional und motivational unterstützenden Unterrichtskommunikation bei den einzelnen Lehrpersonen

Unabhängig davon, wie gross der gesamte Anteil an unterstützender Unterrichtskommunikation ist, fällt die Mischung von instruktional und motivational sehr unterschiedlich aus. Keine Lehrperson hat nur Anteile von der einen oder anderen Kategorie und alle Lehrpersonen weisen unterstützende Unterrichtsdialoge auf. Die instruktionale Kategorie ist sichtlich dominanter als die motivationale.

Verteilung der nicht unterstützenden Kategorien (Abbildung 6.3). Die Verteilung der motivationalen und instruktionalen nicht unterstützenden Unterrichtskommunikation sieht etwas anders aus – es gibt Lehrpersonen ohne jegliche nicht unterstützende Unterrichtskommunikation.

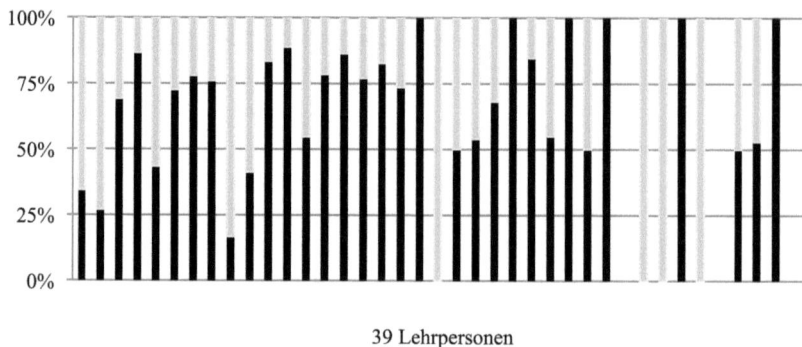

39 Lehrpersonen

■ Instruktional nicht unterstützend   ▪ Motivational nicht unterstützend

Abbildung 6.3: Anteile der instruktional und motivational nicht unterstützenden Unterrichtskommunikation bei den einzelnen Lehrpersonen

Verteilung aller vier Kategorien der Unterrichtskommunikation (Abbildung 6.4). Auf der letzten Abbildung ist die Verteilung über alle vier Kategorien aufgezeichnet. Sie zeigt deutlich auf, dass die 39 Lehrpersonen sehr unterschiedliche Muster der Unterrichtskommunikation aufweisen.

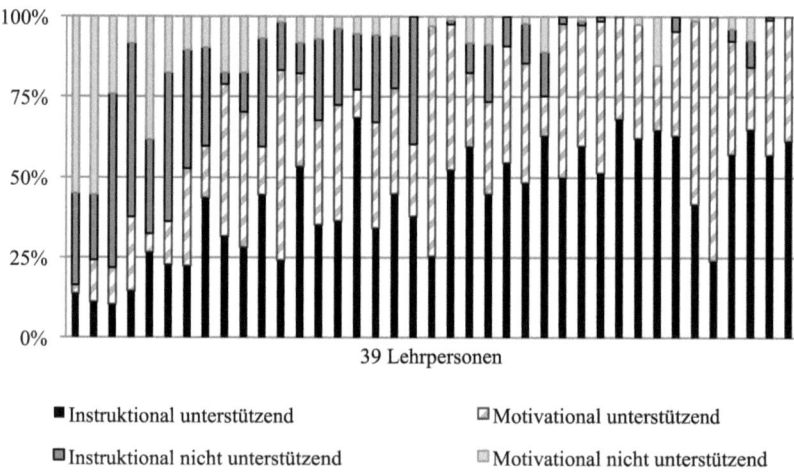

39 Lehrpersonen

■ Instruktional unterstützend   ▫ Motivational unterstützend

▣ Instruktional nicht unterstützend   ▫ Motivational nicht unterstützend

Abbildung 6.4: Anteile der Unterrichtskommunikation (alle Kategorien) bei den einzelnen Lehrpersonen

6.2 Qualitativer Einblick in die Unterrichtskommunikation

Die ausgewählten Beispiele von gelungener oder eher kritischer Unterrichtskommunikation sind keine eigentliches Resultate, sondern eine kleine Auswahl an bemerkenswerten Unterrichtsdialogen. Sie dienen primär dem Verständnis, wie sich die Analyseeinheiten dieser Arbeit präsentieren.

Der Einblick in die acht Beispiele zeigt, wie unterschiedlich sich diese Mikrosequenzen an Unterrichtskommunikation im Unterricht darstellen. Damit wird vorstellbar, wie die Summe einzelner Dialoge die Stimmung im Unterricht, das Lernklima, das Autonomie- und Selbstbestimmungserleben, die Beziehung zur Lehrperson oder die wahrgenommene Zielorientierung beeinflussen können.

Die Einblicke in die Unterrichtssituationen zeigen, mit wie wenig Interventionen eine Lehrperson ein lernförderliches Unterrichtsklima im Sinne einer *,Learning Community'* (vgl. Collins et al., 1989; Palincsar & Brown, 1989) ermöglichen oder verhindern kann. Die Resultate der Mehrebenenanalysen ergeben schlussendlich Gewissheit, ob und wie die unterstützende Unterrichtskommunikation tatsächlich einen Zusammenhang mit dem motivationalen Unterrichtserleben der Schülerinnen und Schüler hat.

Beispiel 1. Die Schülerinnen und Schüler erhalten von der Lehrperson eine Aufgabe zur Erarbeitung des Satzes des Pythagoras. Die Lehrperson lässt die Gruppen explorieren und Ideen verschriftlichen, überzeugt davon, dass alle etwas dazu beitragen können, alle Gedanken wichtig sind, und fordert sie gleichzeitig heraus, indem sie subtil auf die Komplexität der Aufgabe hinweist.

T: Und dann gilt es immer noch zu überlegen, was hat das Ganze mit dieser Formel da vorne zu tun. Also, es ist ziemlich komplex, hm. Und schreibt alles auf, was ihr euch überlegt, was ihr tut, alles überlegt, was ihr denkt und hirnt, aufschreiben. Also, jeder ein Schreiber, und los, und Notizen, Stichworte, quer durch – egal wie, hm." [...]

T: Wie sieht das (aus)? – Also, es hat funktioniert, oder? Jetzt habt ihr mal den ersten Satz erledigt, oder? Ja. Bis dahin. So und jetzt kommt der zweite als nächster (Punkt). Komm, Marc[30], da! Und dann notiert euch Stichworte! Schreibt auf, was ihr denkt! Da! Ihr habt schon sehr viel nachgedacht, löst euch jetzt ( ), sondern schreibt auf, was ihr hirnt. Alles ist wichtig!"

(Lehrperson 2112; L1 00:24:56:02)

---

30   Alle Namen von der Autorin geändert.

Beispiel 2. Das nächste Beispiel zeigt ebenfalls, wie die Lehrperson mit ihren Schülerinnen und Schülern eine Art ‚Learning Community' bildet, indem sie Verantwortungen teilt, die Lernenden ihre Lösungswege explizieren lässt und anregt, sich gegenseitig zu helfen. Nach dem Auftrag der Lehrperson beginnen die Diskussionen an der Wandtafel.

> *T: Also es sollen sich nach Möglichkeit zwei Gruppen bilden. Und geht mal nach vorne, versucht es mal, diskutiert. Und dann kommen vielleicht noch andere dazu und geben euch Tipps. Also Andreas und Beat, geht mal nach vorne. Macht eure Gedanken laut für alle.*
>
> *[...]*
>
> *T: Also legt mal die [Schreiber; Anmerkung der Autorin] ab, unabhängig, wie weit dass ihr seid. Unterbrecht sie, wenn ihr Probleme seht, unterbrecht sie wenn ihr es nicht versteht. Gebt ihnen Tipps, wenn ihr seht: oh die sind ja völlig falsch... Andreas und Beat, versucht zu allen zu sprechen jetzt. [...] Ihr müsst diskutieren.*

(Lehrperson 2113; L3 00:34:54:06)

Beispiel 3. Die folgende Lehrperson stellt eine herausfordernde Aufgabe, weckt damit Interesse und Neugier und schafft mit wenig Worten ein angstfreies, ermutigendes und unterstützendes Klima. Ein Beispiel gelungener, unterstützender und motivierender Unterrichtskommunikation.

> *T: Ich denke, diese Bilder werden euch helfen und ich bin sicher, dass ihr in den Gruppen, in denen ihr jetzt zusammen sitzt, rauskriegt, worum es da geht. Es ist nicht so klar formuliert, ihr müsst da schon ein bisschen selber denken. [...] Messen, rechnen und eure Schlüsse daraus ziehen! ... Ich bin einmal gespannt, wie das funktioniert, aber ich bin mir sicher, ihr kriegt das raus.*
>
> *[ca. 10 min – die Lehrperson geht von Gruppe zu Gruppe und berät diese]*
>
> *T: So, wir werden gleich einmal kurz zusammenfassen was ihr rausgekriegt habt. Bitte notiert euch auch eure Überlegungen so, dass ihr sie selber nachvollziehen könnt. [...] Das geht auch ganz schnell. So, ich würde jetzt gerne uns einmal wieder gleichschalten und einmal hören, wie weit ihr gekommen seid, was ihr gemacht habt. Erst einmal, was habt ihr gemacht? Und habt ihr etwas rausbekommen? Traut euch!*

(Lehrperson 1117; L1 - 00:25:42:00)

Beispiel 4. Im nächsten Dialog arbeitet die Lehrperson mit einer sehr schwachen Schülergruppe: Sie ermutigt die Schülerinnen und Schüler, dran zu bleiben, noch mehr herauszufinden, weiter zu explorieren, mit anderen zu kooperieren und zu diskutieren. Sie traut ihnen zu, selbstständig noch näher zur Lösung zu kommen, und möchte ihnen nicht einfach das Resultat präsentieren. Der kurze Auszug des Dialogs beginnt mit der Lehrperson.

T: Seid ihr fertig?

S: Nein.

T: Was habt ihr bereits herausgefunden?

S: Gar nichts. ... Dies hier ist ein Quadrat.

T: Ja. Das ist ein Quadrat. ... Und was hast du sonst noch herausgefunden?

S: Dies hier ist auch ein Quadrat.

T: Ja, sehr gut.

S: Das ist auch ein Quadrat.

T: Jawohl. Und jetzt – jetzt musst du noch ein wenig weiterdenken. ... Von mir aus. Jetzt studiert ihr noch ein wenig weiter. Ja, dort hast du es einfach nicht so ganz perfekt, aber du kannst trotzdem mitdiskutieren, hm. Und du hast auch schon etwas?

S: Das sind Rechtecke. ... Aber mehr weiss ich nicht. Es sind überall neunzig Grad.

T: Du kannst noch mehr herausfinden. ... Ja sicher.

S: Ja Sie, wie meinen Sie das jetzt. (Eher) mit Figuren oder eher mit – mit den Massen.

T: Alles. ... Du kannst alles einbeziehen. Alles, was dir ... was du mit deiner Fantasie herausfindest, ist gut.

(Lehrperson 2105; L1 00:17:29:28)

Beispiel 5. Im nächsten Dialog wird sichtbar, wie die Lehrperson offen für die Gedankengänge des Schülers ist, sie an den Erklärungen interessiert ist und dessen unkonventionellen Lösungsansatz respektiert und wertschätzt. Die Lehrperson versucht ernsthaft, die Gedankengänge der Schülerinnen und Schüler zu verstehen, im Sinne der geteilten Verantwortung und um deren Kompetenzstand zu diagnostizieren, um wertschätzend auf den Beitrag des Schülers zu reagieren und entsprechende Unterstützung geben können. Die Lehrperson beginnt den Dialog.

> *T: Wie komme ich jetzt zu diesem Punkt hier? Der muss doch – der muss doch hier irgendwo sein, aber wo ist er? SIMON?*

> *S: Ja, auf der linken Seite beim ersten [...] darauf auf, bei dem Rechteck, da brauchen wir auch die Mitte, also ja, genau, hier. Und – äh – da machen wir auch einen Thaleskreis rum. Und jetzt kann man – ähm – ablesen, wie viel Grad das sind, also von rechts oben (der Winkel) [...].*

> *T: SIMON du kannst mir das geschwind zeigen, welchen du meinst? Ja komm, zeig mir's geschwind. SIMON hat eine Idee, die ich nicht hatte.*

> *S: Ja, also, ich dachte, hier den Winkel abmessen und hier den Winkel, äh, ja hier den Winkel nehmen und dann verbinden, da mit dem Punkt.*

> *T: Mhm. Aber welchen jetzt ganz, ganz genau, welchen Winkel willst du messen?*

> *S: Den hier.*

> *T: Den hier. Nun gut, der – wo würdest du ihn jetzt einzeichnen? Hier – Ja, und ... dann kommst du zu?*

> *S: Dem Punkt.*

> *T: Dem Punkt, ok. SIMON hat eine Lösung, auf die bin ich nicht gekommen. Die ist richtig, die Lösung.*

(Lehrperson 1222; L2 00:14:42:29)

Beispiel 6. Häufig wird die Frage nach dem Verbalisieren des Lösungsweges jedoch nur pro forma gestellt, wie in den folgenden drei Dialogen. Die Lehrperson bittet ihre Schülerinnen und Schüler, ihre Gedanken in eigenen Worten zu erklären, um nach der ersten Aussage sofort wieder die direktive Führung zu übernehmen, abgesehen davon, dass der erste Schüler sogar „übersprungen" wird. Ob die Schülerin etwas verstanden hat, wird nicht überprüft. Die Lehrperson beginnt den Dialog.

> *T: Kann es jemand noch mit den eigenen Worten schnell wiederholen? STEFAN, bitte.*

> *S: (-) [Stefan sagt nichts]*

> *T: Noch nicht? Also, SAHRA nochmals! STEFAN muss – braucht noch – ist es in Ordnung?*

S: Also, wenn man das – wenn man ... das wegnimmt, müssen diese Quadrate gleich gross sein. Eh, die Dreiecke. Bei diesen Dreiecken.

T: Hier hast du...super gelegt – hast du doch C-Quadrat, hier in der Mitte, hier?

S: Klar!

T: Bleib nur hier – hier hast du A und B.

S: Ja.

T: Und hier hast du B und A. Also, ist die ganze Figur – ist wie gross? Ein Quadrat mit der Seitenlänge A plus B. Und hier dasselbe, hier hast du A ... und hier hast du B. ... Und hier hast du B-Quadrat – also B – und hier hast du A. ... Ein Quadrat mit der Seitenlänge A plus B. ... Die sind gleich gross.

S: Ja.

T: Bei beiden Quadraten kannst du vier gleiche Dreiecke wegnehmen. Hier ... und hier kannst du vier gleiche Dreiecke wegnehmen. ... Übrig bleibt C-Quadrat und hier drüben bleibt übrig, B-Quadrat plus A-Quadrat. Wenn du das Gleiche weggenommen hast, dann muss der Rest auch gleich gross sein.

S: Ja.

(Lehrperson 2115; L1 00:41:21:02)

Beispiel 7. Die nächste Lehrperson ist ebenfalls auf Fehlerfreiheit und auf die korrekte Lösung fokussiert und vergibt damit die wertvollen Chancen, die falschen Antworten der Schüler konstruktiv als Lerngelegenheit zu nutzen, indem sie sich zum Beispiel erklären liesse, weshalb der Schüler auf die entsprechende falsche Antwort kommt. Die Lehrperson beginnt den Dialog.

T: Das Ganze ist ja ein riesiges Quadrat ... und wenn wir jetzt annehmen, wir kennen die Längen A und B, wie gross ist dann der Flächeninhalt?

S: A plus B?

T: JONAS?

S: A Quadrat mal B Quadrat?

T: Stimmt auch noch nicht, BENJAMIN?

S: A plus B mal zwei – eh, also A plus B mal A plus B.

T: Ah, das klingt schon besser...

(Lehrperson 1107; L1 00:12:22:02)

Beispiel 8. Auch die folgende Lehrperson ist im „Dialog" mit den Schülerinnen und Schülern, ohne jedoch darauf einzugehen, ob diese etwas verstanden haben, sondern nur mit dem Ziel, dass der Satz des Pythagoras am Schluss korrekt im Heft steht. Die Suche nach dem korrekten Lösungssatz erfolgt in einem Ping-Pong-Dialog, in dem das inhaltliche Verstehen komplett verloren geht.

T: Wenn, GEORG? Ein Dreieck ist dann rechtwinklig, wenn?

S: Wenn ... die Kathete ... hoch zwei und die andere Kathete hoch zwei ... die Hypotenyse – tenuse ergibt.

T: So! Jetzt müssen wir – eh – die Katheten. Es fehlt noch – es fehlt noch eines, was musst du nämlich mit diesen beiden Katheten hoch zwei noch machen?

S: Die muss man addieren.

T: Addieren. Und wie nennt man noch einmal das Ergebnis einer Addition? ... Wie nennt man?

S: Das nennt man Summe.

T: Wenn ... wie formulieren wir das jetzt? Die Summe? Der beiden ... Ka - the - ten - Der beiden Kathetenquadrate – wenn die Summe der beiden Kathetenquadrate?

S: Die Summe der Hypo – Hypotenese – tenuse

T: Ja, Moment, bei der Hypotenuse, GEORG, bei der Hypotenuse haben wir keine Summe. Ist ja nur eine.

S: Ja.

T: Summe haben wir ja deswegen gesagt, weil wir zwei Katheten haben und die beiden addieren müssen, bei der – eh – Hypotenuse müssen wir ja nur was machen?

S: (-)

T: Nein, ihr müsst ja ... quadrieren. Also, wenn die Summe der beiden Kathetenquadrate?

S: Das Ergebnis? Muss die Hypotenuse ergeben.

T: Nein, nicht die Hypotenuse, sondern – guck doch einmal, was haben wir denn mit der Hypotenuse da unten gemacht? ... Hier, was haben wir denn mit der Hypotenuse gemacht?

S: Das?

T: So! Also, LEONIE, kannst du einmal vorlesen? ... Oder – ich hoffe, du kannst es lesen.

S: Ja, ein Dreieck ist dann rechtwinklig, wenn die Summe der beiden ... Kathetenquadrate des – das Hypotenusenquadrat ergeben.

T: Ja? ... Also, können wir uns das jetzt aufschreiben?

(Lehrperson 1114; L2 - 00:12:21:00)

6.3 Resultate der Mehrebenenanalysen

Im Folgenden werden die Resultate der Mehrebenenanalysen zu den Zusammenhängen des Unterstützungsgrades in der Unterrichtskommunikation mit den für das motivationale und emotionale Unterrichtserleben bedeutenden Variablen aus der Schülerbefragung vorgestellt. Zur Auswertung wurde das Programm HLM verwendet (Raudenbush et al., 2001). Alle verwendeten Variablen wurden z-standaradisiert.

Kovariablen: Wie in Kapitel 5.7.4 erklärt, sind die Modelle über die Gesamtstichprobe jeweils mit und ohne Interesse gerechnet. In den nachfolgenden Tabellen wird dies so dargestellt:

- Reguläre Schrift: Modell wurde mit Interesse als Kovariable gerechnet.

- *Kursive Schrift:* Modell wurde ohne mathematikbezogenes Interesse als Kovariable gerechnet.

Vorweggenommen sei gesagt, dass sich die Modelle dadurch nur geringfügig unterscheiden. Die Modelle sind zudem mit dem Schultyp auf Klassenebene und dem Geschlecht auf individueller Ebene kontrolliert.

Geschlechterspezifische Auswertungen. Die geschlechterspezifischen Auswertungen der Zusammenhänge der Unterrichtskommunikation mit den Aspekten des motivationalen und emotionalen Unterrichtserlebens folgen den Auswertungen der Gesamtstichprobe. Die Modelle beschränken sich jeweils auf die Gesamtheit der unterstützenden Unterrichtskommunikation (U) und nicht unterstützenden Unterrichtskommunikation (NU). Auf eine Differenzierung zwischen motivationaler und instruktionaler Unterstützung wird in diesen Auswertungen aufgrund der Erkenntnis aus den Ergebnissen der Gesamtstichprobe verzichtet.

Die geschlechterdifferenzierten Mehrebenen-Modelle werden je für zwei Stichproben gerechnet:

- Mädchen: 39 Klassen mit 464 Schülerinnen
- Jungen: 39 Klassen mit 448 Schülern

Auf eine Unterscheidung der Modelle mit und ohne Interesse wird in den geschlechtsspezifischen Auswertungen verzichtet.

6.3.1 Zusammenhänge der Unterrichtskommunikation mit der wahrgenommenen Autonomieunterstützung

6.3.1.1 Auswertungen über die Gesamtstichprobe

Die Unterstützung der Autonomie der Schülerinnen und Schüler durch die Unterrichtskommunikation äussert sich in der Ermunterung zu selbstständigem Arbeiten und Eigeninitiative, im Erfragen der Vorgehensweise in der Problemlösung oder in der Ermöglichung von Diskussionen und Argumentationen. Die Lehrperson fördert die Schülerinnen und Schüler in eigenständigen Entscheidungen in der Aufgabenwahl und -lösung und begleitet sie im Lernprozess wirksam.

ICC: Der erste Schritt einer Mehrebenenanalyse besteht darin, den Intraklassen-Koeffizienten der entsprechenden Variablen zu ermitteln (vgl. dazu Kapitel 5.7.4). Der ICC der wahrgenommenen Autonomieunterstützung ist mit 0.05 klein und bedeutet, dass nur 5% der Gesamtvarianz auf Unterschiede zwischen den Klassen beruht.

Die Modellreihe in der Tabelle 6.1.2 zeigt, inwieweit die beobachtete Unterrichtskommunikation dazu beiträgt, dass sich die Schülerinnen und Schüler in ihrer Autonomie unterstützt fühlen.

Bedeutung der Unterrichtskommunikation: Die Art der Unterrichtskommunikation hängt signifikant mit der wahrgenommenen Autonomieunterstützung zusammen: Je mehr unterstützende Dialoge vorkommen, desto grösser sind die Zusammenhänge der von den Schülerinnen und Schülern wahrgenommenen Autonomieunterstützung mit den Ausprägungen der Unterrichtskommunikation. Es lassen sich jedoch keine Unterschiede zwischen instruktionaler und motivationaler Unterstützungskommunikation feststellen. Die Hypothese, dass bei Schülerinnen und Schülern, die in ihrer Klasse mehr instruktionale und motivationale unterstützende Unterrichtsdialoge erfahren, eine höhere Wahrnehmung der Autonomieunterstützung festgestellt werden kann, kann bestätigt werden. Die Effekte sind aber gering.

Tabelle 6.1.2: Mehrebenenanalysen zu den Zusammenhängen der Unterrichtskommunikation mit der wahrgenommenen Autonomieunterstützung

Modell	1 b (SE)	2 b (SE)	3 b (SE)	4 b (SE)	5 b (SE)
Klassenebene					
Schultyp[a]	0.12 (0.09)	0.09 (0.09)	0.11 (0.1)	0.09 (0.1)	0.09 (0.1)
U	0.12* (0.05) *0.13** (0.05)*				
NU		-0.13* (0.06) *-0.14* (0.06)*			
IU			0.08 (0.05) *0.09 (0.05)*		
INU				-0.09 (0.07) *-0.10 (0.07)*	
MU					0.07 (0.05) *0.07 (0.06)*
Individualebene					
Geschlecht[b]	-0.06 (0.07) *-0.13* (0.06)*	-0.06 (0.07) *-0.14* (0.06)*	0.06 (0.07) *-0.13**	-0.06 (0.07) *-0.13* (0.06)*	-0.06 (0.07) *-0.12 (0.06)*
Interesse	0.37*** (0.04)	0.37*** (0.04)	0.37*** (0.04)	0.37*** (0.04)	0.37*** (0.04)
Interaktion					
U x Interesse	0.01 (0.03)				
NU x Interesse	-0.02 (0.03)				

kursive Zahlen: Modell ohne mathematikbezogenes Interesse kontrolliert
*p<.05; **p<.01; ***p<.001; b=Regressionskoeffizienten; *SE*=Standard Fehler von *b*
[a] 0=Gymnasium oder gymnasialer Zweig der Gesamtschule; 1=Realschule oder Realschulzweig der Gesamtschule;
[b] 0=Mädchen, 1=Jungen; 39 Klassen; 865 Schülerinnen und Schüler
U=unterstützende Unterrichtskommunikation (UK); NU=nicht unterstützende UK;
IU=instruktional unterstützende UK; INU=instruktional nicht unterstützende UK;
MU=motivational unterstützende UK.

Kovariablen: Die dargestellten Resultate zeigen, dass weder Schultyp noch Geschlecht bedeutsam mit der wahrgenommenen Autonomieunterstützung zusammenhängen, wenn das mathematikbezogene Eingangsinteresse simultan einbezogen wird. Das mathematikbezogene Interesse ist erwartungsgemäss bedeutsam. Wird dieses weggelassen, erhält das Geschlecht signifikante Werte.

Cross-Level-Interaktion: Die Prüfung der Cross-Level-Interaktion (Unterstützungsgrad der Unterrichtskommunikation mit mathematikbezogenem Interesse) ergibt keinen bedeutsamen Ergebnisse. Der Anteil der unterstützenden Unterrichtskommunikation hat keinen Effekt auf den Zusammenhang zwischen wahrgenommener Autonomieunterstützung und mathematikbezogenem Interesse.

6.3.1.2 Geschlechterspezifische Auswertungen

In Kapitel 5.7.4 wurden schon erste geschlechterspezifische Resultate dargestellt: Hinsichtlich des wahrgenommenen Autonomieerlebens ergeben sich eine geringe, aber signifikante Differenz zwischen den Mädchen und Jungen (vgl. Tab. 5.1.14). Mädchen geben im Durchschnitt etwas höhere Werte in der Einschätzung der Autonomieunterstützung an.

Die Regressionskoeffizienten der Mehrebenenanalysen für die geschlechtergetrennten Zusammenhänge der Ausprägung der Unterrichtskommunikation mit der Unterstützung des Autonomieerlebens werden in der Tabelle 6.1.3 dargestellt.

Tabelle 6.1.3: Mehrebenenanalysen zu den Zusammenhängen der Unterrichtskommunikation mit der Unterstützung des Autonomieerlebens, getrennt nach Mädchen und Jungen

Modell	Mädchen		Jungen	
	1 b (SE)	2 b (SE)	1 b (SE)	2 b (SE)
Klassenebene				
Schultyp[a]	0.17 (0.12)	0.12 (0.12)	0.10 (0.10)	0.10 (0.09)
U	0.17** (0.06)		0.05 (0.05)	
NU		-0.14 (0.08)		-0.11* (0.05)
Individualebene				
Interesse	0.36*** (0.05)	0.35*** (0.05)	0.38*** (0.04)	0.38*** (0.04)
Interaktion				
U x Geschlecht	-0.12** (SE=0.05)			
NU x Geschlecht	0.03 (SE=0.07)			

*p<.05; **p<.01; ***p<.001; b=Regressionskoeffizienten; SE=Standard Fehler von b
[a] 0=Gymnasium oder gymnasialer Zweig der Gesamtschule; 1=Realschule oder Realschulzweig der Gesamtschule;
U=unterstützende Unterrichtskommunikation (UK); NU=nicht unterstützende UK; Geschlechter getrennte Modelle: Mädchen: n=440 (39 Klassen); Jungen: n=422 (39 Klassen); Interaktionsmodelle: n=862 (39 Klassen)

Resultate Mädchen: Der Zusammenhang von unterstützender Unterrichtskommunikation mit der wahrgenommenen Autonomieunterstützung ergibt für die Mädchen ein signifikantes Ergebnis. Die Mädchen fühlen sich in ihrem Autonomieerleben umso mehr unterstützt, je mehr unterstützende Unterrichtskommunikation sie im Unterricht erfahren. Kein signifikantes Resultat konnte für den Zusammenhang mit der nicht unterstützenden Unterrichtskommunikation gefunden werden.

Resultate Jungen: Bei den Jungen ergibt sich ein umgekehrtes Bild: Ein signifikanter Zusammenhang zeigt sich für die Unterstützung des Autonomieerlebens mit der *nicht* unterstützenden Unterrichtskommunikation (nicht jedoch für die unterstützende Unterrichtskommunikation).

Kovariablen. Das Interesse ist für beide Geschlechter eine höchst signifikante Kovariable, im Gegensatz zum Schultyp, der keinen signifikanten Einfluss auf die wahrgenommene Autonomieunterstützung ausübt.

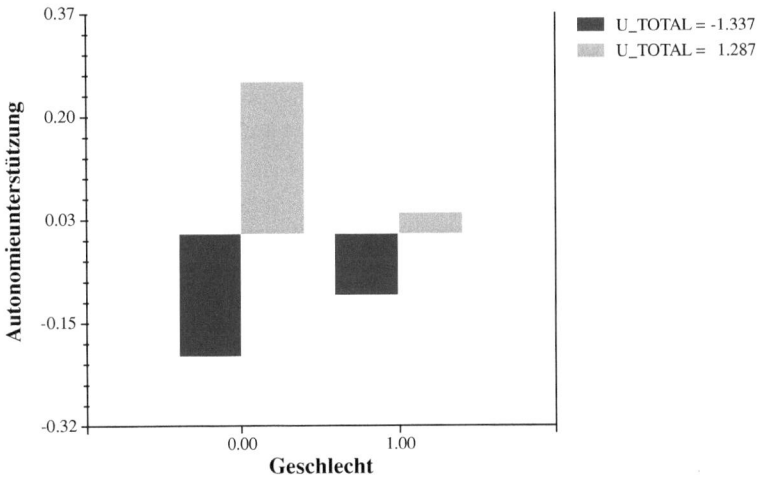

Geschlecht: 0=Mädchen; 1=Jungen; U =Gesamtheit der unterstützende Unterrichtskommunikation. Dargestellt sind die Durchschnittswerte des obersten und untersten Quartils (n=862 Schülerinnen und Schüler).

Abbildung 6.5 Cross-Level-Interaktion Autonomieunterstützung (Geschlecht mit Merkmalen der Unterrichtskommunikation)

Cross-Level-Interaktion: Die Prüfung der Cross-Level-Interaktion (Geschlecht mit der Ausprägung der unterstützenden Unterrichtskommunikation) ergibt signifikante Werte. Der Zusammenhang zwischen Geschlecht und wahrgenommener Autonomieunterstützung ist in Klassen mit höherem Anteil an unterstützender Kommunikation etwas stärker ausgeprägt. Der Effekt der Qualität der Unterrichtskommunikation auf Autonomieunterstützung unterscheidet sich in Abhängigkeit des Geschlechts, er nimmt bei den Mädchen gegenüber den Jungen zu (vgl. Abb. 6.5).

6.3.2 Zusammenhänge der Unterrichtskommunikation mit der Unterstützung des Selbstbestimmungserlebens

6.3.2.1 *Auswertungen über die Gesamtstichprobe*

Eine unterstützende Unterrichtskommunikation trägt zur Stärkung des Selbstbestimmungserlebens durch einer freundschaftlichen Atmosphäre und einem unterstützenden Sozialklima bei, in der sich Schülerinnen und Schüler ernst genommen fühlen und das Gefühl haben, dass die Lehrperson ihnen etwas zutraut. Die in der Tabelle 6.1.4 dargestellten Modelle zeigen die Zusammenhänge der Unterrichtskommunikation mit der Unterstützung des Selbstbestimmungserlebens, eingeschätzt durch die Schülerinnen und Schüler.

ICC: Der Intraklassen-Koeffizienten beträgt 0.18, was bedeutet, dass beachtliche 18% der Gesamtvarianz der Unterstützung des Selbstbestimmungserlebens durch die Unterschiede auf der Klassenebene erklärt werden können.

Kovariablen: Es zeigt sich wiederum, dass die Unterstützung des Selbstbestimmungserlebens davon abhängt, wie viel mathematikbezogenes Eingangsinteresse die Schülerinnen und Schüler mitbringen. Etwas weniger ausgeprägt ist der Zusammenhang mit dem Geschlecht, der Schultyp dagegen spielt diesbezüglich keine entscheidende Rolle. Wird das Interesse als Kovariable weggelassen, fällt die Wirkung des Geschlechts auch weg. Die Resultate, kontrolliert mit und ohne mathematikbezogenem Interesse, sind fast identisch.

Bedeutung der Unterrichtskommunikation: Der Anteil der unterstützenden Unterrichtskommunikation sagt die von den Schülerinnen und Schülern eingeschätzte Unterstützung des Selbstbestimmungserlebens signifikant positiv, der Anteil nicht unterstützende Unterrichtskommunikation signifikant negativ voraus. Analoge Zusammenhänge können auch für die instruktional unterstützende Unterrichtskommunikation aufgezeigt werden. Einzig die motivational unterstützende Kategorie ergibt keine signifikanten Zusammenhänge zur Unterstützung des Selbstbestimmungserlebens. Die Hypothese, dass bei Schülerinnen und Schülern von Lehrpersonen mit hohen Anteilen unterstützender Unterrichtskommunikation eine höhere Einschätzung der Unterstützung des Selbstbestimmungserlebens vorausgesagt werden kann, wird bestätigt.

Tabelle 6.1.4: Mehrebenenanalysen zu den Zusammenhängen der Unterrichtskommunikation mit der Unterstützung des Selbstbestimmungserlebens

Modell	1 b (SE)	2 b (SE)	3 b (SE)	4 b (SE)	5 b (SE)
Klassenebene					
Schultyp[a]	0.07 (0.15)	0.02 (0.14)	0.08 (0.15)	0.03 (0.14)	0.03 (0.14)
U	0.19** (0.06) *0.20** (0.07)*				
NU		-0.18** (0.06) *-0.20** (0.07)*			
IU			0.19** (0.06) *0.20** (0.07)*		
INU				-0.17* (0.07) *-0.18* (0.08)*	
MU					0.05 (0.07) *0.05 (0.08)*
Individualebene					
Geschlecht[b]	-0.15* (0.08) *-0.04 (0.08)*	-0.15* (0.08) *-0.04 (0.08)*	-0.15* (0.08) *-0.04 (0.08)*	-0.15*(0.08) *-0.04 (0.08)*	-0.15* *-0.04*
Interesse	0.38*** (0.04)	0.38*** (0.04)	0.38*** (0.04)	0.38*** (0.04)	0.38*** (0.04)
Interaktion					
U x Interesse	0.01 (0.04)				
NU x Interesse	-0.02 (0.04)				

kursive Zahlen: Modell ohne mathematikbezogenes Interesse kontrolliert
*p<.05; **p<.01; ***p<.001; *b*=Regressionskoeffizienten; *SE*=Standard Fehler von *b*
[a] 0=Gymnasium oder gymnasialer Zweig der Gesamtschule; 1=Realschule oder Realschulzweig der Gesamtschule;
[b] 0=Mädchen, 1=Jungen; 39 Klassen; 865 Schülerinnen und Schüler
U=unterstützende Unterrichtskommunikation (UK); NU=nicht unterstützende UK; unterstützende UK; IU=instruktional unterstützende UK; INU=instruktional nicht unterstützende UK; MU=motivational unterstützende UK.

Cross-Level-Interaktion: Es zeigt sich keine Cross-Level-Interaktion des Unterstützungsgrades der Unterrichtskommunikation mit dem mathematikbezogenen Interesse der Schülerinnen und Schüler. Der Anteil der unterstützenden Unterrichtskommunikation hat keinen Effekt auf den Zusammenhang zwischen der

Unterstützung des Selbstbestimmungserlebens und dem mathematikbezogenen Interesse.

6.3.2.2 Geschlechterspezifische Auswertungen

Der Vergleich des Ausmasses der von den Schülerinnen und Schülern eingeschätzten Unterstützung des Selbstbestimmungserlebens der Mädchen und Jungen zeigt keine signifikanten, geschlechterspezifischen Unterschiede (vgl. Tab. 5.1.14).

Die Zusammenhänge der Ausprägungen der Unterrichtskommunikation mit der Unterstützung des Selbstwirksamkeitserlebens, getrennt nach Geschlecht, werden in der Tabelle 6.1.5 abgebildet.

Tabelle 6.1.5: Mehrebenenanalysen zu den Zusammenhängen der Unterrichtskommunikation mit der Unterstützung des Selbstbestimmungserlebens, getrennt nach Mädchen und Jungen

Modell	Mädchen		Jungen	
	1	2	1	2
	b (SE)	b (SE)	b (SE)	b (SE)
Klassenebene				
Schultyp[a]	0.10 (0.15)	0.03 (0.17)	0.00 (0.17)	-0.03 (0.15)
U	0.21** (0.07)		0.13 (0.07)	
NU		-0.17* (0.08)		-0.19** (0.06)
Individualebene				
Interesse	0.38*** (0.06)	0.37*** (0.06)	0.38*** (0.06)	0.38*** (0.06)
Interaktion				
U x Geschlecht	-0.05 (SE=0.07)			
NU x Geschlecht	-0.05 (SE=0.07)			

*p<.05; **p<.01; ***p<.001; b=Regressionskoeffizienten; *SE*=Standard Fehler von b
[a] 0=Gymnasium oder gymnasialer Zweig der Gesamtschule; 1=Realschule oder Realschulzweig der Gesamtschule;
U=unterstützende Unterrichtskommunikation (UK); NU=nicht unterstützende UK; Geschlechter getrennte Modelle: Mädchen: n=439 (39 Klassen); Jungen: n=422 (39 Klassen); Interaktionsmodelle: n=861 (39 Klassen)

Resultate Mädchen: Beide Modelle ergeben bei den Mädchen signifikante Zusammenhänge: Die von den Mädchen eingeschätzte Unterstützung des Selbstbestimmungserlebens ergibt im Zusammenhang mit der unterstützenden Unterrichtskommunikation ein signifikantes, positives Ergebnis, sowie mit der nicht unterstützenden Unterrichtskommunikation ein signifikantes negatives Resultat.

Resultate Jungen: Bei den Jungen zeigt sich wiederum kein signifikantes Ergebnis für den Zusammenhang der Unterstützung des Selbstbestimmungserlebens mit der unterstützenden Unterrichtskommunikation, jedoch besteht ein signifikanter Zusammenhang mit der nicht unterstützenden Unterrichtskommunikation. Die Schüler berichten eine tiefere Unterstützung des Selbstbestimmungserlebens, wenn sie vermehrt nicht unterstützenden Unterrichtsdialogen ausgesetzt sind.

Kovariabeln. Das Interesse ist für beide Geschlechter eine höchst signifikante Kontrollvariable, der Schultyp hingegen hat keinen Einfluss auf die Modelle.

Cross-Level-Interaktion: Die Prüfung der Cross-Level-Interaktion (Unterstützungsgrad der Unterrichtskommunikation mit dem Geschlecht) ergibt keinen bedeutsamen Effekt. Der Anteil der unterstützenden Unterrichtskommunikation hat keinen Effekt auf den Zusammenhang zwischen der Unterstützung des Selbstbestimmungserlebens und Geschlecht.

6.3.3 Zusammenhänge der Unterrichtskommunikation mit der wahrgenommenen Kompetenzunterstützung

6.3.3.1 Auswertungen über die Gesamtstichprobe

Dieses Kapitel zeigt auf, inwiefern die beobachtete Unterrichtskommunikation mit der wahrgenommenen Kompetenzunterstützung zusammenhängt. Die Kompetenzunterstützung zeigt auf, wie gut sich die Schülerinnen und Schüler über ihre Fortschritte und ihr Verbesserungspotenzial informiert fühlen, ob sie für gute Leistungen Anerkennung erhalten, ob die Lehrerperson ihnen etwas zutraut und dies auch im Gespräch explizit ausdrückt oder ob sie Hilfestellungen anbietet, wenn Schülerinnen und Schüler Schwierigkeiten in einer Aufgabenstellung haben.

ICC: Der Intraklassen-Koeffizient beträgt 0.20. Dies bedeutet, dass ein Fünftel der Gesamtvarianz der wahrgenommenen Kompetenzunterstützung durch Unterschiede zwischen den Klassen erklärt wird.

Kovariablen: Das mathematikbezogene Interesse hat einen höchst signifikanten Einfluss auf die Kompetenzunterstützung, nicht aber das Geschlecht. Die Art des Schultyps zeigt ebenfalls keinen Zusammenhang zur wahrgenommenen Kompetenzunterstützung auf. Wird das Interesse als Kovariable weggelassen, ergeben sich für die Zusammenhänge der Unterrichtskommunikation mit der Kompetenzunterstützung keine Unterschiede.

Bedeutung der Unterrichtskommunikation: Die Zusammenhänge der unterstützenden Unterrichtskommunikation mit der wahrgenommenen Kompetenzunterstützung sind bedeutsam, insbesondere ergibt der instruktional unterstützende Anteil der Unterrichtsgespräche ein hoch signifikantes Resultat (vgl. Tabelle 6.1.6). Die Hypothese, dass bei Schülerinnen und Schülern, die in ihren Klassen hohe Anteile an unterstützender (instruktionaler) Unterrichtskommunikation erleben, eine höhere Einschätzung der Kompetenzunterstützung vorausgesagt werden kann, wird bestätigt.

Tabelle 6.1.6: Mehrebenenanalysen zu den Zusammenhängen der Unterrichtskommunikation mit der wahrgenommenen Kompetenzunterstützung

Modell	1 b (SE)	2 b (SE)	3 b (SE)	4 b (SE)	5 b (SE)
Klassenebene					
Schultyp[a]	0.21 (0.17)	0.16 (0.16)	0.21 (0.17)	0.16 (0.16)	0.16 (0.18)
U	0.19* (0.07) *0.19* (0.08)*				
NU		-0.17 (0.07) *-0.18* (0.09)*			
IU			0.19** (0.07) *0.19** (0.07)*		
INU				-0.14 (0.01) *-0.15 (0.10)*	
MU					0.03 (0.07) *0.04 (0.08)*
Individualebene					
Geschlecht[b]	-0.06 (0.07) *0.09 (0.07)*	-0.06 (0.06) *0.09 (0.07)*	-0.06 (0.07) *0.09 (0.07)*	-0.06 (0.06) *0.09 (0.07)*	-0.06 (0.08) *0.09 (0.07)*
Interesse	0.31*** (0.04)	0.31*** (0.04)	0.31*** (0.04)	0.31*** (0.04)	0.31*** (0.04)
Interaktion					
U x Interesse	-0.03 (0.04)				
NU x Interesse	-0.01 (0.03)				

kursive Zahlen: Modell ohne mathematikbezogenes Interesse kontrolliert

*p<.05; **p<.01; ***p<.001; *b*=Regressionskoeffizienten; *SE*=Standard Fehler von *b*

[a] 0=Gymnasium oder gymnasialer Zweig der Gesamtschule; 1=Realschule oder Realschulzweig der Gesamtschule;

[b] 0= Mädchen, 1=Jungen; 39 Klassen; 865 Schülerinnen und Schüler

U=unterstützende Unterrichtskommunikation (UK); NU=nicht unterstützende UK; unterstützende UK; IU=instruktional unterstützende UK; INU=instruktional nicht unterstützende UK; MU=motivational unterstützende UK.

Cross-Level-Interaktion: Es kann keine Cross-Level-Interaktion von mathematikbezogenem Interesse mit Merkmalen des Unterrichtsgesprächs nachgewiesen werden. Der Anteil der unterstützenden Unterrichtskommunikation hat keinen Effekt auf den Zusammenhang zwischen der von den Schülerinnen und Schülern wahrgenommenen Kompetenzunterstützung und mathematikbezogenem Interesse.

6.3.3.2 Geschlechterspezifische Auswertungen

In der folgenden Tabelle 6.1.7 werden die geschlechterdifferenzierten Resultate der Mehrebenenanalysen zu den Zusammenhängen der wahrgenommenen Kompetenzunterstützung mit der Ausprägung der Unterrichtskommunikation präsentiert.

Kovariablen: Die Kovariablen verhalten sich wie in den vorangegangenen Modellen, wobei das Interesse einen etwas schwächeren Koeffizienten aufweist.

Tabelle 6.1.7: Mehrebenenanalysen zu den Zusammenhängen der Unterrichtskommunikation mit der wahrgenommenen Kompetenzunterstützung, getrennt nach Mädchen und Jungen

Modell	Mädchen		Jungen	
	1	2	1	2
	b (SE)	b (SE)	b (SE)	b (SE)
Klassenebene				
Schultyp[a]	0.20 (0.21)	0.13 (0.19)	0.22 (0.17)	0.20 (0.15)
U	0.24* (0.10)		0.07 (0.08)	
NU		-0.19 (0.13)		-0.11 (0.07)
Individualebene				
Interesse	0.26*** (0.05)	0.26*** (0.05)	0.39*** (0.07)	0.39*** (0.07)
Interaktion				
U x Geschlecht	0.14* (SE=0.07)			
NU x Geschlecht	0.06 (SE=0.11)			

*p<.05; **p<.01; ***p<.001; *b*=Regressionskoeffizienten; *SE*=Standard Fehler von *b*
[a] 0=Gymnasium oder gymnasialer Zweig der Gesamtschule; 1=Realschule oder Realschulzweig der Gesamtschule;
U=unterstützende Unterrichtskommunikation (UK); NU=nicht unterstützende UK; Geschlechter getrennte Modelle: Mädchen: n=440 (39 Klassen); Jungen: n=424 (39 Klassen); Interaktionsmodelle: n=864 (39 Klassen)

Resultate Mädchen: Bei den Mädchen ergibt sich ein signifikanter Zusammenhang der wahrgenommenen Kompetenzunterstützung mit der unterstützenden Unterrichtskommunikation, nicht aber für die nicht unterstützende Unterrichtskommunikation.

Resultate Jungen: Die Resultate der Jungen sind in keinem der beiden Modelle signifikant. Es kann kein Zusammenhang des Unterstützungsgrades in der Unterrichtskommunikation mit der von den Jungen eingeschätzten Kompetenzunterstützung aufgezeigt werden.

Cross-Level-Interaktion: Die Cross-Level-Interaktion des Unterstützungsgrades der Unterrichtskommunikation mit dem Geschlecht der Schülerinnen und Schüler ergibt ein signifikantes Ergebnis (vgl. Abb. 6.6). Der Zusammenhang zwischen Geschlecht und der von den Schülerinnen und Schülern eingeschätzten Kompetenzunterstützung ist in Klassen mit höherem Anteil an unterstützender Kommunikation etwas stärker ausgeprägt. Der Effekt der Unterrichtskommunikation auf die wahrgenommene Kompetenzunterstützung ist bei den Mädchen verhältnismässig grösser.

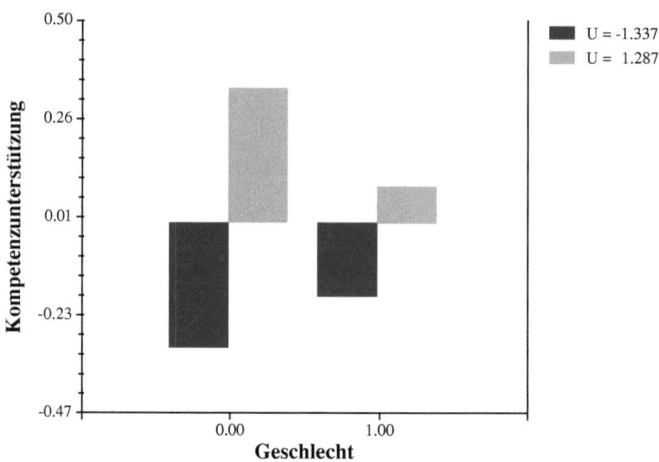

Geschlecht: 0=Mädchen; 1=Jungen; U=Gesamtheit der unterstützende Unterrichtskommunikation. Dargestellt sind die Durchschnittswerte des obersten und untersten Quartils (n=864 Schülerinnen und Schüler).

Abbildung 6.6 Cross-Level-Interaktion Kompetenzunterstützung (Geschlecht mit Merkmalen der Unterrichtskommunikation)

6.3.4 Zusammenhänge der Unterrichtskommunikation mit der wahrgenommenen sozialen Eingebundenheit

Im Folgenden werden die Zusammenhänge der beobachteten Unterrichtskommunikation mit den Aspekten der sozialen Beziehungen berichtet:

- Wahrgenommene soziale Eingebundenheit (Kapitel 6.3.4.1);
- Beziehung zur Lehrperson (6.3.4.2);
- Motivierungsfähigkeit der Lehrperson (6.3.4.3).

6.3.4.1 Wahrgenommene soziale Eingebundenheit (Gesamtstichprobe)

Die soziale Eingebundenheit misst, wie sehr die Schülerinnen und Schüler auf die Hilfe von Kolleginnen und Kollegen zählen können, sich von diesen verstanden fühlen und das Gefühl haben, zum Klassenverband dazuzugehören. Die Lehrperson fördert mit ihrer unterstützenden Kommunikation ein Unterrichtsklima, in dem diese Aspekte ermöglicht werden. Wie die wahrgenommene soziale Eingebundenheit mit dem Unterstützungsgrad der Unterrichtskommunikation zusammenhängt, ist folgend in Tabelle 6.1.8 dargestellt.

ICC: Der Intraklassen-Koeffizient der wahrgenommenen sozialen Eingebundenheit beträgt 0.06, nur 6% der Gesamtvarianz der sozialen Eingebundenheit wird demnach durch Unterschiede auf der Klassenebene erklärt.

Kovariablen: Wiederum können beim mathematikbezogenen Interesse und beim Geschlecht höchst signifikante Zusammenhänge mit der sozialen Eingebundenheit aufgezeigt werden, nicht aber beim Schultyp. Wird das Interesse als Kovariable weggelassen, ergeben sich für die Zusammenhänge der Unterrichtskommunikation mit der wahrgenommenen sozialen Eingebundenheit keine Unterschiede in den Resultaten.

Bedeutung der Unterrichtskommunikation: Der Gesamtanteil an nicht unterstützender Unterrichtskommunikation hängt signifikant mit der von den Schülerinnen und Schülern wahrgenommenen sozialen Eingebundenheit zusammen, wenn auch mit kleinem Effekt. Keine bedeutsamen Zusammenhänge wurden für den Anteil unterstützender Unterrichtskommunikation sowie bezogen auf die einzeln erfasste instruktionale und motivationale Unterstützung gefunden. Die Hypothese, dass eine unterstützende Unterrichtskommunikation die wahrgenommene soziale Eingebundenheit der Schülerinnen und Schüler deutlich vorauszusagen vermag, kann nur in der Tendenz bestätigt werden.

Tabelle 6.1.8: Mehrebenenanalysen zu den Zusammenhängen der Unterrichts-kommunikation mit der wahrgenommenen sozialen Eingebundenheit

Modell	1 b (SE)	2 b (SE)	3 b (SE)	4 b (SE)	5 b (SE)
Klassenebene					
Schultyp[a]	-0.04 (0.09)	-0.05 (0.09)	-0.03 (0.10)	-0.05 (0.09)	-0.05 (0.09)
U	0.06 (0.06) *0.06 (0.06)*				
NU		-0.09* (0.04) *-0.10** (0.04)*			
IU			0.06 (0.05) *0.06 (0.05)*		
INU				-0.07 (0.04) *-0.08 (0.05)*	
MU					0.01(0.05) 0.01 (0.05)
Individualebene					
Geschlecht[b]	-0.33*** *-0.22**	-0.33*** *-0.22**	-0.32*** *-0.22**	-0.33*** *-0.22**	-0.33*** *-0.22**
Interesse	0.20*** (0.03)	0.20*** (0.03)	0.20*** (0.03)	0.20*** (0.03)	0.20*** (0.03)
Interaktion					
U x Interesse	0.03 (0.04)				
NU x Interesse	-0.03 (0.03)				

kursive Zahlen: Modell ohne mathematikbezogenes Interesse kontrolliert
*p<.05; **p<.01; ***p<.001; b=Regressionskoeffizienten; *SE*=Standard Fehler von *b*
[a] 0=Gymnasium oder gymnasialer Zweig der Gesamtschule; 1=Realschule oder Realschulzweig der Gesamtschule;
[b] 0=Mädchen, 1=Jungen; 39 Klassen; 867 Schülerinnen und Schüler
U=unterstützende Unterrichtskommunikation (UK); NU=nicht unterstützende UK; unterstützende UK; IU=instruktional unterstützende UK; INU=instruktional nicht unterstützende UK; MU=motivational unterstützende UK.

Cross-Level-Interaktion: Die Cross-Level-Interaktion von mathematikbezogenem Interesse mit Merkmalen des Unterrichtsgesprächs ergibt keine signifikanten Zusammenhänge. Der Anteil der unterstützenden Unterrichtskommunikation hat keinen Effekt auf den Zusammenhang zwischen der wahrgenommenen sozialen Eingebundenheit und dem mathematikbezogenem Interesse der Schülerinnen und Schüler.

6.3.4.2 Wahrgenommenen sozialen Eingebundenheit (geschlechterspezifische Auswertungen)

Die Ausprägungen der in den Fragebogen erfassten Werte zur wahrgenommenen sozialen Eingebundenheit bei den Mädchen und Jungen unterscheiden sich hoch signifikant (vgl. Tabelle 5.1.14), die Mädchen schätzen diese im Durchschnitt höher ein als die Jungen.

Resultate Mädchen und Jungen: Bei den geschlechtergetrennten Mehrebenenanalysen zur wahrgenommenen sozialen Eingebundenheit können weder bei den Mädchen noch bei den Jungen signifikante Zusammenhänge festgestellt werden (auf eine Tabelle wird verzichtet).

Cross-Level-Interaktion: Auch die Cross-Level-Interaktion von Geschlecht mit Merkmalen des Unterrichtsgesprächs ergibt keinen signifikanten Zusammenhang.

6.3.4.3 Beziehung zur Lehrperson (Gesamtstichprobe)

Die Beziehung zur Lehrperson äussert sich darin, dass sich die Schülerinnen und Schüler von der Lehrperson ernst genommen und umsorgt fühlen. Die Unterrichtskommunikation hat Einfluss auf das Gefühl der Schülerinnen und Schüler, von der Lehrperson (wert-)geschätzt und respektvoll behandelt zu werden. Die Vermutung liegt nahe, dass Schülerinnen und Schüler in Klassen von Lehrpersonen mit einem hohen Anteil an unterstützender Unterrichtskommunikation höhere Werte für die Beziehung zur Lehrperson angeben als diejenigen in Klassen mit wenig unterstützender Unterrichtskommunikation. Die Ergebnisse der Mehrebenenanalysen werden in der Tabelle 6.1.9 aufgezeigt.

ICC: Der Intraklassen-Koeffizient beträgt 0.24, was bedeutet, dass fast ein Viertel der Gesamtvarianz der Beziehung zur Lehrperson durch die Unterschiede auf der Klassenebene erklärt werden können.

Kovariablen: Für die Kovariable Schultyp können wiederum keine signifikanten Zusammenhänge zur Beziehung zur Lehrperson nachgewiesen werden, im Gegensatz zum mathematikbezogenen Interesse und zum Geschlecht (zugunsten der Mädchen). Durch das Weglassen des Interesses verliert sich der Einfluss des Geschlechtes.

Bedeutung der Unterrichtskommunikation: Die Resultate zeigen, dass die Art der Unterrichtskommunikation in fast allen Modellen einen signifikanten Zusammenhang mit der Beziehung zur Lehrperson zeigt. Insbesondere sind die

Zusammenhänge mit der instruktionalen Unterstützung hoch signifikant. Die Schülerinnen und Schüler geben eine bessere Beziehung zur Lehrperson an, je mehr unterstützende (instruktionale) Unterrichtskommunikation sie erfahren. Die motivationale Unterstützung in der Unterrichtskommunikation ergibt erneut keine signifikanten Ergebnisse. Die Hypothese, dass eine unterstützende Unterrichtskommunikation positiv mit der von den Schülerinnen und Schülern eingeschätzten Beziehung zur Lehrperson zusammenhängt, kann bestätigt werden.

Tabelle 6.1.9: Mehrebenenanalysen zu den Zusammenhängen der Unterrichtskommunikation mit der Beziehung zur Lehrperson

Modell	1 b (SE)	2 b (SE)	3 b (SE)	4 b (SE)	5 b (SE)
Klassenebene					
Schultyp[a]	0.22 (0.17)	0.17 (0.17)	0.23 (0.17)	0.18 (0.17)	0.18 (0.18)
U	0.20* (0.08) *0.21 (0.08)*				
NU		-0.18* (0.08) *-0.19* (0.08)*			
IU			0.22** (0.07) *0.22** (0.07)*		
INU				-0.17* (0.08) *-0.19* (0.09)*	
MU					0.05 (0.07) *0.06 (0.08)*
Individualebene					
Geschlecht[b]	-0.18* (0.07) *-0.00 (0.07)*	-0.18* (0.07) *-0.00 (0.07)*	-0.18* (0.07) *-0.00 (0.07)*	-0.18* (0.07) *-0.00 (0.07)*	-0.18*(0.07) *-0.00 (0.07)*
Interesse	0.35*** (0.04)	0.35*** (0.04)	0.35*** (0.04)	0.35*** (0.04)	0.35*** (0.04)
Interaktion					
U x Interesse	0.00 (0.04)				
NU x Interesse	-0.01 (0.05)				

kursive Zahlen: Modell ohne mathematikbezogenes Interesse kontrolliert
*p<.05; **p<.01; ***p<.001; *b*=Regressionskoeffizienten; *SE*=Standard Fehler von *b*
[a] 0=Gymnasium oder gymnasialer Zweig der Gesamtschule; 1=Realschule oder Realschulzweig der Gesamtschule;
[b] 0=Mädchen, 1=Jungen; 39 Klassen; 881 Schülerinnen und Schüler
U=unterstützende Unterrichtskommunikation (UK); NU=nicht unterstützende UK; unterstützende UK; IU=instruktional unterstützende UK; INU=instruktional nicht unterstützende UK; MU=motivational unterstützende UK.

Cross-Level-Interaktion: Die Prüfung der Cross-Level-Interaktion (Unterstützungsgrad der Unterrichtskommunikation mit mathematikbezogenem Interesse) ergibt keine signifikanten Resultate. Der Anteil der unterstützenden Unterrichtskommunikation hat keinen Effekt auf den Zusammenhang zwischen der Beziehung zur Lehrperson und mathematikbezogenem Interesse der Schülerinnen und Schüler.

6.3.4.4 Beziehung zur Lehrperson (geschlechterspezifische Auswertung)

Im Merkmal „Beziehung zur Lehrperson" unterscheiden sich die in den Fragebögen erfassten Werte der Mädchen und Jungen nicht signifikant (vgl. Tabelle 5.1.14), die Durchschnittswerte sind fast identisch.

Die Modelle zu den geschlechterspezifischen Zusammenhängen der Ausprägung der Unterrichtskommunikation mit der Beziehung zur Lehrperson werden in der Tabelle 6.1.10 dargestellt. Es zeigt sich ein ähnliches Bild wie bei der Autonomieunterstützung.

Tabelle 6.1.10: Mehrebenenanalysen zu den Zusammenhängen der Unterrichtskommunikation mit der Beziehung zur Lehrperson, getrennt nach Mädchen und Jungen

Modell	Mädchen		Jungen	
	1 b (SE)	2 b (SE)	1 b (SE)	2 b (SE)
Klassenebene				
Schultyp[a]	0.21 (0.19)	0.15 (0.19)	0.22 (0.18)	0.19 (0.17)
U	0.22* (0.09)		0.13 (0.08)	
NU		-0.17 (0.10)		-0.15* (0.08)
Individualebene				
Interesse	0.35*** (0.06)	0.34*** (0.06)	0.38*** (0.05)	0.38*** (0.06)
Interaktion				
U x Geschlecht	-0.07 (SE=0.07)			
NU x Geschlecht	-0.01 (SE=0.09)			

*p<.05; **p<.01; ***p<.001; b=Regressionskoeffizienten; *SE*=Standard Fehler von b
[a] 0=Gymnasium oder gymnasialer Zweig der Gesamtschule; 1=Realschule oder Realschulzweig der Gesamtschule;
U=unterstützende Unterrichtskommunikation (UK); NU=nicht unterstützende UK; Geschlechter getrennte Modelle: Mädchen: n=450 (39 Klassen); Jungen: n=427 (39 Klassen); Interaktionsmodelle: n=877 (39 Klassen)

Resultate Mädchen: Die unterstützende Unterrichtskommunikation zeigt einen signifikanten, positiven Zusammenhang zur Beziehung zur Lehrperson, dieser kann aber mit den nicht unterstützenden Unterrichtsgesprächen nicht reproduziert werden.

Resultate Jungen: Bei den Jungen sind es wiederum ausschliesslich die nicht unterstützenden Unterrichtsdialoge, welche einen signifikanten, negativen Zusammenhang mit der Beziehung zur Lehrperson aufweisen. Je mehr nicht unterstützende Unterrichtskommunikation die Jungen erfahren, desto schlechter schätzen sie ihre Beziehung zur Lehrperson ein.

Cross-Level-Interaktion: Die Prüfung der Cross-Level-Interaktion (Unterstützungsgrad der Unterrichtskommunikation mit dem Geschlecht der Schülerinnen und Schüler) ergibt keine signifikanten Resultate. Der Zusammenhang zwischen Geschlecht und der von den Schülerinnen und Schülern eingeschätzten Beziehung zur Lehrperson ist nicht von der Ausprägung der Unterrichtskommunikation abhängig.

6.3.4.5 Motivierungsfähigkeit der Lehrperson (Gesamtstichprobe)

Die Skala ‚Motivierungsfähigkeit der Lehrperson' der Eingangsbefragung missst die Einschätzung der Schülerinnen und Schüler, wie spannend und interessant sie den Unterricht finden und wie engagiert sie die Lehrperson wahrnehmen. Das Begeistern für die Unterrichtsinhalte geschieht durch eine authentische, ermunternde, Interesse weckende und kognitiv anregende Unterrichtskommunikation. Inwiefern die Motivierungsfähigkeit mit den Ausprägungen der Unterrichtskommunikation zusammenhängt, wird im Folgenden gezeigt (vgl. Tabelle 6.1.11).

ICC: Der Intraklassen-Koeffizient der Motivierungsfähigkeit der Lehrperson ist ähnlich des ICC der Skala „Beziehung zur Lehrperson" mit 0.25 bzw. einem Viertel erklärter Varianz auf der Klassenebene bemerkenswert hoch.

Kovariablen: Von den ausgewählten Kovariablen weist einzig das Eingangsinteresse im Fach Mathematik einen höchst signifikanten Zusammenhang zur Motivierungsfähigkeit der Lehrperson auf. Wird das Interesse als Kovariable weggelassen, wird der Zusammenhang zum Geschlecht hoch signifikant (zu Gunsten der Jungen), alle anderen Resultate bleiben fast identisch.

Bedeutung der Unterrichtskommunikation: Die Analysen zeigen, dass die Einschätzung der Schülerinnen und Schüler, wie motivierend der Unterricht durch die Lehrperson gestaltet ist, signifikant durch die Ausprägung der Unterstützung in der Unterrichtskommunikation der Lehrperson vorausgesagt werden kann. Die Zusammenhänge mit der Gesamtheit der unterstützenden Unterrichtskommunikation sind hoch signifikant. Für die motivationale Unterstützung ergibt sich kein signifikantes Modell. Die Hypothese, dass die unterstützende Unterrichtskommunikation positiv mit der Motivierungsfähigkeit der Lehrperson zusammenhängt, kann klar bestätigt werden.

Tabelle 6.1.11: Mehrebenenanalysen zu den Zusammenhängen der Unterrichtskommunikation mit der Motivierungsfähigkeit der Lehrperson

Modell	1 b (SE)	2 b (SE)	3 b (SE)	4 b (SE)	5 b (SE)
Klassenebene					
Schultyp[a]	0.19 (0.15)	0.14 (0.15)	0.19 (0.15)	0.15 (0.15)	0.15 (0.16)
U	0.21** (0.08) *0.22** (0.09)*				
NU		-0.18* (0.08) *-0.19* (0.08)*			
IU			0.17* (0.07) *0.18* (0.08)*		
INU				-0.19* (0.09) *-0.20* (0.09)*	
MU					0.13 (.08) *0.13 (.10)*
Individualebene					
Geschlecht[b]	0.05 (.07) *0.22** (.07)*	0.05 (.07) *0.22***	0.05 (.07) *0.22***	0.05 (.07) *0.22***	0.05 (.07) *0.22***
Interesse	0.34*** (.03)	0.34***(.03)	0.34***(.03)	0.34***(.03)	0.34***
Interaktion					
U x Interesse	0.02 (0.04)				
NU x Interesse	-0.03 (0.043)				

kursive Zahlen: Modell ohne mathematikbezogenes Interesse kontrolliert
*p<.05; **p<.01; ***p<.001; *b*=Regressionskoeffizienten; *SE*=Standard Fehler von *b*
[a] 0=Gymnasium oder gymnasialer Zweig der Gesamtschule; 1=Realschule oder Realschulzweig der Gesamtschule;
[b] 0=Mädchen, 1=Jungen; 39 Klassen; 865 Schülerinnen und Schüler
U=unterstützende Unterrichtskommunikation (UK); NU=nicht unterstützende UK; unterstützende UK; IU=instruktional unterstützende UK; INU=instruktional nicht unterstützende UK; MU=motivational unterstützende UK.

Cross-Level-Interaktion: Es zeigt sich keine Cross-Level-Interaktion des Unterstützungsgrades der Unterrichtskommunikation mit dem mathematikbezogenen Interesse der Schülerinnen und Schüler. Der Anteil der unterstützenden Unterrichtskommunikation hat keinen Effekt auf den Zusammenhang von Motivierungsfähigkeit der Lehrperson mit dem mathematikbezogenen Interesse.

6.3.4.6 Motivierungsfähigkeit der Lehrperson (geschlechterspezifische Auswertungen)

Die Einschätzung der Motivierungsfähigkeit der Lehrperson im Unterricht unterscheidet sich bei den Mädchen und Jungen signifikant, die Jungen geben im Durchschnitt die höheren Werte an (vgl. Tabelle 5.1.14). Die Resultate der Mehrebenenanalysen zu den Zusammenhängen der Unterrichtskommunikation mit der Motivierungsfähigkeit werden für die Mädchen und Jungen getrennt in der Tabelle 6.1.12 dargestellt.

Resultate Mädchen: Die Analyse bei den Mädchen ergibt sowohl signifikante positive Ergebnisse für die unterstützende als auch signifikante negative Resultate für die nicht unterstützende Unterrichtskommunikation. Je höher der Anteil an unterstützender Unterrichtskommunikation in einer Klasse, desto höher wird die Motivierungsfähigkeit der Lehrperson eingeschätzt.

Tabelle 6.1.12 Mehrebenenanalysen zu den Zusammenhängen der Unterrichtskommunikation mit der Motivierungsfähigkeit, getrennt nach Mädchen und Jungen

Modell	Mädchen		Jungen	
	1 b (SE)	2 b (SE)	1 b (SE)	2 b (SE)
Klassenebene				
Schultyp[a]	0.12 (0.18)	0.06 (0.17)	0.22 (0.17)	0.18** (0.18)
U	0.19* (0.08)		0.20* (0.09)	
NU		-0.18* (0.08)		-0.15 (0.09)
Individualebene				
Interesse	0.36*** (0.04)	0.36*** (0.04)	0.33*** (0.07)	0.34*** (0.07)
Interaktion				
U x Geschlecht	0.01 (SE=0.05)			
NU x Geschlecht	0.01 (SE=0.06)			

*p<.05; **p<.01; ***p<.001; b=Regressionskoeffizienten; SE=Standard Fehler von b
[a] 0=Gymnasium oder gymnasialer Zweig der Gesamtschule; 1=Realschule oder Realschulzweig der Gesamtschule;
U=unterstützende Unterrichtskommunikation (UK); NU=nicht unterstützende UK; Geschlechter getrennte Modelle: Mädchen: n=441 (39 Klassen); Jungen: n=419 (39 Klassen); Interaktionsmodelle: n=860 (39 Klassen)

Resultate Jungen: Die Modelle der Motivierungsfähigkeit bei den Jungen ergeben ähnliche Resultate wie bei den Mädchen.

Cross-Level-Interaktion: Die Cross-Level-Interaktion des Unterstützungsgrades der Unterrichtskommunikation mit dem Geschlecht der Schülerinnen und Schüler ergibt keine signifikanten Resultate.

6.3.5 Zusammenhänge der Unterrichtskommunikation mit der wahrgenommenen Zielorientierung

Für die Auswertung der wahrgenommenen Zielorientierung werden die folgenden drei Skalen einbezogen:

- Mastery-Goal-Orientierung (Kapitel 6.3.5.1);
- Performance-Approach-Orientierung (6.3.5.2);
- Performance-Avoid-Orientierung (6.3.5.3).

Erwartet wird ein signifikanter Zusammenhang der Art der Unterrichtskommunikation mit der Zielorientierung der Schülerinnen und Schüler. Doch entgegen den Annahmen können mit diesen Modellen keine Einflüsse der Unterrichtskommunikation auf die Zielorientierung der Schülerinnen und Schüler nachgewiesen werden, wie die folgenden Auswertungen zeigen.

6.3.5.1 *Mastery Goals (Gesamtstichprobe)*

Eine Mastery-Goal-Orientierung bedeutet, den Lernstoff gründlich zu verstehen bzw. die eigenen Kompetenzen mit Engagement verbessern zu wollen. Die Lehrperson kann eine Mastery-Orientierung mit einer verständnisorientierten, zum Durchhalten ermutigenden und gegenseitig unterstützenden Unterrichtskommunikation fördern, mit individuellen, informativen Feedbacks und mit der Etablierung einer Kultur geteilter Verantwortung für das Lernen.

ICC: Für die Mastery Goals ergibt sich ein sehr tiefer Intraklassen-Koeffizient von 0.04, nur vier Prozent der Gesamtvarianz kann auf Klassenebene erklärt werden.

Kovariablen: Weder der Schultyp noch das Geschlecht sind für die Mastery-Orientierung der Schülerinnen und Schüler massgeblich beeinflussend. Das mathematikbezogene Interesse ist auch hier höchst signifikant.

Bedeutung der Unterrichtskommunikation: Die Ergebnisse sind in der Tabelle 6.1.13 dargestellt. Die Zusammenhänge der von den Schülerinnen und Schülern eingeschätzten Mastery-Goal-Orientierung mit dem Unterstützungsgrad der Unterrichtskommunikation ergeben in keinem Modell signifikante Resultate.

Die Hypothese, dass eine unterstützende Unterrichtskommunikation positiv mit der Mastery-Orientierung zusammenhängt und Schülerinnen und Schülern in Klassen mit einem hohen Anteil an unterstützender Unterrichtskommunikation die Mastery-Orientierung als hoch einschätzen, kann so nicht bestätigt werden.

Tabelle 6.1.13: Mehrebenenanalysen zu den Zusammenhängen der Unterrichts-kommunikation mit der Mastery-Goal-Orientierung

Modell	1 b (SE)	2 b (SE)	3 b (SE)	4 b (SE)	5 b (SE)
Klassenebene					
Schultyp[a]	-0.01 (0.06)	-0.01 (0.06)	-0.00 (0.06)	-0.01 (0.06)	-0.01 (0.06)
U	0.01 (0.03) *0.01 (0.04)*				
NU		-0.00 (0.03) *-0.02 (0.03)*			
IU			-0.01 (0.03) *-0.02 (0.04)*		
INU				-0.01 (0.03) *-0.02 (0.03)*	
MU					0.01 (0.04) *0.00 (0.05)*
Individualebene					
Geschlecht[b]	0.10 (0.07) *0.27****	0.10 (0.07) *0.27****	0.10 (0.07) *0.27****	0.10 (0.07) *0.27****	0.10 (0.07) *0.27****
Interesse	0.35*** (0.03)	0.35*** (0.03)	0.35*** (0.03)	0.35*** (0.03)	0.35*** (0.03)
Interaktion					
U x Interesse	0.04 (0.03)				
NU x Interesse	-0.06* (0.03)				

kursive Zahlen: Modell ohne mathematikbezogenes Interesse kontrolliert
*p<.05; **p<.01; ***p<.001; *b*=Regressionskoeffizienten; *SE*=Standard Fehler von *b*
[a] 0=Gymnasium oder gymnasialer Zweig der Gesamtschule; 1=Realschule oder Realschulzweig der Gesamtschule;
[b] 0=Mädchen, 1=Jungen; 39 Klassen; 869 Schülerinnen und Schüler
U=unterstützende Unterrichtskommunikation (UK); NU=nicht unterstützende UK; unterstützende UK; IU=instruktional unterstützende UK; INU=instruktional nicht unterstützende UK; MU=motivational unterstützende UK.

Cross-Level-Interaktion: Die Prüfung der Cross-Level-Interaktion (nicht unterstützende Unterrichtskommunikation mit mathematikbezogenem Interesse) ergibt erstmalig ein signifikanter wenn auch eher schwacher Wert. Die Abbildung 6.7 stellt diesen Zusammenhang grafisch dar. Der Zusammenhang zwischen Interesse und Mastery Goals ist in Klassen mit tieferem Anteil an nicht unterstützender Kommunikation stärker ausgeprägt.

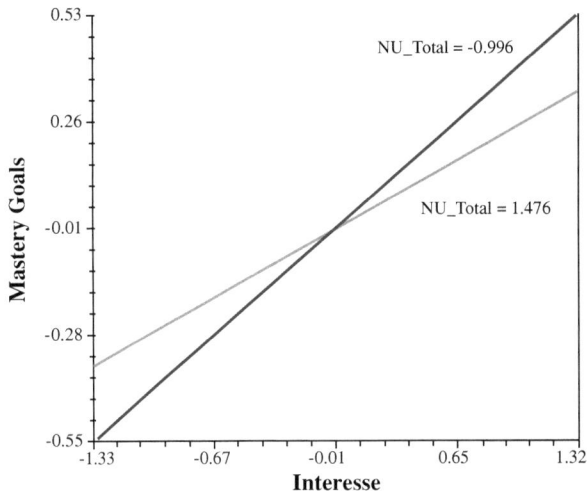

NU=nicht unterstützende Unterrichtskommunikation. Dargestellt sind die Durchschnittswerte des obersten und untersten Quartils (n=858 Schülerinnen und Schüler).

Abbildung 6.7: Cross-Level-Interaktion Mastery Goals (Interesse mit Merkmalen der Unterrichtskommunikation)

6.3.5.2   *Performance Approach und Avoid Goals (Gesamtstichprobe)*

ICC: Für die Performance-Goal-Orientierung ergibt sich ein Intraklassen-Koeffizient von 0.08, für die Performance-Goal-Orientierung 0.04.

Weder in den Mehrebenenanalysen zur Performance-Approach-Orientierung noch in den Modellen zur Performance-Avoid-Orientierung ergeben sich signifikanten Zusammenhänge mit dem Ausmass der Unterstützung in der Unterrichtskommunikation (auf eine Darstellung der Resultate in einer Tabelle wird verzichtet).

Cross-Level-Interaktion Performance Approach: Die Cross-Level-Interaktion des nicht unterstützenden Unterrichtsgesprächs mit dem mathematikbezogenen Interesse ergibt ein schwaches, aber signifikantes Resultat ($b=0.05^*$; SE=0.03). Der Zusammenhang zwischen mathematikbezogenem Interesse und Performance-Approach-Orientierung ist in Klassen mit höherem Anteil an nicht unterstützender Kommunikation stärker ausgeprägt (vgl. Abb. 6.8).

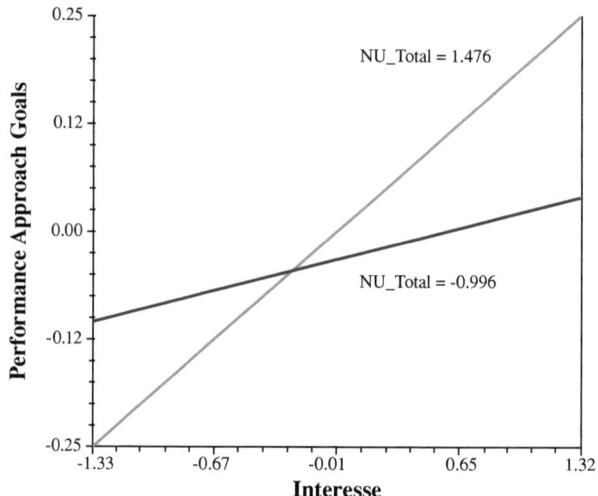

NU=nicht unterstützende Unterrichtskommunikation. Dargestellt sind die Durchschnittswerte des obersten und untersten Quartils (n=857 Schülerinnen und Schüler).

Abbildung 6.8: Cross-Level-Interaktion Performance-Approach-Orientierung (Interesse mit Merkmalen der Unterrichtskommunikation)

Cross-Level-Interaktion Performance Avoid: Die Cross-Level-Interaktion (Unterstützungsgrad der Unterrichtskommunikation mit mathematikbezogenem Interesse) ergibt für die Performance-Avoid-Orientierung keine signifikanten Ergebnisse.

Die Hypothesen, dass der Unterstützungsgrad der Unterrichtskommunikation positiv oder negativ mit der von den Schülerinnen und Schülern berichteten Performance-Approach- bzw. Performance-Avoid-Orientierung zusammenhängen, können durch die vorliegende Untersuchung nicht bestätigt werden.

6.3.5.3 Geschlechtsspezifische Auswertungen

Die Unterschiede der Mädchen und Jungen in der Einschätzung der verschiedenen Dimensionen der Zielorientierung sind höchst signifikant für die Mastery-Goal- und für die Performance-Approach-Orientierung (vgl. Tabelle 5.1.14), hoch signifikant für die Performance-Avoid-Orientierung.

Resultate für die Mädchen und Jungen: Die Resultate der geschlechtergetrennten Mehrebenenanalysen zur Mastery-Goal-, Performance-Approach- und Performance-Avoid-Orientierung für die Mädchen und Jungen zeigen allesamt keine signifikanten Ergebnisse (auf eine Darstellung der Resultate in einer Tabelle wird verzichtet).

Ebenfalls kann in keinem Modell eine signifikante Cross-Level-Interaktion von Geschlecht mit Merkmalen der Unterrichtskommunikation nachgewiesen werden.

6.3.6 Zusammenhänge der Unterrichtskommunikation mit der positiven Affektivität

Nicht nur die kognitiven Prozesse werden durch eine unterstützende Unterrichtskommunikation positiv beeinflusst, sondern vor allem auch die sozialen, motivationalen und emotionalen Aspekte des Unterrichtserlebens, die wiederum zentrale Faktoren für erfolgreiches Lernen und Verstehen gelten. In den folgenden Abschnitten werden die Zusammenhänge von positiver und negativer Affektivität mit der Unterrichtskommunikation anhand von Mehrebenenanalysen untersucht.

6.3.6.1 Gesamtstichprobe (Eingangsfragebogen)

Die Unterrichtskommunikation beeinflusst die Emotionen der Schülerinnen und Schüler. Positive Emotionen im Unterricht werden beispielsweise durch eine wertschätzende, aktivierende, ermutigende oder Interesse weckende Kommunikation sowie durch die Gestaltung einer angstfreien Unterrichtskultur hervorgerufen. Die Resultate der Mehrebenenanalysen werden in der Tabelle 6.1.14 dargestellt.

ICC: Der ICC der positiven Affektivität ist mit 0.02 sehr klein und benötigt grundsätzlich keine Mehrebenenanalyse, da nur 2% der Gesamtvarianz auf Unterschiede zwischen den Klassen beruht.

Kovariablen: Das Interesse zeigt sich bei der positiven Affektivität als höchst signifikante Kovariable mit dem höchsten Wert aller bisherigen Mehrebenenanalysen (*b*=0.63). Damit werden die Nähe der beiden Skalen zueinander und der starke Zusammenhang des mathematikbezogenen Interesses mit der positiven Affektivität der Schülerinnen und Schülern sichtbar. Der Schultyp ist ebenfalls bedeutsam, in allen Modellen zugunsten der Realschule bzw. des Realschulzweigs der Gesamtschule.

Tabelle 6.1.14 Mehrebenenanalysen zu den Zusammenhängen der Unterrichtskommunikation mit der positiven Affektivität (Eingangsfragebogen)

Modell	1 b (SE)	2 b (SE)	3 b (SE)	4 b (SE)	5 b (SE)
Klassenebene					
Schultyp[a]	0.17* (0.07)	0.16* (0.07)	0.18**(0.06)	0.16* (0.07)	0.15* (0.07)
U	0.06* (0.03) *0.08* (0.05)*				
NU		-0.05 (0.03) *-0.09 (0.05)*			
IU			0.07** (0.03) *0.09* (0.05)*		
INU				-0.05 (0.04) *-0.08 (0.06)*	
MU					-0.01 (0.03) *-0.01 (0.05)*
Individualebene					
Geschlecht[b]	-0.02 (0.05) *0.29 ****	-0.02 (0.05) *0.29 ****	-0.01 (0.05) *0.29 ****	-0.02 (0.05) *0.29 ****	-0.02 (0.05) *0.29 ****
Interesse	0.63*** (0.03)	0.63*** (0.03)	0.63*** (0.03)	0.63*** (0.03)	0.63*** (0.03)
Interaktion					
U x Interesse	-0.01 (0.03)				
NU x Interesse	0.04 (0.03)				

kursive Zahlen: Modell ohne mathematikbezogenes Interesse kontrolliert
*p<.05; **p<.01; ***p<.001; *b*=Regressionskoeffizienten; *SE*=Standard Fehler von *b*
[a] 0=Gymnasium oder gymnasialer Zweig der Gesamtschule; 1=Realschule oder Realschulzweig der Gesamtschule;
[b] 0=Mädchen, 1=Jungen; 39 Klassen; 871 Schülerinnen und Schüler
U=unterstützende Unterrichtskommunikation (UK); NU=nicht unterstützende UK; unterstützende UK; IU=instruktional unterstützende UK; INU=instruktional nicht unterstützende UK; MU=motivational unterstützende UK.

Bedeutung der Unterrichtskommunikation: In keinem der Modelle lassen sich starke Zusammenhänge aufzeigen, die Regressionskoeffizienten sind allesamt sehr gering. Die Zusammenhänge der Gesamtheit der unterstützenden sowie der instruktional unterstützenden Unterrichtskommunikation mit der positiven Affektivität der Schülerinnen und Schülern sind signifikant, nicht aber die Modelle der nicht unterstützenden und der motivational unterstützenden Unterrichtskommunikation. Der vermutete Zusammenhang des Unterstützungsgrades des Unterrichtsgesprächs mit der positiven Affektivität bei den Schülerinnen und Schülern konnte durch die vorliegende Untersuchung entgegen den theoriegestützten Hypothesen nur mit schwachen Effekten aufgezeigt werden.

Cross-Level-Interaktion: Die Cross-Level-Interaktion von mathematikbezogenem Interesse mit Merkmalen des Unterrichtsgesprächs ergibt keine signifikanten Resultate. Der Anteil der unterstützenden Unterrichtskommunikation hat keinen Effekt auf den Zusammenhang zwischen der positiven Affektivität und dem mathematikbezogenem Interesse der Schülerinnen und Schüler.

6.3.6.2   Geschlechterspezifische Auswertung (Eingangsfragebogen)

Die deskriptiven Auswertungen der Mädchen und Jungen in der Einschätzung ihrer unterrichtsbezogenen Affektivität in der Eingangsbefragung ergeben für die positive Affektivität höchst signifikante Unterschiede. Die Jungen berichten für die positive Affektivität ähnlich dem mathematikbezogenen Interesse deutlich höhere Werte (vgl. Tabelle 5.1.14). Die Resultate der geschlechtergetrennten Mehrebenenanalysen für die Zusammenhänge der positiven Affektivität werden in der Tabelle 6.1.15 dargestellt.

Kovariablen: In den geschlechtergetrennten Mehrebenenanalysen werden wiederum Schultyp und Interesse als Kovariablen hinzugezogen. Es zeigt sich erstmalig ein höchst signifikantes Resultat bei den Jungen: Schüler aus Realbzw. Sekundarklassen geben im Durchschnitt deutlich höhere positive Emotionen als Schüler aus dem Gymnasium an. Für beide Geschlechter zeigt das mathematikbezogene Interesse in allen Modellen einen starken Zusammenhang zur positiven Affektivität.

Resultate der Mädchen: Die Zusammenhänge des Unterstützungsgrades der Unterrichtskommunikation mit der positiven Affektivität sind der Mädchen in keinem Modell signifikant.

Resultate der Jungen: Bei den Jungen ergibt sich ein signifikanter, aber nur geringfügiger Zusammenhang der positiven Affektivität mit der unterstützenden Unterrichtskommunikation. Jungen geben umso mehr positive Emotionen an, je mehr unterstützende Unterrichtskommunikation sie im Unterricht erleben.

Tabelle 6.1.15: Mehrebenenanalysen zu den Zusammenhängen der Unterrichtskommunikation mit der positiven Affektivität (Eingangsfragebogen), getrennt nach Mädchen und Jungen

Modell	Mädchen		Jungen	
	1 b (SE)	2 b (SE)	1 b (SE)	2 b (SE)
Klassenebene				
Schultyp[a]	0.09 (0.10)	0.08 (0.10)	0.27*** (0.07)	0.26*** (0.06)
U	0.05 (0.04)		0.06* (0.02)	
NU		-0.06 (0.05)		0.05 (0.03)
Individualebene				
Interesse	0.63*** (0.05))	0.63*** (0.05)	0.62*** (0.04)	0.62*** (0.04)
Interaktion				
U x Geschlecht -	0.01 (SE=0.04)			
NU x Geschlecht	-0.02 (SE=0.04)			

*p<.05; **p<.01; ***p<.001; *b*=Regressionskoeffizienten; *SE*=Standard Fehler von *b*
[a] 0=Gymnasium oder gymnasialer Zweig der Gesamtschule; 1=Realschule oder Realschulzweig der Gesamtschule;
U=unterstützende Unterrichtskommunikation (UK); NU=nicht unterstützende UK; Geschlechter getrennte Modelle: Mädchen: n=441 (39 Klassen); Jungen: n=418 (39 Klassen)
Interaktionsmodelle: n=859 (39 Klassen)

Cross-Level-Interaktion: Die Cross-Level-Interaktion von Geschlecht mit den Merkmalen des Unterrichtsgesprächs ergibt keine signifikanten Resultate. Der Zusammenhang zwischen Geschlecht und der von den Schülerinnen und Schülern eingeschätzten positiven Affektivität ist in Klassen mit höherem Anteil an unterstützender Kommunikation nicht stärker ausgeprägt.

6.3.6.3   *Gesamtstichprobe (nach videographierten Lektionen)*

Die Unterrichtskommunikation vermag die positive Affektivität, gemessen unmittelbar nach den videographierten Lektionen, nicht vorherzusagen. Kein Ergebnis der Mehrebenenanalysen ist signifikant (auf eine Darstellung der Resultate in einer Tabelle wird verzichtet).

6.3.6.4 Geschlechterspezifische Auswertung (nach videographierten Lektionen)

Die Resultate der geschlechtergetrennten Mehrebenenanalysen der positiven Affektivität nach den Videoaufnahmen ergeben keine signifikanten Ergebnisse (auf eine Darstellung der Resultate in einer Tabelle wird verzichtet).

6.3.7 Zusammenhänge der Unterrichtskommunikation mit der negativen Affektivität

6.3.7.1 Gesamtstichprobe (Eingangsfragebogen)

Wie die positive Affektivität kann auch die negative Affektivität durch die Unterrichtskommunikation beeinflusst werden. Sarkasmus, Drohungen und abschätzige Bemerkungen, fehlende individuelle Rückmeldungen oder ein Unterrichtsklima der Angst verhindern eine freundliche Atmosphäre.

ICC: Der Intraklassen-Koeffizient beträgt 0.04, was bedeutet, dass nur 4% der Gesamtvarianz der negativen Affektivität durch die Unterschiede auf der Klassenebene erklärt wird. Ein so tiefer ICC erfordert nicht zwingend eine Mehrebenenanalyse.

Kovariablen: Abgesehen vom mathematikbezogenen Interesse ergibt keine Kovariable signifikante Zusammenhänge. Das mathematikbezogene Interesse weist aber einen deutlich geringeren Zusammenhang zur negativen Affektivität (b=0.22) wie zur positiven Affektivität (b=0.63) auf. Wird das Interesse weggelassen, ergibt das Geschlecht keine signifikanten Zusammenhänge zur negativen Affektivität.

Bedeutung der Unterrichtskommunikation: Die Resultate der Mehrebenenanalysen sind in der Tabelle 6.1.16 dargestellt. Die Anteile der gesamten sowie der instruktional unterstützenden bzw. nicht unterstützenden Unterrichtskommunikation vermögen die negative Affektivität der Schülerinnen und Schüler signifikant vorauszusagen. Je mehr unterstützende Dialoge im Unterricht vorkommen, desto weniger negative Emotionen werden von den Schülerinnen und Schülern wahrgenommen. Es lassen sich jedoch keine Unterschiede in den Modellen der instruktionalen und motivationalen Unterstützungskommunikation feststellen. Die Hypothese, dass über das Ausmass der unterstützenden Unterrichtskommunikation die negative Affektivität vorausgesagt werden kann, kann bestätigt werden, die Effekte sind aber eher gering.

Cross-Level-Interaktion: Es zeigt sich keine Cross-Level-Interaktion des Unterstützungsgrades der Unterrichtskommunikation mit dem mathematikbezogenen Interesse der Schülerinnen und Schüler. Der Anteil der unterstützenden Unterrichtskommunikation hat keinen Effekt auf den Zusammenhang zwischen negativer Affektivität der Schülerinnen und Schüler und mathematikbezogenem Interesse.

Tabelle 6.1.16: Mehrebenenanalysen zu den Zusammenhängen der Unterrichtskommunikation mit der negativen Affektivität (Eingangsfragebogen)

Modell	1 b (SE)	2 b (SE)	3 b (SE)	4 b (SE)	5 b (SE)
Klassenebene					
Schultyp[a]	0.12 (0.07)	0.15 (0.07)	0.12 (0.07)	0.14 (0.07)	0.14 (0.07)
U	-0.09* (0.05) *-0.10* (0.05)*				
NU		0.10* (0.04) *0.11* (0.04)*			
IU			-0.09* (0.04) *-0.09* (0.04)*		
INU				0.08* (0.04) *0.09* (0.04)*	
MU					-0.08 (0.05) *-0.08 (0.05)*
Individualebene					
Geschlecht[b]	-0.00 (0.07) *-0.10 (0.07)*	-0.00 (0.07) - *0.10 (0.07)*	-0.00 (0.07) *-0.10 (0.07)*	-0.00 (0.07) *-0.10 (0.07)*	-0.00 (0.07) *-0.10 (0.07)*
Interesse	-0.22*** (0.05)	-0.22*** (0.05)	-0.22*** (0.05)	-0.22*** (0.05)	-0.22*** (0.05)
Interaktion					
U x Interesse	0.04 (0.06)				
NU x Interesse	-0.04 (0.06)				

kursive Zahlen: Modell ohne mathematikbezogenes Interesse kontrolliert
*p<.05; **p<.01; ***p<.001; *b*=Regressionskoeffizienten; *SE*=Standard Fehler von *b*
[a] 0=Gymnasium oder gymnasialer Zweig der Gesamtschule; 1=Realschule oder Realschulzweig der Gesamtschule;
[b] 0=Mädchen, 1=Jungen; 39 Klassen; 871 Schülerinnen und Schüler
U=unterstützende Unterrichtskommunikation (UK); NU=nicht unterstützende UK; unterstützende UK; IU=instruktional unterstützende UK; INU=instruktional nicht unterstützende UK; MU=motivational unterstützende UK.

6.3.7.2 Geschlechterspezifische Auswertung (Eingangsfragebogen)

Die deskriptiven Auswertungen der Einschätzung der unterrichtsbezogenen negativen Emotionen der Mädchen und Jungen in der Eingangsbefragung ergeben keine signifikanten Unterschiede (vgl. Tabelle 5.1.14). Im Folgenden werden die geschlechterspezifischen Zusammenhänge der Ausprägung der Unterrichtskommunikation mit der negativen Affektivität dargestellt. Die Zusammenhänge werden in der Tabelle 6.1.17 dargestellt.

Tabelle 6.1.17: Mehrebenenanalysen zur Zusammenhänge der Unterrichtskommunikation mit der negativen Affektivität (Eingangsfragebogen), getrennt nach Mädchen und Jungen

Modell	Mädchen		Jungen	
	1	2	1	2
	b (SE)	b (SE)	b (SE)	b (SE)
Klassenebene				
Schultyp[a]	0.16 (0.11)	0.21 (0.11)	0.09 (0.09)	0.09* (0.08)
U	-0.12* (0.05)		-0.05 (0.07)	
NU		0.06 (0.05)		0.12* (0.05)
Individualebene				
Interesse	-0.21*** (0.05)	-0.20*** (0.05)	-0.24** (0.08)	-0.24** (0.08)
Interaktion				
U x Geschlecht	0.06 (SE=0.07)			
NU x Geschlecht	0.06 (SE=0.06)			

*p<.05; **p<.01; ***p<.001; *b*=Regressionskoeffizienten; *SE*=Standard Fehler von *b*
[a] 0=Gymnasium oder gymnasialer Zweig der Gesamtschule; 1=Realschule oder Realschulzweig der Gesamtschule;
U=unterstützende Unterrichtskommunikation (UK); NU=nicht unterstützende UK; unterstützende UK; Geschlechter getrennte Modelle: Mädchen: n=441 (39 Klassen); Jungen: n=418 (39 Klassen); Interaktionsmodelle: n=859 (39 Klassen)

Resultate der Mädchen und der Jungen: Die Modelle bei den Mädchen und Jungen gleichen sich insofern, dass sie spiegelverkehrt fast identisch sind. Während sich bei den Mädchen ein negativer, signifikanter Zusammenhang zur unterstützenden Unterrichtskommunikation ergibt, zeigt sich bei den Jungen ein positiver, signifikanter Zusammenhang zur nicht unterstützenden Unterrichtskommunikation. Die praktische Bedeutung ist allerdings dieselbe: Je mehr unterstützende Kommunikation, desto weniger negative Emotionen im Unterrichtserleben.

6.3.7.3 Gesamtstichprobe (nach videographierten Lektionen)

Die Unterrichtskommunikation vermag die negative Affektivität, gemessen unmittelbar nach den videographierten Lektionen, nicht vorherzusagen. Kein Ergebnis der Mehrebenenanalysen ist signifikant (auf eine Darstellung der Resultate in einer Tabelle wird verzichtet).

6.3.7.4 Geschlechterspezifische Auswertung (nach videographierten Lektionen)

Die Resultate sind in der Tabelle 6.1.18 abgebildet.

Resultate Mädchen: Keine signifikanten Zusammenhänge.

Resultate Jungen: Bei den geschlechtergetrennten Mehrebenenanalysen zu den Zusammenhängen der negativen Affektivität unmittelbar nach den videographierten Lektionen mit der Ausprägung der Unterrichtskommunikation ergeben sich für die Jungen ähnliche Ergebnisse wie bei der negativen Affektivität gemessen im Eingangsfragebogens. Der Zusammenhang ist signifikant, aber nicht besonders hoch.

Tabelle 6.1.18 Mehrebenenanalysen zu den Zusammenhängen der Unterrichtskommunikation mit der negativen Affektivität (nach den Videoaufnahmen), getrennt nach Mädchen und Jungen

Modell	Mädchen		Jungen	
	1	2	1	2
	b (SE)	b (SE)	b (SE)	b (SE)
Klassenebene				
Schultyp[a]	0.03 (0.13)	0.03 (0.12)	0.12 (0.10)	0.13 (0.09)
U	-0.02 (0.06)		-0.03 (0.05)	
NU		0.04 (0.06)		0.10* (0.04)
Individualebene				
Interesse	-0.22*** (.06)	-0.22*** (.06)	-0.30*** (.06)	-0.30*** (.06)

*p<.05; **p<.01; ***p<.001; b=Regressionskoeffizienten; *SE*=Standard Fehler von b
[a] 0=Gymnasium oder gymnasialer Zweig der Gesamtschule; 1=Realschule oder Realschulzweig der Gesamtschule;
U=unterstützende Unterrichtskommunikation (UK); NU=nicht unterstützende UK; Geschlechter getrennte Modelle: Mädchen: n=433 (39 Klassen); Jungen: n=405 (39 Klassen)

7 Diskussion

Die Analyse der Unterrichtskommunikation in Hinblick auf ihre Zusammenhänge mit motivationalen und emotionalen Aspekten des Unterrichtserlebens bildet ein relevanter Teil des Unterrichtsgeschehens ab und schliesst eine Lücke innerhalb der bestehenden Untersuchungen des binationalen Forschungsprojektes „Didaktische Kommunikation und Bildungswirkungen im problemorientierten Unterricht".

Die Daten konnten ausgiebig analysiert werden, da sie einerseits auf den videographierten und transkribierten Lektionen, andererseits aus den umfassenden Schülerfragebogen basieren. Das Kapitel gliedert sich folgende Teile

- Praktische Relevanz einer unterstützenden Unterrichtskommunikation für das motivational-emotionale Unterrichtserleben (Kapitel 7.1);

- Beurteilung des Codierinstruments (7.2);

- Limitationen der Arbeit (7.3);

- Bedeutung für die Aus- und Weiterbildung von Lehrpersonen (7.4).

7.1 Praktische Relevanz einer unterstützenden Unterrichtskommunikation für das motivational-emotionale Unterrichtserleben

Das motivational-emotionale Unterrichtserleben ist für die Schülerinnen und Schüler bedeutsam: Die positiven Erfahrungen im Unterricht, wie beispielsweise Lernfreude, Engagement oder das Gefühl von Autonomie- und Selbstbestimmungserleben stehen in Wechselwirkung mit den kognitiven Prozessen. Sie sind die treibenden Kräfte für die Lernprozesse und bedeutsame Faktoren für ein gelingendes Lernen.

Die Unterrichtskommunikation ist für die Ermöglichung gelingender Lernprozesse zentral. Sie beeinflusst neben den kognitiven Prozessen vor allem auch die affektiven, motivationalen und sozialen Aspekte des Unterrichtserlebens. Durch die Unterrichtskommunikation hat die Lehrperson einen Einfluss auf all diese Aspekte des Lernens. Wie die Unterrichtskommunikation mit dem motivational-emotionalen Unterrichtserleben zusammenhängt, war Gegenstand dieser Untersuchung und ergab interessante und praxisrelevante Ergebnisse, welche in den folgenden Kapiteln diskutiert werden.

7.1.1 Interpretation der Resultate zum Autonomieerleben

Das Bedürfnis nach Autonomie bezeichnet das Bestreben, sich selbst als Verursacher eigener Handlungen zu erleben (vgl. Deci & Ryan, 1993; Ryan & Deci, 2002). Die Ergebnisse dieser Arbeit bestätigen die Hypothese zu den Zusammenhängen zwischen der Unterstützungsqualität der Unterrichtskommunikation und der wahrgenommenen Unterstützung des Autonomieerlebens. Allerdings handelt es sich nur um einen kleinen Effekt, der deutlich unter den Erwartungen liegt. Mögliche Gründe werden folgend erläutert.

Der Fokus der verwendeten Skala. Die Autonomieunterstützung wird häufig assoziiert mit dem Gewähren von Freiräumen im Unterricht. Die in dieser Arbeit verwendete Skala aus der Eingangsbefragung zur Erfassung der wahrgenommenen Unterstützung des Autonomieerlebens enthält Items zu folgenden Aspekten:

- Ermunterung zu selbstständigem Arbeiten;

- selbstständiges Erkunden ermöglichen;

- selbstständiges Entscheiden für die Arbeitsform erlauben;

- Gelegenheiten anbieten, sich eingehender mit Aufgaben oder Inhalten zu vertiefen.

Sie misst damit vor allem eine *prozedurale* Autonomieunterstützung, das Gewähren von methodischen Freiräumen, d.h. Autonomie in der Vorgehensweise, in der Verwendung von Lernmaterialien, in Präsentationsformen oder in der Bestimmung des eigenen Lerntempos.

In dieser Arbeit sind es aber primär die *kognitiven* Merkmale der Autonomieunterstützung in der Unterrichtskommunikation, die gemessen wurden. Kognitive Autonomieunterstützung bedeutet, die Schülerinnen und Schüler ihre persönlichen Ziele formulieren zu lassen und unterschiedliche Aufgaben für unterschiedliche Niveaus anzubieten, die Bedürfnisse und Interessen der Schülerinnen und Schüler zu identifizieren, adaptiv zu unterstützen und ihnen die Initiative für Lernaktivitäten zu überlassen (vgl. Logan, Di Cinito, Cox & Turner, 1995; Stefanou et al., 2004; Jang et al., 2010). Die Beurteilung der Unterrichtskommunikation mit dem verwendeten Codierinstrument beinhaltet zwar Anteile prozeduraler Autonomieunterstützung, ist aber enger mit einer Unterstützung der kognitiven Autonomieunterstützung verbunden, also mit dem Gewähren von „Denkfreiräumen". Angesichts dieser Tatsache sind die gefundenen schwachen Zusammenhänge nicht enttäuschend, sondern eher überraschend.

Differenzierung nach Niveau der Schülergruppen. Nebst allen positiven Zusammenhängen der Unterstützung des Autonomieerlebens mit den motivationalen und emotionalen Aspekten des Unterrichtserlebens gibt es gleichzeitig auch kritische, kontroverse Befunde. Das Gewähren von Freiräumen bei Schülerinnen und Schülern mit ungünstigeren individuellen Eingangsvoraussetzungen ergab bei Buff et al. (2011) ein deutlich tieferes positives affektives Erleben als bei Schülerinnen und Schülern mit besseren kognitiven Voraussetzungen. Zudem hat Rakoczy (2008, S. 167) in ihren Untersuchungen festgestellt, „..., dass sich Schülerinnen und Schüler insbesondere in Unterrichtsbedingungen, die kognitive Herausforderungen mit disziplinierter und störungsfreier Unterrichtsführung verbinden, in ihrer Autonomie unterstützt fühlen", und weist gleichzeitig darauf hin, dass zu viel Freiräume auch zu Überforderung führen können. So könnte ein weiterer Grund darin liegen, dass in dieser Arbeit die Schülergruppen nicht nach kognitiven Voraussetzungen differenziert wurden Die Frage bleibt, unter welchen situativen Bedingungen bei welchen Schülerinnen und Schülern positives affektives Erleben durch eine Autonomieunterstützung gefördert wird und in welchen situativen Bedingungen eher eine Unterrichtsgestaltung mit weniger Freiräumen angezeigt ist. Die Diskussion, wie viel Autonomiesupport und wie viel Struktur nötig ist, wurde auch von Jang, Deci und Reeve (2010) untersucht, und die Autoren kommen zum Fazit: „Not autonomy support or structure but autonomy support and structure" (S. 588), mit den Resultaten, dass die Autonomieunterstützung und Strukturiertheit des Unterrichts positiv korrelieren und beide bei den Schülerinnen und Schülern das Engagement voraussagten.

Differenzierung der Unterrichtslektionen hinsichtlich des kognitiven Niveaus. Nebst Deci und Reeve (2010) haben auch Buff et al. (2011) darauf hingewiesen, dass die situativen Bedingungen wie der Lektionstyp oder die Schwierigkeit des Stoffes für die Auswertungen mitberücksichtigt werden müssten. In dieser Arbeit sind die Einführungslektionen in das eher anspruchsvolle Themengebiet der Satzgruppe des Pythagoras für das Gewähren von Freiräumen vielleicht grundsätzlich weniger geeignet, als es beispielsweise Übungs- und Vertiefungslektionen sein könnten.

In weiterführenden Fragen wäre diesbezüglich interessant zu untersuchen,

- wie sich ein unterstützendes Instruktionsverhalten explizit auf die *kognitive* Autonomieunterstützung auswirken würde;
- ob die negativen Emotionen, die bei Buff et al. (2011) mit dem Gewähren von Freiräumen einhergingen, weniger auftreten in Klassen, in denen die Unterrichtskommunikation unterstützend ist;
- ob sich die Resultate verändern würden, wenn gleichzeitig die Strukturiertheit des Unterrichts mit einbezogen wird;
- welche Schülergruppen unter welchen situativen Bedingungen am meisten von den gewährten Freiräumen profitieren könnten.

Die Befunde fallen bei den Mädchen etwas deutlicher aus als bei den Jungen (vgl. Kapitel 6.3.1.2). Mädchen fühlen sich in ihrer Autonomie signifikant besser unterstützt, wenn sie mehr unterstützende Unterrichtskommunikation erfahren. Bei den Jungen sind die Befunde ebenfalls signifikant, aber in geringerem Ausmass. Der Schultyp spielt dabei keine relevante Rolle. Dies hätte vermutet werden können, da in der verwendeten Stichprobe die Mädchen sowohl in Gymnasien als auch in der Sekundarschule übervertreten sind.

Relevanz für die Unterrichtspraxis. Die Unterstützung der kognitiven Autonomie durch die Unterrichtskommunikation ist herausfordernd. Die Lehrperson versucht den Schülerinnen und Schülern Raum für verschiedene Lösungswege und -strategien zu geben und unterstützt sie im selbstständigen Problemlösen, was eine hohe Diagnosekompetenz voraussetzt. Auch die Unterstützung der prozeduralen Autonomie erfordert Erfahrung sowohl in der Unterrichtsplanung als auch in der Unterrichtskommunikation, damit die Schülerinnen und Schüler die Vorgehensweise in der Aufgabenlösung oder das eigenen Lerntempo selber bestimmen können. Obwohl die Resultate aufgrund der obengenannten Vermutungen nicht sehr deutlich ausfallen, kann die Unterrichtskommunikation einen Beitrag zur erlebten Autonomieunterstützung leisten. Autonomieunterstützende Unterrichts-kommunikation beinhaltet folgende Aspekte:

- Aufgabenstellungen und zugehörige Fragen so formulieren, dass diese eine selbständige Aufgabenlösung und unterschiedliche Lösungswege zulassen;

- Vorgehensweisen und Argumentationen in der Aufgabenlösung erfragen;
- die Schülerinnen und Schüler zur Eigeninitiative und selbständigen Entscheidungen ermuntern;
- Wahlmöglichkeiten innerhalb einer strukturierten Umgebung anbieten.

Inhalt und Strukturiertheit des Unterrichts als auch die Überlegungen zum kognitiven Niveau der Schülerinnen und Schüler müssen als wichtige Faktoren für eine gelingende Autonomieunterstützung mitberücksichtigt werden.

7.1.2   Interpretation der Resultate zur Unterstützung des Selbstbestimmungserlebens

Durch eine unterstützende Unterrichtskommunikation wird eine freundschaftliche Lernatmosphäre geschaffen, in der sich die Schülerinnen und Schüler ernst genommen fühlen, in der ihnen etwas zugetraut wird und welche wiederum das Selbstbestimmungserleben voraussagt. Erlebte Selbstbestimmung gilt als zentrale Voraussetzung für erfolgreiches und qualitativ anspruchsvolles schulisches Lernen. Die Messung der Unterstützung des Selbstbestimmungserlebens im Unterricht folgt in dieser Arbeit nicht der klassischen Dreiteilung in Autonomie- und Kompetenzerleben und soziale Eingebundenheit (vgl. Deci & Ryan, 2000a), sondern wird anhand folgender drei Merkmale gemessen:

- Ist die Atmosphäre im Unterricht freundlich?
- Werde ich im Unterricht ernst genommen?
- Traut die Lehrperson mir etwas zu?

Die Hypothesen lauten dahingehend, dass eine ausgeprägt unterstützende Unterrichtskommunikation der Lehrperson mit einer höheren Unterstützung des Selbstbestimmungserlebens der Schülerinnen und Schüler einhergeht. Diese Vermutung wird klar bestätigt. Das Aufzeigen der Zusammenhänge der Unterstützung des Selbstbestimmungserlebens mit der Art der Unterrichtskommunikation der Lehrperson gelingt erwartungsgemäss gut (vgl. Kapitel 6.3.2), insbesondere für die instruktional unterstützenden Unterrichtsgespräche. Je höher der Anteil der unterstützenden Unterrichtskommunikation in einer Klasse ist, desto besser fühlen sich die Schülerinnen und Schüler in ihrem Selbstbestimmungserleben unterstützt.

In den geschlechtergetrennten Analysen sind die Zusammenhänge der Unterstützung des Selbstbestimmungserlebens sowohl bei den Mädchen (positiv mit der unterstützenden Unterrichtskommunikation) als auch bei den Jungen (negativ mit der nicht unterstützenden Unterrichtskommunikation) hoch signifikant.

Relevanz für die Unterrichtspraxis. Die Bedeutung der Unterstützung des Selbstbestimmungserlebens haben Klieme et al. (2006a) in Bezug auf die intrinsische Motivation im gleichen Datensatz mit derselben Skala bereits untersucht. Die Autoren kamen zu der Feststellung, dass das individuelle Erleben von Selbstbestimmung für die intrinsische Motivation bedeutsam sei, und zwar unabhängig vom Thema, welches im Unterricht behandelt wird (Pythagorasoder Textaufgaben). Mit dem Ergebnis, dass die Unterstützung des Selbstbestimmungserlebens mit der Art der Unterrichtskommunikation zusammenhängt, wird die Bedeutung des Lehrpersonenverhaltens in Form der Unterrichtskommunikation hervorgehoben. Durch eine authentische Haltung den Schülerinnen und Schülern gegenüber kann die Lehrperson für ein emotional entspanntes, angstfreies und motivationsförderndes Klima sorgen, in dem sie die Lernenden ernst nimmt und ihnen etwas zutraut. Gerade im Fach Mathematik könnte dies für die Mädchen ein von der Lehrperson beeinflussbarer und für das motivational-emotionale Unterrichtserleben ein bedeutsamer Aspekt sein.

7.1.3 Interpretation der Resultate zur wahrgenommenen Kompetenzunterstützung

Damit sich Schülerinnen und Schüler auf Aufgabenstellungen einlassen und Herausforderungen annehmen können, benötigen sie Zutrauen, dass sie das auch schaffen können. Eine Unterrichtskommunikation diesbezüglich bedeutet, dass die Lehrperson

* eine positive Grundhaltung in Hinblick auf den (zukünftigen) Lernerfolg der Schülerinnen und Schüler hat und ihnen etwas zutraut;
* die Lernenden über ihre Fortschritte regelmässig, informativ und individuell informiert;
* gute Leistungen lobt;
* bei Schwierigkeiten Hilfestellungen anbietet;
* die Schülerinnen und Schüler zum Durchhalten ermuntert.

Die Hypothese, dass Schülerinnen und Schüler, die in ihren Klassen hohe Anteile an unterstützender Unterrichtskommunikation erhalten, höhere Werte für die wahrgenommene Kompetenzunterstützung angeben, wird durch die Mehrebenenanalysen erwartungsgemäss bestätigt. Die Resultate sind denen der Unterstützung des Selbstbestimmungserlebens sehr ähnlich, was bei der inhaltlichen Nähe der beiden Skalen nicht erstaunt.

Bei den geschlechterdifferenzierten Modellen ergibt die Interaktion von Geschlecht und Ausprägungen der Unterrichtskommunikation zusätzlich eine signifikante Tendenz: Mädchen fühlen sich in Klassen mit hohen Anteilen an unterstützender Unterrichtskommunikation besser in ihrem Kompetenzerleben unterstützt als die Jungen. Gerade für den Mathematikunterricht ist dies eine bedeutsame Erkenntnis, die viele Möglichkeiten für die praktische Umsetzung bietet.

Relevanz für die Unterrichtspraxis. Das Bedürfnis, sich als kompetent zu erleben, bringt Schülerinnen und Schüler dazu, Gelegenheiten aufzusuchen und zu nutzen, in welchen sie die eigenen Fähigkeiten ausprobieren, anwenden und damit Einfluss auf Umwelt ausüben können. Zentral dabei sind das Erleben von Selbstvertrauen und eigener Wirksamkeit in der Handlung (Ryan & Deci, 2002).

Empirisch können zwei Merkmale festgemacht werden, die für die Kompetenzunterstützung in der Unterrichtskommunikation wirksam sind:

- Die individuelle und informative Rückmeldung der Lehrpersonen zu den Lernfortschritten der Schülerinnen und Schüler, formuliert auf der Basis einer positiven Erwartungshaltung;

- die Passung des Anforderungsniveaus der Aufgabenstellungen mit den individuellen Fähigkeiten und Voraussetzungen der Schülerinnen und Schüler (weder Unter- noch Überforderung).

Dies kann durch die Unterrichtskommunikation positiv beeinflusst werden, indem die Lehrperson Wert auf konzeptionelles Verständnis legt, Fehler konstruktiv nutzt, den Schülerinnen und Schülern adaptive Hilfestellungen anbietet und die Relevanz des Lerngegenstandes hervorhebt.

In dieser Arbeit wurde der Zusammenhang von Kompetenz- und Autonomieunterstützung nicht weiter untersucht. Kompetenz- und

Autonomieunterstützung hängen insofern zusammen, als dass „Kompetenzerleben intrinsische Motivation nur dann fördert, wenn es von dem Gefühl der Autonomie bzw. der internalen Handlungsverursachung begleitet wird (Rakoczy, 2008). Für weiterführende Analysen wäre es interessant, wie sich Kompetenz- und Autonomieerleben gegenseitig beeinflussen und welche Rolle die Unterrichtskommunikation dabei spielt.

Diese Arbeit bestätigt, dass eine unterstützende Unterrichtskommunikation die wahrgenommene Kompetenz-unterstützung der Schülerinnen und Schüler zu stärken vermag.

7.1.4 Interpretation der Resultate zur sozialen Eingebundenheit

Soziale Eingebundenheit. Ein starkes Zugehörigkeitsgefühl in einer Klasse führt zu einer emotionalen Sicherheit und damit zu einer vermehrten aktiven Annahme von Herausforderungen, höheren Zielsetzungen und Ansprüchen sowie insgesamt zu höherer Leistungsmotivation. Die Vermutung lautet dahingehend, dass die Lehrperson durch ihre unterstützende Unterrichtskommunikation dieses Zugehörigkeitsgefühl zu stärken vermag. In dieser Arbeit kann der Zusammenhang der Ausprägung der Unterrichts-kommunikation mit der wahrgenommenen sozialen Eingebundenheit nur mit marginalen Resultaten und nur in einem Modell bestätigt werden.

Zur Erklärung dieses Ergebnisses stellt sich die Frage, ob der Einfluss der Peers auf das Zugehörigkeitsgefühl von Schülerinnen und Schüler in einer Klasse bedeutender als der Einfluss der Lehrperson ist. Es ist durchaus anzunehmen, dass es nicht die Unterrichtskommunikation der Lehrperson ist, welche in erster Linie die sozialen Beziehungen zwischen den Schülerinnen und Schülern prägt, sondern die Peers selber. Umgekehrt beruht die Hypothese gerade darauf, dass die Lehrperson durch ihre unterstützende Unterrichtskommunikation das Fundament für gelingende Beziehungen im Unterricht aufbaut, Kooperationen im Sinne einer *learning community* ermöglicht, wechselseitige Hilfe fördert und gegenseitigen Respekt vorlebt, was sich indirekt wieder in der wahrgenommenen sozialen Eingebundenheit zeigen könnte.

Betrachtet man die Items der verwendeten Skala zur Erfassung der sozialen Eingebundenheit wird deutlich, dass diese primär die peerbezogenen Aspekte erfasst:

- Als Kollegin/als Kollege behandelt zu werden;
- sich von den anderen in der Klasse verstanden fühlen;
- von andern Hilfe erwarten können;
- im Unterricht dazugehören.

Es handelt sich um Aspekte, die über das Verhalten der Lehrperson hinausgehen, da es sich um Freundschaften mit Peers und um die Einbindung in den Klassenverband handelt. Des Weiteren handelt es sich um Aspekte, die sich nicht an der Lehrperson in Mathematik persönlich orientieren, sondern an der Klasse. Dies im Gegensatz zu den anderen Skalen, die sich auf die beobachtete Lehrperson und deren Mathematikunterricht beziehen.

Beziehung zur Lehrperson. Eine gute Beziehung zur Lehrperson geht mit grösserem schulischem Interesse und mehr Engagement der Schülerinnen und Schüler im Unterricht einher, so lautet die Theorie. Inwiefern die Beziehung zur Lehrperson mit der Art des Unterrichtsgesprächs zusammenhängt, ist Gegenstand dieser Arbeit. Die Hypothese in Bezug auf die unterstützende Unterrichtskommunikation lautet dahingehend, dass diese positiv mit der wahrgenommenen Beziehung zur Lehrperson zusammenhängt.

Ein Anteil von fast einem Viertel erklärter Varianz auf der Klassenebene für die Beziehung der Lehrperson ist hoch, die hoch signifikanten Resultate der Mehrebenenanalysen sind erwartungskonform. Erstaunlich ist aber, dass es hauptsächlich die *instruktionale* Unterrichtskommunikation ist, welche die Beziehung zur Lehrperson beeinflusst, und nicht die *motivational* unterstützenden Dialoge, wie vielleicht auch zu erwarten gewesen wäre.

Betrachtet man die Items der verwendeten Skala zur Erfassung der Beziehung zur Lehrperson, wird bewusst, dass diese einerseits aus Merkmalen wie

- freundschaftliche Atmosphäre im Unterricht,
- die Lehrperson mag mich,
- ich kann mit der Lehrperson auch persönliche Anliegen besprechen

gebildet wird, die sich auf der Ebene des *Carings* bewegen und eher die *motivational* unterstützenden Aspekte der Unterrichtskommunikation betonen. Dazu gehört beispielsweise die Ermöglichung eines lernförderlichen Klimas oder das Hervorrufen von positiven Emotionen.

Die Skala zur Erfassung der Beziehung zur Lehrperson wird aber andererseits auch durch Items mit den folgenden Inhalten gebildet:

- Die Lehrperson hört aufmerksam zu;
- die Lehrperson nimmt mich ernst;
- die Lehrperson kümmert sich um mich.

Diese Items hängen eng mit den *instruktional* unterstützenden Aspekten der Unterrichtskommunikation zusammen (siehe Tabelle 5.1.6). Dieser Befund stärkt die Ansicht, dass Lehrpersonen ihre Beziehung zu den Schülerinnen und Schülern nicht ausschliesslich auf der Beziehungsebene stärken können, sondern vor allem durch die Art, wie sie Antworten oder Lösungsvorschläge ernst nehmen und darauf eingehen, wie sie sich Strategien und Vorgehensweisen erklären lassen und durch aufmerksames Zuhören zu erkennen versuchen, welches die Denkprozesse der Schülerinnen und Schüler sind. Freundlich sein allein genügt also nicht. Ebenso ist es interessant, dass Mädchen und Jungen die Beziehung zur Lehrperson in der Eingangsbefragung gleich hoch einschätzen, bei gleichzeitig höchst signifikant unterschiedlich hohem Interesse im Fach Mathematik (siehe Tabelle 5.1.14). Dies ist ein Hinweis darauf, dass nicht das Interesse für das Unterrichtsfach für die Beziehung zur Lehrperson verantwortlich ist, sondern das Verhalten der Lehrperson im Unterricht.

Motivierungsfähigkeit der Lehrperson. Die dritte Skala zur Erfassung der sozialen Beziehungen ist die Motivierungsfähigkeit der Lehrperson und bezieht sich auf die Gestaltung des Unterrichts. Die Skala baut auf Items, die mit dem Begriff Enthusiasmus als erfolgreiche Interaktions- und Kommunikationsausprägung in Zusammenhang stehen: Eine spannende Unterrichtsgestaltung, eine interessante Stoffvermittlung oder die spürbare Begeisterungsfähigkeit der Lehrperson. Eine enthusiastische Lehrperson vermag die Bedeutsamkeit und Relevanz des Inhaltes bzw. ihr eigenes Interesse daran authentisch zu vermitteln, was wiederum Motivation und Engagement der Lernenden fördert.

Die Hypothese, dass eine unterstützende Unterrichtskommunikation mit erhöhten Werten der von den Schülerinnen und Schülern wahrgenommenen Motivierungsfähigkeit der Lehrperson einhergeht, kann klar bestätigt werden. Ein Viertel der Gesamtvarianz wird durch die Unterschiede auf der Klassenebene erklärt und die Resultate sind, abgesehen von der (isolierten) motivationalen Unterstützung, in allen Modellen signifikant. Die Werte für die

Mädchen und Jungen sind beinahe identisch für die Zusammenhänge zwischen der Unterrichtskommunikation und der wahrgenommenen Motivierungsfähigkeit der Lehrperson (siehe Tabelle 6.1.12). Obwohl Mädchen und Jungen bei der Eingangsbefragung eine unterschiedlich hohe Motivierfähigkeit der Lehrperson angeben (siehe Tabelle 5.1.14), geht diese bei einer unterstützenden Unterrichtskommunikation bei beiden Geschlechtern mit einer vergleichbar höheren Einschätzung einher.

Relevanz für die Unterrichtspraxis. Sich in einer Klasse zugehörig fühlen, „gemocht" zu werden und eine gute Beziehung zur Lehrperson zu haben sind theoretisch und empirisch bestätigte Faktoren, welche das motivational-emotionale Unterrichtserleben von Schülerinnen und Schülern positiv beeinflussen. Die vorliegende Arbeit zeigt, dass sowohl für die Beziehung zur Lehrperson als auch für die Wahrnehmung deren Motivierungsfähigkeit die unterstützende Unterrichtskommunikation eine bedeutsame Rolle spielt. So erscheint es bedeutsam, dass die Lehrperson die Unterrichtskommunikation bewusst gestaltet und dabei

- einen authentischen, empathischen, fürsorglichen und respektvollen Umgang mit den Schülerinnen und Schülern pflegt;
- Interaktionen im Unterricht von Peer zu Peer als auch den Austausch von der Lehrperson zu den Schülerinnen und Schülern ermöglicht;
- eine angstfreie Lernumgebung (z.B. anhand von sozialen Bezugsnormen) schafft;
- aufmerksam zuhört und die Denkprozesse der Schülerinnen und Schüler verstehen will;
- die Bedeutsamkeit des Unterrichtsinhaltes und die eigene Auseinandersetzung mit dem Lerngegenstand engagiert vermittelt.

7.1.5 Interpretation der Resultate zur Zielorientierung

Die Forschung zur Zielorientierung hat Unterrichtsaspekte in Mastery-orientierten Unterrichtssettings identifiziert, welche sich positiv auf die Motivation, das Engagement und die Leistung der Schülerinnen und Schüler auswirken. Allen voran werden die Unterstützung der Lehrperson, der respektvolle Umgang in der Klasse und die Förderung der Interaktionen zwischen den Schülerinnen und Schülern genannt. Unterstützende Dialoge fördern eine Mastery-

Struktur im Unterricht und ermöglichen ein positives motivationales Unterrichtserleben, beispielsweise im Erleben von Selbstwirksamkeit.

Mastery Goals. Entgegen den Annahmen aus der Theorie und entgegen den formulierten Hypothesen, dass eine unterstützende Unterrichtskommunikation positiv mit einer von den Schülerinnen und Schülern wahrgenommenen Mastery-Orientierung zusammenhängt, zeigen die Resultate dieser Arbeit keine entsprechenden Zusammenhänge auf. Die Befunde zu den Aspekten der Zielorientierung sind insgesamt enttäuschend, denn es wurde erwartet, dass ähnlich den Studien von Turner und Kolleginnen (2002; 2003; Turner & Patrick, 2004) Zusammenhänge von unterstützender Instruktion und wahrgenommener Zielorientierung gefunden werden. Als einziges Modell ergibt die Interaktion von mathematikbezogenem Interesse mit Ausprägungen der Unterrichtskommunikation ein signifikantes, doch eher schwaches Resultat. Der Zusammenhang zwischen Interesse und der Einschätzung der Mastery-Goal-Orientierung im Unterricht ist in Klassen mit tieferem Anteil an *nicht* unterstützender Kommunikation etwas stärker ausgeprägt. In der Interpretation dieser Resultate können zwei mögliche Erklärungen benannt werden, sie werden folgend erläutert.

Operationalisierung des theoretischen Konstrukts. Als erster Grund für die erwartungswidrigen Resultate scheint die Operationalisierung des Konstrukts „Zielorientierung" vordergründig zu sein. Die Zielorientierung ist ein theoretisch begründetes Konstrukt, welches empirisch schwierig zu erfassen bzw. zu operationalisieren ist. Zudem entstammt das Konstrukt aus den USA, was kulturspezifische Phänomene nicht ausschliessen lässt.

Die für die vorliegende Arbeit verwendete Skala zur Erfassung der Mastery Goals umfasst drei Items mit folgenden Inhalten:

- Durch den Unterricht zum Nachdenken angeregt werden;
- zufrieden sein, wenn die Aufgaben zum Nachdenken anregen;
- zufrieden sein, wenn ich intensiv arbeite.

Im Vergleich dazu verwendeten Turner et al. (2002) und Turner und Patrick (2004) Fragen aus dem PALS[31] (Patterns of Adaptive Learning Survey; Midgley et al., 1996), welcher die Verständnisorientierung, die positive Fehlerkultur und die Ermutigung, Herausforderungen anzunehmen, fokussiert. Nebst den inhaltlichen Unterschieden des Fragebogens ist auch die fokussierte Person eine andere: Der in dieser Arbeit verwendete Fragebogen bezieht sich auf die Einschätzung der Schülerinnen und Schüler in Bezug auf sich selbst, die Fragen aus dem PALS beziehen sich auf das Verhalten der Lehrperson als Gestalterin einer Mastery-Struktur im Unterricht. Für die vorliegende Untersuchung wären auch die Fragen nach der Wahrnehmung der Zielorientierung in der Klasse *(perception of classroom goal structure)* interessant, wie sie im PALS[32] ebenfalls vorgeschlagen werden. Dies in der Annahme, dass die Lehrperson durch die Art der Unterrichtskommunikation vor allem die wahrgenommene Zielorientierung in einer Klasse prägt. Die Erfassung der wahrgenommenen Bezugsnorm bzw. der Beurteilungsformen in einer Klasse wär zudem dienlich gewesen, um die wahrgenommene Zielorientierung bei den Schülerinnen und Schülern zu messen und mit der Unterrichtskommunikation in Zusammenhang zu bringen. Die Frage, ob bei der Verwendung einer anderen Skala andere Resultate hinsichtlich des Zusammenhangs von Unterrichtskommunikation und Mastery-Orientierung hervorgebracht hätten, bleibt dahingestellt.

Erhebung der Zielorientierung via Fragebogen. Fragebogen zur Erfassung der Zielorientierung können grundsätzlich in Frage gestellt werden (Buff et al., 2011). Die Problematik bei der Verwendung von Fragebogen ist, inwieweit die Schülerinnen und Schüler im Alltag überhaupt das theoretische Konstrukt Zielorientierung „denken" können. Die Vermutung lautet dahingehend, dass die *„natural occurrance"* von Aspekten der Zielorientierung unter Umständen überschätzt wird (Urdan & Mestas, 2006, S. 355). Es wird deshalb zur Erfassung der Zielorientierung vorgeschlagen, weniger einschränkende und mehr idiographische Zugänge zu verwenden, beispielsweise in Form von offenen Interviews (Buff et al., 2011), zumindest als Ergänzung zu den Fragebogen. Dies ist eine Forderung, die schon früher von anderen Autoren gestellt wurde

---

31 Beispielitems der Skala ‚Perception of Teacher's Mastery Goals' (Alpha=0.83) des PALS, verwendet bei Turner et al. (2002): „My teacher thinks mistakes are okay in math as long as we are learning" oder „My teacher wants us to understand our math work, not just memorize it."

32 Beispielitem der Skala ‚Perception of classroom mastery goal structure' (Alpha=0.76) des PALS: „In our class, really understanding the material is the main goal."

(vgl. Harackiewicz & Linnenbrink, 2005a; Elliot & McGregor, 2001). Patrick, Kaplan und Ryan (2011) postulieren zudem, dass die Wahrnehmung des Lehrerverhaltens sehr individuell sei. „There is no ‚objective' classroom goal structure" (ebd., S. 368).

Performance Goals. Auch für die Performance Goals lassen sich keine Zusammenhänge mit der unterstützenden Unterrichtskommunikation der Lehrpersonen aufzeigen. Einzig ergibt die Interaktion von Interesse und der Ausprägung der Unterrichtskommunikation ein signifikantes, jedoch schwaches Resultat: Der Zusammenhang zwischen mathematikbezogenem Interesse und Performance-Approach-Orientierung ist in Klassen mit höherem Anteil an nicht unterstützender Kommunikation etwas stärker ausgeprägt. Für die schwachen Resultate gelten ähnliche Überlegungen wie für die Mastery Goals, was die Abweichungen zu Turners Resultaten betrifft.

Die Kovariablen zeigen, dass das Geschlecht in beiden Dimensionen der Performance-Orientierung einen bedeutsamen Einfluss hat, nicht aber bei der Mastery-Orientierung. Dass eine Performance-Orientierung von den Jungen stärker wahrgenommen wird, zeigen auch andere Studien (vgl. Bouffard, Boisvert, Vezeau & Larouche, 1995; Middleton & Midgley, 1997; Pajares & Valiante, 2001). In den geschlechterspezifischen Mehrebenenanalysen zeigen sich jedoch keine Zusammenhänge zur Unterrichtskommunikation (vgl. Kapitel 6.3.5.3). Alles Dimensionen der Mastery Goals werden von den Jungen im Durchschnitt höher eingeschätzt als von den Mädchen (siehe Tabelle 5.1.14), was aber nicht in Verbindung zu den nicht signifikanten Resultaten der Mehrebenenanalysen steht.

Relevanz für die Unterrichtspraxis. Die Zusammenhänge der Unterrichtskommunikation mit der wahrgenommenen Ziel-orientierung der Schülerinnen und Schüler können anhand dieser Untersuchung nicht bestätigt werden. Nichts desto trotz bleibt die Zielorientierungstheorie mit ihren Implikationen für die Unterrichtsgestaltung bzw. für die Unterrichtskommunikation eine vielversprechende Theorie. Das TARGET Konzept (*Task, Authority, Recognition, Grouping, Evaluation, Time* ; vgl. Kapitel 3.4.7) zur Unterrichtsgestaltung im Sinne einer Mastery-Orientierung mit den entsprechenden Hinweisen zur Unterrichtskommunikation bleibt bedeutsam. Die Inhalte dazu werden an dieser Stelle nicht mehr wiederholt.

Das Fazit und der Ausblick orientiert sich deshalb an der Aussage von Patrick et al. (2011, S. 378): „Future research that investigates the role of teachers' instructional practices for mastery goal structure would contribute to a better understanding of the interplay between the academic and social dimensions of classroom environments." Zur Erfassung und Analyse der Dimensionen der Zielorientierungstheorie im Zusammenhang mit der Unterrichtskommunikation benötigt es weitere Untersuchungen.

7.1.6 Interpretation der Resultate der positiven und negativen Affektivität

Abgesehen von den individuellen Bedingungen sind es sowohl die Charakteristika der Lernumgebung als auch die Qualität des Instruktionsverhaltens der Lehrperson, welche die schulischen Emotionen beeinflussen (vgl. Pekrun et al., 2002a). Die Unterrichtskommunikation zählt dabei zu den zentralen Faktoren, ein positives Lernklima zu ermöglichen.

Die Resultate der Mehrebenenanalysen zeigen signifikante, jedoch sehr schwache Zusammenhänge der positiven Affektivität, gemessen im Eingangsfragebogen. Ein Zusammenhang der Unterrichtskommunikation zur positiven Affektivität kann nur bei den Jungen festgestellt werden (Jungen geben umso mehr positive Affektivität an, je mehr unterstützende Unterrichtskommunikation sie im Unterricht erleben), nicht aber bei den Mädchen (vgl. Tabelle 6.1.14).

Die negative Affektivität weist – abgesehen von der (isolierten) motivationalen Unterstützung – in allen Modellen signifikante, aber ebenfalls eher schwache Zusammenhänge zum Unterstützungsgrad der Unterrichtskommunikation auf. Bei der negativen Affektivität ergibt es für beide Geschlechter einen signifikanten Zusammenhang, bei den Mädchen einen negativen mit der unterstützenden, bei den Jungen einen positiven mit der nicht unterstützenden Unterrichtskommunikation.

Keine signifikanten Effekte ergeben sich bei den Affektivitäten, die unmittelbar nach den videographierten Lektionen gemessen wurden. Diese wurden allerdings mit einer etwas unterschiedlichen Skala erfasst, was einen Vergleich der absoluten Werte verhindert.

Der Schultyp und das mathematikbezogene Interesse spielt eine signifikante Rolle. Interessanterweise ist der Schultyp in den Modellen der Mehrebenenanalysen über die Gesamtstichprobe für die positive Affektivität eine signifikante Kovariable, zugunsten der Realschule bzw. Realschulzweig der Gesamtschule. Das heisst, dass Schülerinnen und Schüler dieses Schultypus eher positive Emotionen notieren. Auch bei den geschlechtergetrennten Mehrebenenanalysen ergeben sich für die Jungen höchst signifikante Zusammenhänge vom Schultyp (ebenfalls Realschule bzw. Realschulzweig der Gesamtschule) mit der positiven Affektivität. Dies gilt weder für die Mädchen noch für die negativen Emotionen. Interessant wäre es, anhand offener Fragen die Unterschiede im Erleben von positiven Emotionen innerhalb der Schultypen zu ergründen.

Das mathematikbezogene Interesse hat bei den Mehrebenenanalysen zur positiven Affektivität den höchsten Wert und damit den grössten Einfluss (vgl. Tabelle 6.1.14), im Vergleich zu den anderen motivational-emotionalen Aspekten des Unterrichterlebens und vor allem auch im Vergleich zur negativen Affektivität. Damit zeigt sich die Nähe der beiden Konstrukte. Interesse als auch positive Emotionen werden in der Eingangsbefragung von den Jungen deutlich höher als von den Mädchen angegeben, nicht aber die negativen Emotionen. Diese werden nicht signifikant unterschiedlich angegeben, was der gängigen Meinung widerspricht, dass Mädchen generell negativere Emotionen gegenüber dem Fach Mathematik haben als Jungen. Dieses Ergebnis deckt sich mit den Befunden von Goetz et al. (2013), der ebenso keine erhöhte Ängstlichkeit (als eine Ausprägung der negativen Emotionen) der Mädchen in den Mathematiklektionen im Gegensatz zu den männlichen Kollegen festgestellt hat. Die Lehrpersonen dürfen diesbezüglich auf keinen Fall ein mögliches Klischee verstärken.

Die einmalige Erfassung der Emotionen mit einem Fragebogen ist schwierig. Die Emotionen wurden im Eingangsfragebogen mit der Frage „Wie fühlst du dich im Mathematikunterricht im Allgemeinen?" erhoben, mit den Items interessiert, aktiv, aufmerksam und wach für die positiven, mit nervös, ängstlich, bedrückt und verärgert für die negativen Affektivitäten. Es stellt sich die Frage, ob eine einmalige Erhebung der unterrichtsbezogenen Emotionen eine genügend hohe Aussagekraft hat. Buff et al. (2011) schlagen in Hinblick auf die Methode zur Erfassung der Affektivitäten ein mehrmaliges Erheben affektiven Erlebens während des Unterrichts und die Ergänzung durch Daten aus Beobachtungen vor. Dies hätte aber ein deutlich grösserer Aufwand bedeutet.

Relevanz für die Unterrichtspraxis. Die Zusammenhänge der unterstützenden Unterrichtskommunikation mit dem affektiven Erleben werden durch die vorliegende Arbeit in der Tendenz bestätigt. Insbesondere das Abschwächen von negativen Emotionen durch eine unterstützende Unterrichtskommunikation bei den Mädchen ist ein relevanter Befund. Die Lehrperson hat die Möglichkeit, die Emotionen der Schülerinnen und Schüler zu beeinflussen, nämlich durch diese Aspekte (Auswahl):

- Eine Förderung der Kompetenzüberzeugung bei den Schülerinnen und Schülern;
- eine strukturierte Präsentation der Lerninhalte und das Ermöglichen zu konzeptuellem Denken;
- eine Begünstigung von Mastery-Strukturen;
- eine emotionalen, wertschätzenden und freundlichen Zuwendung;
- eine engagierte und interessierte Haltung den Schülerinnen und Schülern gegenüber.

Für die Mädchen scheint im Fach Mathematik die unterstützende Unterrichtskommunikation besonders wichtig zu sein, sie berichten im Vergleich zu den Jungen hinsichtlich Interesse und positiven Emotionen tiefere absolute Werte. Vor dem Hintergrund, dass positive Emotionen im Unterricht einerseits die Lernleistungen, andererseits auch ein lebenslanges Lernen begünstigen, sind die Resultate zu den Zusammenhängen einer unterstützenden Unterrichtskommunikation bedeutsam. Ebenso wichtig ist es, aber auch die gängigen Geschlechterklischees nicht zu verstärken. Angesichts der proklamierten Zusammenhänge von positiven Affekten zur Motivation und lernförderlichen Aspekten wären weitere Studien wünschenswert. Der grundsätzliche Bedarf an weiteren Forschungsergebnissen beschreiben auch Pekrun et al. (2002, S. 103):

> Findings imply that academic emotions are closely tied to students' self-appraisals of competence and control in the academic domain, to the values and goals they attach to learning and achievement, and to classroom instruction and social environments affecting control, values and goals. Implication for prevention, therapy, and an emotion-oriented design of educational environments can be deducted from the importance of these appraisals.

7.2 Beurteilung des Codierinstruments

Die Frage, ob das Codierinstrument, das ursprünglich von Turner et al. (2002) entwickelt und in einer Pilotstudie von Ledergerber (2006) auf den verwendeten Datensatz adaptiert wurde, bezüglich der Beurteilung der Unterrichtskommunikation der Lehrperson praktikabel und reliabel ist, wird in den folgenden Kapiteln beschrieben.

Das Codierinstrument hat zum Ziel, die Unterrichtskommunikation sowohl hinsichtlich der Unterstützung der Denk- und Verstehensprozesse, als auch die Unterstützung der motivational-emotionalen Prozesse beurteilen zu können.

7.2.1 Praktikabilität und Reliabilität

Die Codierungen der gesamten Stichprobe sind von zwei Personen durchgeführt worden. Es bedurfte einiger Trainings und Probecodierungen, bis eine zufriedenstellende Reliabilität erreicht werden konnte. Gestartet wurde mit den Beschreibungen der Kategorien bei Turner et al. (2002) und den Ergänzungen aus der Vorstudie, danach wurde während der ersten Codierarbeiten das Codiermanual fortlaufend ergänzt. Während der ersten Trainings wurden folgende Gelingfaktoren identifiziert:

- Die Festlegung der Codiereinheiten durch alle Analysesequenzen vor dem eigentlichen Codieren (und nicht parallel dazu);

- die regelmässigen Treffen, Besprechungen und Diskussionen zu den erstellten Codierungen, um Unklarheiten zu bereinigen;

- die Anpassungen, Ergänzungen und Verfeinerungen des Codiermanuals aufgrund der besprochenen Fälle, immer ergänzt mit veranschaulichenden Ankerbeispielen.

Die Interrater-Reliabilität hat sich mit jeder Probecodierung verbessert. Allerdings waren die Reliabilitätsergebnisse für die motivationale Kategorie von Beginn weg deutlich schlechter, im Gegensatz zu der instruktionalen Kategorie. Sie erforderte mehr Trainings und festgehaltene Abmachungen. Siehe dazu im Kapitel 7.2.3 die Ausführungen zur Thematik der Subjektivität und Objektivität der Codiererinnen.

Die häufigsten Uneinigkeiten waren folgende:

- Unsicherer Umgang mit kurzen „Ein-Wort"-Repliken und Feedbacks wie „okay", „mhm", „ja", „nein", „falsch", „weiter", „richtig" oder „gut".
- Die Versuchung, die wahrgenommene Stimmung (z.B. Empathie, Ärger) zu codieren, obwohl entsprechende Aussagen fehlten. Die nonverbalen Hinweise dienten zwar dazu, den Sinn einer Aussage zu interpretieren, doch mussten sich die Codes immer an eine verbale Aussage festmachen. Instruierte eine Lehrperson beispielsweise äusserst freundlich und empathisch, durfte nebst dem instruktionalen Code nicht gleichzeitig ein Code „motivational unterstützend" vergeben werden, ohne eine entsprechende verbale Aussage.
- Die Codierung einer längeren Interaktion bzw. einer längeren Codiereinheit, in der sowohl unterstützende als auch nicht unterstützende Aussagen vorkamen, war schwierig. In diesem Falle mussten die Codiererinnen eine Gewichtung vornehmen und zusammen entscheiden.

Mit den entsprechenden Trainings und Ergänzungen im Codiermanual konnte schliesslich eine zufriedenstellende Reliabilität erreicht werden, die derjenigen von Turner et al. (2002) entsprach. Trotz zufriedenstellender Reliabilitätswerte besteht bei einem hoch inferenten Ratingverfahren immer die Gefahr eines systematischen Fehlers. Nicht überprüft wurde beispielsweise, ob die Nationalität der Codiererinnen (CH) für die Codierung aller Analyseeinheiten (CH und D) einen Einfluss hat, im Sinne einer „Heimparteilichkeit" oder einer Verzerrung durch kulturelle Missverständnisse (vgl. Rakoczy, 2008; Clausen et al., 2003).

Da es sich trotz der A-priori-Kategorien um ein hoch inferentes Rating-Instrument handelt, gab es immer wieder Situationen, in denen der Interpretationsspielraum hoch war und Ambivalenzen auftraten. Für diese ‚Zonen der Unsicherheit' musste jeweils ein Konsens gesucht werden musste. Sie werden im folgenden Abschnitt erläutert.

7.2.2 Die Problematik der Dichotomie der Kategorien

Umgang mit Ambivalenzzonen. Bei den Unterrichtsdialogen, v.a. bei den instruktionalen, ergaben sich Ambivalenzzonen (Zonen der Unsicherheit), in denen die Codes nicht problemlos zu den Kategorien „unterstützend" oder „nicht unterstützend" zugewiesen werden konnten. Diese Unsicherheiten zeigen, dass die Realität der Unterrichtskommunikation keinem dichotomen System entspricht. Es bleibt die Diskussion darüber, inwiefern das äussere Erscheinungsbild einer Interaktion, zum Beispiel ein Hin und Her an geschlossenen Fragen und Antworten, nicht trotzdem unterstützende Wirkung haben könnte, beispielsweise aus motivationaler Sicht, indem die Schülerin oder der Schüler seine Kompetenz zeigen kann. Oder die Frage, ob eine Engführung des Unterrichts unter gewissen Umständen für schwache Schülerinnen und Schüler für den Moment sehr unterstützend sein kein, indem sie Sicherheit erlangen und positive Erfahrungen machen können. Strukturiertheit kann durchaus unterstützend sein, finden auch Jang et al., 2010, S. 580, „because such a style supports students' perceptions of competence, perceived control over valued outcomes, and self-regulated learning strategies".

Der Vorteil der videographierten Lektionen kommt hier zum Tragen, indem ganze Unterrichtssequenzen beobachtet werden können und darin wiederum einzelne Aussagen im Kontext. Die Entscheidung bleibt schlussendlich der Expertise der codierenden Personen überlassen, doch genau dadurch wird die hoch inferente Analyse anfällig für systematische Beurteilungsfehler. Für die vorliegende Arbeit wurde bei bleibenden Zweifeln in der Beurteilung einer Sequenz (wenn kein Konsens erreicht bzw. keine Entscheidung getroffen werden konnte), ein neutraler Code vergeben. Dies ist im publizieren Instrument von Turner und Kolleginnen (2002) so nicht vorgesehen, es gibt darin keine Anhaltspunkte, wie die Autorinnen die Problematik der Dichotomie gelöst haben.

Meyer und Turner (2002) haben die Probleme dieser Dichotomie jedoch ebenfalls erkannt. Zu Beginn ihrer Arbeit haben die Autorinnen die nicht unterstützenden Aussagen als ausschliesslich negativ bewertet, doch während ihrer weiteren Studien haben sie bemerkt, dass beispielsweise direktive lehrerzentrierte und -kontrollierte Dialoge durchaus auch ihre Berechtigung haben, z.B. die Einführung in eine Lektion oder eine Zusammenfassung am Schluss des Unterrichts. Die Autorinnen kommen zum Schluss, dass eine Balance zwischen den unterschiedlichen Formen von instruktionalen Aussagen wichtig ist.

„We now believe that it is the pattern or balance among the types of instructional discourse categories that provide the qualitatively rich understandings of what interactions are like in different classroom contexts" (ebd., S. 20).

Umgang mit neutralen Aussagen. Das Codiersystem kategorisiert unterstützen-de (=positiv) und nicht unterstützende Dialoge (=negativ), doch gibt es auch neutrale Aussagen, ausserhalb der Ambivalenzzone. Neutrale Aussagen sind Äusserungen, die weder positiv noch negativ zu werten sind:

* Organisatorische Aussagen („Holt nun alle hier vorne ein Aufgaben-blatt.");
* Aussagen, die keinen aufgabenbezogenen Zusammenhang haben („Ver-gesst nicht, dass morgen Sporttag ist.");
* Interaktionen der Lehrperson zu Dritten (z.B. zum Kamerateam);
* Aussagen aus der Ambivalenzzone;
* nicht verständliche Aussagen und nicht transkribierte Aussagen.

Wie schon in Kapitel 6.1. erwähnt, ist der Anteil dieser neutralen Kategorie von 12 bis 56 Prozenten *(M=35.5, SD=11.14)* beachtlich. Interessanterweise steigt der Anteil dieser Kategorie, je tiefer der Gesamtanteil an unterstützender Unter-richtskommunikation ist   (r=-.60). Oder umgekehrt: Je grösser der Anteil an unterstützender Unterrichtskommunikation ist, desto geringer ist der Anteil an neutraler Kommunikation.

Es wurden jedoch keine weiteren Auswertungen zu dieser „weder-noch"- bzw. zur neutralen Kategorie gemacht. Dies wäre jedoch Inhalt für weiterführende Untersuchungen: Weshalb haben einige Lehrpersonen sehr hohe Anteile an nicht aufgabenbezogener Unterrichtskommunikation? Liesse sich die Effektivi-tät der Unterrichtskommunikation durch gezielte Trainings der Lehrpersonen steigern?

7.2.3   Ist die motivationale Kategorie überflüssig?

In den deskriptiven Auswertungen der Unterrichtskommunikation und in den Mehrebenenanalysen ergeben sich in Bezug auf die beiden motivationalen Kategorien folgende Befunde:

* Die Kategorien ‚motivational' und ‚instruktional' wurden in unterschied-lichem Masse vergeben. Die instruktionale Kategorie tritt mit 47% im Vergleich zur motivationalen mit knapp 32% erwartungsgemäss häufiger auf.

- Die ‚motivational nicht unterstützende' Kategorie ist mit 7% deutlich untervertreten und nicht normalverteilt, sie wurde für isolierte Auswertungen nicht verwendet.
- Die ‚motivational unterstützende Kategorie' ist isoliert in keiner Kategorie signifikant, sie wirkt verstärkend in der Gesamtkategorie der unterstützenden Unterrichtskommunikation (U).
- Die ‚motivational unterstützende' und die ‚instruktional unterstützende' Kategorie korrelieren nicht signifikant.

Die motivationale Kategorie ist in dieser Arbeit eine eher schwache Kategorie, die zu keinen signifikanten Befunden führt, d.h., es lassen sich keine differenziellen Ergebnisse für die motivationale Kategorien ableiten. Diese Erkenntnis unterscheidet sich von den Ergebnissen bei Turner et al. (2002), welche die motivationale Kategorie als aussagekräftig bewerten, zum Beispiel im Zusammenhang zur Mastery-Goal-Orientierung. „It was the motivational discourse in the classrooms we observed that revealed a stronger association with students' perceptions of mastery goals" (Turner et al., 2003a, S. 383).

Weshalb die motivationale Kategorie in dieser Arbeit isoliert nicht sehr bedeutsam ist, könnte die folgenden drei Gründe haben:

Fehlende Trennschärfe zur instruktionalen Kategorie. Die Abgrenzung der motivationalen zur instruktionalen Kategorie ist inhaltlich nicht trennscharf. Zur Veranschaulichung zwei Beispiele:

a) Unter der motivationalen Kategorie ‚Zusammenarbeit aufbauen' wird auch ‚gemeinsame Ziele und geteilte Verantwortlichkeiten betonen' verstanden. Diese Kategorie liegt nahe bei der instruktionalen Kategorie ‚übertragene Verantwortung'.

b) Schülerinnen und Schüler ‚aktiv herausfordern' (motivational) kann je nach Situation auch anhand der Unterkategorie ‚Hinweise und Tipps' aus der instruktionalen Kategorie geschehen.

Die Vermutung liegt zudem nahe, dass sich die beiden Kategorien aus Sicht der Schülerwahrnehmung überlappen, es besteht eine schwache Korrelation der beiden Kategorien *(Kendall Tau b=0.24)*. Berechnungen zur effektiven Trennschärfe der beiden Kategorien wurden nicht erstellt.

Subjektivität und Emotionalität der Codiererinnen. Eine Schwierigkeit bei der motivationalen Kategorie war, dass die Subjektivität und Emotionalität der Codiererinnen eine grössere Rolle als in der instruktionalen Kategorie gespielt hat. Ob ein Witz witzig, ob ein Feedback authentisch, ob ein Lob echt und Enthusiasmus spürbar ist oder nicht, empfanden die beiden Codiererinnen nicht immer gleich. Der Versuch, die Videodaten möglichst „objektiv" zu analysieren und im Codiermanual möglichst exakte Ankerbeispiele festzuhalten, konnte der Problematik wohl nicht in jeder einzelnen Situation gerecht werden. Umgekehrt versuchten die Codiererinnen, möglichst sparsam mit den neutralen Codes umzugehen.

Dazu kommt die Tatsache, dass auch Schülerinnen und Schüler ermutigende, motivierende, lustige oder strenge Aussagen der Lehrperson je nach Situation und Beziehungsqualität ebenfalls unterschiedlich aufnehmen und bewerten. Bei der instruktionalen Kategorie war die Subjektivität und Emotionalität der Raterinnen kein Thema, sie war deshalb auch einfacher zu codieren.

Marginale Kategorie „motivational nicht unterstützend". Die Kategorie „motivational nicht unterstützend" ist mit 7% aller Unterrichtsdialoge marginal, was inhaltlich gesehen natürlich ein durchaus positives Ergebnis für die Analyse des Unterrichtsgeschehens in der Stichprobe ist. Die motivational nicht unterstützende Unterrichtskommunikation ist geprägt von Sarkasmus, Drohungen, öffentlichen negativen Bewertungen oder entmutigenden Aussagen. Ob sie in Turners Auswertungen eine bedeutsamere Rolle gespielt hat, lässt sich nicht feststellen. Die Kategorie ist relativ gut abgrenzbar und hat nur wenige Diskussionen beim Codieren ausgelöst. Auch wenn sie nicht isoliert auswertbar ist, zählen sie zur instruktional nicht unterstützenden Kategorie und ermöglicht dort aussagekräftigere Resultate.

In weiteren Analysen könnten diejenigen Lehrpersonen mit einem hohen Anteil motivational nicht unterstützenden Aussagen genauer beobachtet werden: Welches sind die Situationen oder Mechanismen, in denen sie eine nicht unterstützende Kommunikation anwenden? Liesse sich aus diesen Erkenntnissen etwas für die Prävention solcher demotivierenden Aussagen gewinnen?

7.2.4 Fazit und Ausblick

Die wichtigsten Kernaussagen zum adaptierten Codierinstrument von Turner et al. (2002) sind kurz zusammengefasst folgende:

- Mit einem angemessenen Training und einem elaborierten Codiermanual wird eine gute Reliabilität erreicht mit dem Resultat, dass sich das Instrument praktikabel einsetzen lässt.

- Die Vorteile der Einfachheit und Praktikabilität des Codierinstruments mit wenigen A-priori-Kategorien stehen den Einschränkungen eines hoch inferenten Rating Systems gegenüber. Dieses erfordert eine Expertise der Codierer und Codiererinnen, und birgt damit auch die Gefahr systematischer und unsystematischer Beurteilungsfehler.

- Die Trennung der beiden Kategorien ‚instruktional' und ‚motivational' erweist sich in den Mehrebenenanalysen als überflüssig, da keine isolierten, signifikanten Ergebnisse für die motivationale Kategorie gefunden werden konnten.

Für weitere Untersuchungen mit diesem Instrument müsste die neutrale Kategorie („weder-noch"-Kategorie) nochmals neu überdacht werden und gezielter analysiert werden, da sich daraus sicher noch mehr Erkenntnisse ziehen liessen. Gerade im Zusammenhang mit einem effektiven Classroom Management und einer hohen Time-on-Task wäre es interessant herauszufinden, weshalb ausgerechnet bei den weniger unterstützenden Lehrpersonen der neutrale, nicht aufgabenbezogene Anteil Unterrichtskommunikation in der Tendenz höher ist als bei den unterstützenden Lehrpersonen. Ebenso interessant wäre es herauszufinden, inwiefern die Anteile der neutralen Aussagen durch ein gezieltes Training in der Unterrichtskommunikation verringert werden könnten und welchen Effekt dies auf die kognitiven, motivationalen und emotionalen Aspekte des Lernens hätten.

Turners und Meyers Schlussfolgerung, dass eine Balance der unterschiedlichen Formen von instruktionalen Aussagen wichtig sei, muss weiterverfolgt werden. In dieser Hinsicht müsste auch die Trennung von ‚instruktional' und ‚motivational' erneut überlegt werden, da die Differenzierung der Unterrichtskommunikation in eine motivationale und in eine instruktionale Kategorie in dieser Arbeit im Gegensatz zu den Ergebnissen von Turner nicht von Bedeutung war. Möglichkeiten sind einerseits eine verbesserte Schärfung der Kategorien, andererseits müsste vielleicht auch die beobachtete nonverbale Kommunikation mit einbezogen werden, um dem motivationalen Geschehen und den positiven und negativen Affektivitäten als Folge der Unterrichtskommunikation gerecht zu werden. Ob durch eine Verfeinerung bzw. Ergänzung des Codierinstruments die motivationale Kategorie sichtbarer würde, bleibt vorerst dahingestellt. Gänzlich nicht einbezogen wurden weitere Daten zur Beurteilung der Unterrichtskommunikation, zum Beispiel offene Interviewfragen an die Lehrpersonen oder Schülerinnen und Schüler. Sowohl globale und als auch differenzierte Aussagen zur eigenen und zur wahrgenommenen Unterrichtskommunikation könnten das von aussen beobachtete Bild ergänzen und allenfalls Erklärungen zu besonderen Phänomenen liefern.

7.3   Limitationen der Analysen

Die methodischen Möglichkeiten zur Datenanalyse wurden sowohl in dieser Arbeit als auch den zahlreichen vorangegangenen Studien der binationalen Videostudie vielfältig genutzt.

Im Folgenden wird das methodische Vorgehen der Arbeit kritisch reflektiert und Limitationen aufgezeigt. Vorneweg sei nochmals erwähnt, dass die vorliegende Arbeit keinen Beitrag an die Weiterentwicklung der Mathematikdidaktik leistet. Eine fachdidaktische Analyse der Unterrichtkommunikation war kein Ziel dieser Arbeit.

7.3.1   Wahl der Stichprobe

Freiwillige Teilnahme an der Studie. Die Stichprobe ist mit 40 Klassen auf videographierten Lektionen, Befragungs- und Testdaten breit abgestützt, der grosse Datensatz ermöglicht durch die Triangulation eine breite mehrperspektivische und multikriteriale Sicht und damit vielfältige prozess- und ergebnisbezogene Analysen. Der Datensatz zeichnet sich mehrheitlich durch eine sehr gute Bild- und Tonqualität aus und es konnten 39 von 40 Klassen mit 117 videographierten Lektionen in die Auswertungen einbezogen werden (vgl. Kapitel 5.4.1). Die Stichprobe ist aber im engeren Sinne keine repräsentative, da aufgrund des sehr aufwändigen Studiendesigns die Lehrpersonen mit ihren Klassen auf freiwilliger Basis partizipierten.

Schulformen und kulturspezifische Differenzierungen. Die Schulformen in der Schweiz und in Deutschland sind ungleich verteilt. In der Schweiz nahmen nur drei gymnasiale und dafür 17 Klassen aus der Sekundarschule an der Studie teil, in Deutschland war die Verteilung mit neun gymnasialen respektive elf Klassen des Realschulzweigs ausgeglichener.

Die Schulform wurde in allen Analysen als Kovariable einbezogen, jedoch konnten signifikante Zusammenhänge (immer zugunsten der Sekundarschule bzw. des Realschulzweigs der Gesamtschule) nur in drei Modellen festgestellt werden:

- Positive Affektivität (Gesamtstichprobe);
- Motivierfähigkeit der Lehrperson (Jungen);
- negativen Emotionen (Jungen).

Da ein kultureller Vergleich über die beiden Nationen in dieser Arbeit kein Thema war, spielt das Ungleichgewicht in der Verteilung der Schulformen eine vernachlässigbare Rolle, ebenso die Tatsache, dass die Schweizer Schülerinnen und Schüler aufgrund unterschiedlicher Curricula ein Jahr jünger sind als die deutschen Kolleginnen und Kollegen.

Die kulturellen Befunde sind aber durchaus interessant. Lipowsky et al. (2005) stellten einen Interaktionseffekt zwischen Schulform und Land fest: Die Schweizer Sekundarstufenschülerinnen und -schüler nehmen die Rahmenbedingungen für Lehr- und Lernbedingungen vergleichsweise günstig wahr, in Deutschland wird die Situation mit sinkendem Schulniveau als eher ungünstig beurteilt. Zudem wird über alle Klassen die Qualität der Lehrer-Schüler-Beziehung in der Schweiz positiver eingeschätzt, Schweizer Schülerinnen und Schüler fühlen sich insgesamt wohler in der Schule und sozial eingebundener. Inwiefern kulturspezifische Analysen für die Zusammenhänge der Unterrichtskommunikation mit motivationalem und affektivem Erleben neue Ergebnisse gebracht hätten, bleibt unbeantwortet.

Wahl der Analyseeinheiten. Die Einführungslektionen in die Satzgruppe bieten ein standardisiertes Unterrichtsthema, die Lehrpersonen waren frei in der Ausgestaltung (bis auf die Aufforderung, eine Beweisführung zu integrieren). Bei der Auswahl der Analyseeinheiten über die drei Lektionen jeder Klasse wurde auf eine ausgewogene und sinnvolle Mischung der Sozialformen, der inhaltsbezogenen Aktivitäten und Funktionen des Unterrichts geachtet (vgl. Kapitel 5.4.2). Dennoch handelt es sich mit einer durchschnittlichen Sequenz von 50

Minuten pro Lehrperson um keine vollständige Analyse der Unterrichtskommunikation. Es wurde nicht kontrolliert, inwiefern die Auswahl für die Lehrperson im Vergleich zu den nicht analysierten Unterrichtseinheiten repräsentativ ist. Zu bedenken ist aber, dass die nicht analysierten Unterrichtseinheiten Phasen umfassen, die sich für die Auswertungen der Interaktionen nicht eignen, in denen die Lehrperson beispielsweise einen Vortrag hält, Organisatorisches klärt oder die Schülerinnen und Schüler in Stillarbeitsphasen oder in unbetreuten Partner- oder Gruppenaktivitäten Aufgaben lösen. Unter diesem Gesichtspunkt erscheint die Menge der analysierten Unterrichtseinheiten in einem besseren Licht.

7.3.2   Fragebogendaten

Unterschiedliche Zeitpunkte bei der Erhebung der Daten. Die Fragebogendaten wurden zu Beginn des Schuljahres erhoben, in einer zweiten Phase unmittelbar nach den videographierten Lektionen und in Form einer Abschlussbefragung am Ende des Schuljahres. Für die vorliegende Arbeit wurden fast ausschliesslich die Daten des Eingangsfragebogens verwendet, weit vor dem Zeitpunkt der videographierten und analysierten Unterrichtslektionen. Die Daten des Eingangsfragebogens sind für die Ziele dieser Untersuchung umfassender (Anzahl motivational-emotionale Skalen, Anzahl Klassen bzw. Schülerinnen und Schüler) als diejenigen der Zwischen- und der Endbefragung. Dass dies methodisch zu verantworten ist, wurde mit der Prüfung der Stabilität des Lehrpersonenverhaltens in der beschriebenen Stichprobe (vgl. Kapitel 5.7.2) und dem Fakt, dass die Schülerinnen und Schüler schon mindestens ein Jahr bei ihrer Lehrperson im Unterricht sind, begründet. Dies unter den empirisch gestützten Annahmen, dass das Lehrpersonenverhalten in Bezug auf ihre unterstützende Unterrichtskommunikation (vgl. Schultz, 1982, zit. in Jang, Reeve & Deci, 2010) oder für die Schüler-Lehrpersonen-Interaktionen (Seidel & Prenzel, 2006) eine stabile Grösse ist.

Was mit der zeitlich unterschiedlichen Lage der Datenerhebung auf den ersten Blick methodisch als nicht optimal beurteilt werden kann, rechtfertigt sich in hohem Masse durch die oben genannten Fakten.

Einbezug weiterer Daten. Die Angaben der Lehrpersonen (Fragebogen und Interview) als zusätzliche Informationsquellen wären für weitere differenzielle

Auswertungen der Unterrichtskommunikation und deren Zusammenhänge durchaus interessant gewesen. Beispielsweise, inwiefern das Lehr-Lernverständnis der Lehrpersonen bzw. ihre handlungsleitenden Kognitionen mit den Resultaten analysierter videographierter Unterrichtseinheiten übereinstimmen (vgl. Leuchter, 2009; Leuchter et al., 2008; Leuchter & Pauli, 2006). Ebenfalls interessant wäre, die Zusammenhänge der Unterrichtskommunikation mit den Leistungsdaten der Schülerinnen und Schüler zu analysieren: Inwiefern hängen die durch die unterstützende Unterrichtskommunikation positiven motivationalen und emotionalen proklamierten Aspekte mit den Leistungsdaten bzw. Prüfungsresultaten zusammen?

Grenzen der Fragebögen. Die Verwendung von Fragebogen limitiert einerseits die Erfassung komplexer Prozesse wie zum Beispiel des affektiven Erlebens oder der Wahrnehmung einer Mastery-Goal-Orientierung (vgl. Buff et al., 2011). Eine zusätzliche Triangulation von Methoden wäre dabei hilfreich, z.B. additive Interviews, eine kontinuierliche Erfassung oder erweiterte Beobachtungen. Andererseits ist die Möglichkeit der vollständigen Operationalisierung einzelner Skalen aufgrund der Fülle von Items in den Fragebögen eine Limitation, mit der sich die Forschenden auseinandersetzen müssen. Fragebögen können nicht beliebig lang sein. Die Vielfalt und Menge der verwendeten Variablen beschränken die Anzahl Items einzelner Skalen. Dies hat zur Folge, dass einzelne Variablen häufig nicht ganz so umfassend erfragt werden können, wie es für die entsprechenden Fragestellungen hilfreich wäre.

7.3.3   Effektstärken der Mehrebenenanalysen

Die Resultate der Mehrebenenanalysen zeigen in vielen Bereichen signifikante Resultate, doch von einer Signifikanz alleine lässt sich noch nicht auf die Effektstärke schliessen bzw. auf die praktische Relevanz. Allgemein werden Effektstärken > 0.50 als gross, Effektstärken von $0.50-0.30$ als moderat/mittel und Effektstärken von $0.30-0.10$ als klein bzw. < 0.10 als trivial interpretiert (Bortz & Döring, 2006, S. 606). In dieser Arbeit ergaben sich mehrheitlich kleine Effektstärken für die Zusammenhänge der motivational-emotionalen Aspekte des Unterrichtserlebens mit dem Unterstützungsgrad der Unterrichtskommunikation. Der Vollständigkeit halber wurden auch Mehrebenenanalysen bei Intraklassen-Koeffizienten unter 0.05 gerechnet, obwohl dies genau genommen nicht nötig wäre.

Die Problematik der kleinen Effektstärken ist für die Unterrichtsforschung anhand von Mehrebenenanalysen mit motivationalen Variablen bekannt, die Resultate müssen mit entsprechender Vorsicht interpretiert werden (vgl. Rakoczy, 2008; Kunter, 2005; Seidel et al., 2005).

Gleichzeitig führen die ungleichen Erfassungszeitpunkte der Daten zu tieferen Effekterwartungen, ebenso die Tatsache, dass motivationale Variablen häufig deutlich geringere Intraklassen-Korrelationen aufweisen als beispielsweise Leistungsvariablen (vgl. Kunter, 2006). Unter diesem Gesichtspunkt können die Resultate durchaus als relevant für die Praxis bezeichnet werden.

7.4 Bedeutung für die Aus- und Weiterbildung von Lehrpersonen

Eine unterstützende Unterrichtskommunikation ist bedeutsam für motivational-emotionale Aspekte des Unterrichtserlebens. Unter der Prämisse, dass die Wahrnehmung und Interpretation des Unterrichts entscheidend für motivationale Prozesse der Schülerinnen und Schüler sind, bildet die Unterrichtskommunikation ein Kernstück gelingender Unterrichtslektionen. Die vorliegende Arbeit beschreibt die die Relevanz der Unterrichtskommunikation und zeigt auf, welche Elemente ein unterstützendes Unterrichtsgespräch ausmachen. Zudem sind 117 videographierte und codierte Unterrichtslektionen Resultat dieser Arbeit.

Für die Aus- und Weiterbildung von Lehrpersonen können genau diese videographierten und analysierten Unterrichtslektionen gewinnbringend eingesetzt werden, denn die Videos ermöglichen das „anschauliche Zeigen, Illustrieren, Konkretisieren von gelingendem, beispielhaftem, innovativem Unterricht in Variationen und von angestrebten Kompetenzen in prototypischer Form" (Reusser, 2005, S. 12). Aus den vielen Videosequenzen lassen sich Beispiele gelungener Unterrichtskommunikation extrahieren und für die Aus- und Weiterbildung weiterverwenden bzw. videobasierte Trainingsprogramme für Lehrpersonen erstellen (vgl. Gröschner, Seidel, Pehmer & Kiemer, 2014). Situiertes Lernen anhand von Unterrichtsvideos hat ein innovatives Potenzial durch den mehrperspektivischen Blick auf den Unterricht. Dabei scheinen folgende Aspekte zentral (vgl. Reusser, 2005; Pauli & Reusser, 2006; Krammer et al., 2008; Krammer, 2009):

- *Reflexion des videographierten Lehrerhandelns.* Videos eignen sich, unterschiedliche Sichtweisen und Perspektiven auf den Unterricht zu reflektieren, zu diskutieren und zu vergleichen (beispielsweise mit eigenen Videos), mit dem Ziel der Entwicklung eines Qualitätsbewusstseins von Lehrpersonen. Die Diskussionen können in Kleingruppen, in Super- oder Intervisionssettings geführt werden oder in Qualitätszirkeln (Gärtner, 2007) oder mit Coaches (Staub, 2001) geschehen. Der Transfer auf die eigene Unterrichtspraxis wird dadurch angeregt, ebenso kann die Umsetzung der Erkenntnisse in der Planung oder in der Durchführung des Unterrichts begleitet und wiederum reflektiert werden.

- *Videos als Referenzobjekte.* Sie dienen als objektivierbare Referenzpunkte zur Verständigung von Phänomenen im Unterricht, zur Erarbeitung einer gemeinsamen Basis, einer professionellen Sprache und einheitlichen Zielen bzw. Standards. Unterrichtsausschnitte können zur Demonstration von situativen „best practice"-Ausschnitten mit Fokus auf relevante Gesichtspunkte dienen, wobei diese nie unabhängig vom Kontext und Inhalt betrachtet werden dürfen.

- *Pädagogische Kasuistik.* Videostudien können Material (Videos, Transkripte, Unterrichtsmaterialien) für eine Sammlung professionellen Lehrerhandelns anhand von „Fällen" zur Verfügung stellen. Diese wiederum können themenspezifisch und für definierte Verwendungszwecke aufbereitet werden und damit problemorientierte Unterrichtssettings anhand realer Beispiele aus der Unterrichtspraxis ermöglichen.

Wichtig dabei erscheint, dass die Lehrerbildnerinnen und -bildner „einen prozessorientierten, respektvollen Umgang mit den Unterrichtsvideos pflegen sowie einen theoretisch abgestützten und analytisch begründeten Diskurs über die Unterrichtskommunikation, deren kontextuelle Bedingtheit und möglichen Auswirkungen auf das Lernen der Schülerinnen und Schüler führen können" (Krammer, 2009, S. 308).

Unterrichtsvideos alleine lösen noch nicht die erwünschten Lernprozesse aus, sie sind nur ein Hilfsmittel – der erfolgreiche Einsatz der Videos hängt von der sorgfältigen Gestaltung der Lernsettings mit kompetenter Begleitung und der Relevanz von intelligenten Lernaufgaben bzw. -inhalten ab (Krammer et al., 2008; 2009; Reusser, 2005; Kobarg & Seidel, 2007).

8 Literatur

Ackermann, Ch. (2000). *Autonomieerleben im Unterricht. Theoretische und empirische Erschliessung des im Rahmen der Selbstbestimmungstheorie von Deci und Ryan (1985) zentralen Konstrukts „Autonomie" und dessen Beziehung zur Lernmotivation.* Unveröffentlichte Dissertation.

Adey, P. & Shayer, M. (2001). *Thinking science.* London: Nelson Thormes.

Aebli, H. (1951). *Didactique psychologique. Application à la didactique de la psychologie de Jean Piaget.* Neuchâtel: Delachaux & Niestlé. Deutsch: *Psychologische Didaktik. Didaktische Auswertung der Psychologie Jean Piagets.* Stuttgart: Klett (6. Auflage 1976).

Aebli, H. (1980). *Denken. Das Ordnen des Tuns. Band 1: Kognitive Aspekte der Handlungstheorie.* Stuttgart: Klett.

Aebli, H. (1983). *Zwölf Grundformen des Lehrens. Eine Allgemeine Didaktik auf psychologischer Grundlage.* Stuttgart: Klett-Cotta.

Aebli, H. (1984). Handlungen verstehen. In J. Engelkomp (Hrsg.), *Psychologische Aspekte des Verstehens* (S. 131-146). Berlin: Springer.

Alderman, M.K. (1999). *Motivation for achievement. Possibilities for teaching and learning.* Mahwah, NJ: Erlbaum.

Alexander, R.J. (2001). *Culture and Pedagogy: International Comparisons in Primary Education.* Boston: Blackwell.

Alexander, R.J. (2004). Talking to Learn. *TES Magazine, 1,* 1-4.

Alexander, R.J. (2008). *Towards Dialogic Teaching: rethinking classroom talk (4th edition).* York: Dialogos.

Allodi, M.W. (2010). The meaning of social climate of learning environments: Some reasons why we do not care enough about it. *Learning Environments Research, 13,* 89-104.

American Association for the Advancement of Science (1993). *Benchmarks for science literacy.* New York: Oxford University Press.

Ames, C. (1990). Motivation: What teachers need to know. *Teachers College Record, 91,* 409-421.

Ames, C. (1992). Classrooms: Goals, structures, and student motivation. *Journal of Educational Psychology, 84,* 261-271.

Ames, C. & Archer, J. (1988). Achievement Goals in the classroom: Students' learning strategies and motivational processes. *Journal of Educational Psychology, 80,* 260-267.

Anderman, E.M. & Maehr, M.L. (1994). Motivation and schooling in the middle grades. *Review of Educational Research, 64(2),* 287-309.

Anderman, L.H. & Anderman, E.M. (Eds.) (2000). The role of social context in educational psychology: Substantive and methodological issues [Special issue]. *Educational Psychologist, 35(2).*

Anderman, E.M. & Young, A.J. (1994). Motivation and strategy use in science: Individual differences and classroom effects. *Journal of Research in Science Teaching, 31(8),* 811-83.

Anderman, E.M. & Wolters, C. (2006). Goals, Values, and Affect. In P. Alexander & P. Winne (Eds.), *Handbook of Educational Psychology, 2nd Edition* (pp. 369-390). Mahwah, NJ: Lawrence Erlbaum.

Applebee, A.N. & Langer, J.A. (1983). Instructional scaffolding: Reading and writing as natural language activities. *Language Arts, 60(2),* 8-15.

Assor, A. & Kaplan, H. (2001). Mapping the domain of autonomy support: Five important ways to enhance or undermine students' experience of autonomy in learning. In A. Efklides, J. Kuhl & R. Sorrentino (Hrsg.), *Trends and prospects in motivational research* (pp.102-120). The Hague: Kluwer Academic Publications.

Assor, A., Kaplan, H. & Roth, G. (2002). Choice is good, but relevance is excellent: Autonomy-enhancing and suppressing teacher behaviours predicting students' engagement in schoolwork. *British Journal of Educational Psychology, 72(2),* 261-278.

Atkinson, J.W. (1957). Motivational determinants of risk-taking behavior. *Psychological Review, 64,* 359-372.

Atteslander, P. (2000). *Methoden der empirischen Sozialforschung.* New York: De Gruyter.

Balke, S. & Stiensmeier-Pelster, J. (1995). Die Erfassung der motivationalen Orientierung – Eine deutsche Form der Motivational Orientation Scales (MOS-D). *Diagnostica, 41,* 80-94.

Bandura, A. (1977). Self-efficacy: Toward a unifying theory of behavioral change. *Psychological Review, 84,* 191-215.

Bandura, A. (1982). Self-efficacy mechanism in human agency. *American Psychologist, 37,* 122-144.

Bandura, A. (1986). *Social foundations of thought and action: A social cognitive theory.* Englewood Cliffs, NJ: Prentice Hall.

Bandura, A. (1993). Perceived self-efficacy in cognitive development and functioning. *Educational Psychologist, 28(2),* 117-148.

Bandura, A. (1995). Exercise of personal and collective self-efficacy in changing societies. In A. Bandura (1995), *Self-efficacy in Changing Societies,* (pp. 1-45). Cambridge: Cambridge University Press.

Bandura, A. (1997). *Self-Efficacy. The Exercise of Control.* New York: Freeman.

Bandura, B. & Schunk, H.D. (1981). Cultivating competence, self-efficacy, and intrinsic interest through proximal self-motivation. *Journal of personality and social Psychology, 41,* 586-598.

Baumert, J., Kunter, M., Blum, W., Brunner, M., Voss, T., Jordan, A., Klusmann, U., Krauss, S., Neubrand, M. & Tsai, Y. (2010). Teachers' mathematical knowledge, cognitive activation in the classroom, and student progress, *American Educational Research Journal, 47,* 133-180.

Baumert, J. & Köller, O. (2000a). Motivation, Fachwahlen, selbstreguliertes Lernen und Fachleistungen im Mathematik- und Physikunterricht der gymnasialen Oberstufe. In: J. Baumert, W. Bos & R. Lehmann (Hrsg.), *TIMSS/III, 2* (S. 181-213). Opladen: Leske + Budrich.

Baumert, J. & Köller, O. (2000b). Unterrichtsgestaltung, verständnisvolles Lernen und multiple Zielerreichung im Mathematik- und Physikunterricht der gymnasialen Oberstufe. In J. Baumert, W. Bos & R. Lehmann (Hrsg.), *TIMSS/III: Dritte Internationale Mathematik- und Naturwissenschaftsstudie – Mathematische und naturwissenschaftliche Bildung am Ende der Schullaufbahn, Bd. 2: Mathematische und physikalische Kompetenzen in der Oberstufe* (S. 271-315). Opladen: Leske + Budrich.

Baumert, J., Gruehn, S., Heyn, S., Köller, O. & Schnabel, K.-U. (1997). *Bildungsverläufe und psychosoziale Entwicklung im Jugendalter (BIJU). Dokumentation, Band 1. Skalen Längsschnitt I, Welle 1-4.* Berlin: Max-Planck-Institut für Bildungsforschung.

Berelson, B. (1971). *Content Analysis in Communication Research.* New York: Hafner.

Biaggi, S. (2010). Individuelle Lernunterstützung im Mathematikunterricht. Eine videobasierte Analyse mikrogenetischer Kommunikationsaspekte während Schülerarbeitsphasen. Unveröffentlichte Lizentiatsarbeit der Universität Zürich.

Black, A.E. & Deci, E. (2000). The effects of instructors' autonomy support and students' autonomous motivation on learning organic chemistry: A self-determination theory perspective. *Science Education, 84,* 740-756.

Boekaerts, M. (1994). Anger in relation to school learning. *Learning and Instruction, 3,* 269-280.

Boekaerts, M. (2001). Context sensitivity: Activated motivational beliefs, current concerns and emotional arousal. In S. Volet & S. Järvelä (Eds.), *Motivation in learning contexts: Theoretical advances and methodological implications* (pp. 17-31). Amsterdam: Pergamon.

Boekaerts, M. (2002). Intensity of emotions, emotional regulation, and goal framing: How are they related to adolescents' choice of coping strategies. *Anxiety, Stress, and Coping, 15,* 401-412.

Boekaerts, M., de Koning, E. & Vedder, P. (2006). Goal-directed behavior and contextual factors in the classroom: An innovative approach to the study of multiple goals. *Educational Psychologist, 41(1),* 33-51.

Bong, M. (2004). Academic Motivation in self-efficacy, task value, achievement goal orientations, and attributional beliefs. *The Journal of Educational Research, 97(6)*, 287-297.

Borko, H. (2004). Professional development and teacher learning: Mapping the terrain. *Educational Researcher, 33(8)*, 3-15.

Bortz, J. (2005). *Statistik für Human- und Sozialwissenschaftler (6. Aufl.)*. Heidelberg: Springer Verlag.

Bortz, J. & Döring, N. (2006). *Forschungsmethoden und Evaluation für Human- und Sozialwissenschaftler (4. Aufl.)*. Berlin: Springer.

Bouffard, T., Boisvert, J., Vezeau, C. & Larouche, C. (1995). The impact of goal orientation on self-regulation and performance among college students. *British Journal of Educational Psychology, 65(3)*, 317-329.

Brophy, J. (2000). *Teaching*. Brussels: International Academy of Education / International Bureau of Education (IAE).

Brophy, J. (2006). History of research on classroom management. In C.M. Evertson & C.S. Weinstein (Eds.), *Handbook of Classroom Management: Research, Practice, and Contemporary Issues* (pp. 17-43). Mahwah, NJ: Lawrence Erlbaum Associates.

Brophy, J., Rohrkemper, M., Rashid, H. & Goldberger, M. (1983). Relationships between teachers' presentations of classroom tasks and students' engagement in those tasks. *Journal of Educational Psychology, 75*, 544-552.

Brophy, J. & Good, T.L. (1986). Teacher behaviour and student achievement. In M.C. Wittrock (Ed.), *Handbook of research on teaching* (pp. 328-375). London: Macmillan.

Bruner, J. (1978). The role of dialogue in language acquisition. In A. Sinclair, R.J. Jarvelle & W.J.M. Levelt (Eds.), *The Child's Concept of Language* (pp. 241-256). New York: Springer-Verlag.

Brunner, E., Reusser, K. & Pauli, C. (2010). Understanding-oriented mathematics instruction using the example of solving a word problem. *Journal für Mathematik-Didaktik, 31*, 31-50.

Buff, A., Reusser, K., Rakoczy, K. & Pauli, C. (2011). Activating positive affective experiences in the classroom: „Nice to have" or something more? *Learning and Instruction, 21*, 452–466.

Butler, R. & Neuman, O. (1995). Effects of task and ego achievement goals on help-seeking behaviors and attitudes. *Journal of Educational Psychologist, 87*, 261-271.

Butler, R. (2007). Teachers' achievement goal orientations and associations with teachers' help seeking: Examination of a novel approach to teacher motivation. *Journal of Educational Psychology, 99(2)*, 241-252.

Butler, R. (2008). Achievement goals for teaching as predictors of students' perceptions of instructional practices and students' help seeking and cheating. *Learning and Instruction, 18,* 453-467.

Cazden, C. (2001). *Classroom discourse: The language of teaching and learning (2nd ed.).* Portsmouth: Heinemann.

Chapin, S. & O'Connor, M.C. (2004). Project Challenge: Identifying and developing talent in mathematics within low-income urban schools. *Boston University School of Education Research Report, 1,* 1-6.

Chi, M.T.H., Siler, S.A., Jeong, H., Yamauchi, T. & Hausmann, R.G. (2001). Learning from human tutoring. *Cognitive Science, 25(4),* 471-533.

Church, M.A., Elliot, A.J. & Gable, S.L. (2001). Perceptions of classroom environment, achievement goals, and achievement outcomes. *Journal of Educational Psychology, 93,* 43–54.

Clausen, M. (2002). *Unterrichtsqualität: Eine Frage der Perspektive.* Münster: Waxmann.

Clausen, M., Reusser, K. & Klieme, E. (2003). Unterrichtsqualität auf der Basis hochinferenter Unterrichtsbeurteilungen. Ein Vergleich zwischen Deutschland und der deutschsprachigen Schweiz. *Unterrichtswissenschaft, 31(2),* 122-141.

Clore, G.L. & Huntinger, J.R. (2007). How emotions inform judgment and regulate thought. *Trends in Cognitive Sciences, 11,* 393-399.

Clore, G.L. & Huntinger, J.R. (2009). How the object of affect guides ist impact. *Emotion Review, 1,* 39-54.

Cobb, P., Stephan, M., McClain, K. & Gravemeijer, K. (2001). Participation in classroom mathematical practices. *The Journal of the Learning Sciences, 10(1),* 113-163.

Cohen, J. (1988). *Statistical Power Analysis for the Behavioral Sciences.* Hillsdale: Lawrence Erlbaum Associates.

Collins, A., Brown, J.S. & Newman, S.E. (1989). Cognitive Apprenticeship: Teaching the crafts of reading, writing and mathematics. In L.B. Resnick (Ed.), *Knowing, learning and instruction. Essays in the Honor of Robert Glaser* (pp. 453-494). Hillsdale: Erlbaum.

Collins, A.M., Greeno, J.G. & Resnick, L.B. (2001). Educational learning theory. In N. Smelser & P.B. Baltes (Eds.), *International encyclopedia of the social and behavioral sciences* (pp. 4276-4279). Oxford, UK: Elsevier.

Cornelius-White, J. (2007). Learner-centered teacher-student relationships are effective: A metaanalysis. *Review of Educational Research, 77(1),* 113-143.

Covington, M.V. (1992). *Making the grade: A self-worth perspective on motivation and school reform.* New York: Cambridge University Press.

Covington, M.V. (2002). Rewards and intrinsic motivation: A needs-based developmental perspective. In F. Pajares & T. Urdan (Eds.), *Academic motivation of adolescents* (pp. 169-192). Greenwich, CT: Information Age.

Csikszentmihalyi, M. (1975). *Beyond freedom and anxiety*. San Francisco: Jossey-Bass.

Csikszentmihalyi, M., Rathunde, K. & Whalen, S. (1993). *Talented teenagers: The roots of success and failure*. Cambridge, UK: Cambridge University Press.

Csikszentmihalyi, M. (1990). *Flow: The psychology of optimal experience*. New York: Harper & Row.

De Charms, R. (1968). *Personal causation: The internal affective determinants of behavior*. New York: Academic.

Deci, E.L. & Ryan, R.M. (1985). *Intrinsic motivation and self-determination in human behavior*. New York: Plenum.

Deci, E.L. & Ryan, R.M. (1991). A motivational approach to self: Integration in personality. In R. Dienstbier (Ed.), *Nebraska Symposium on Motivation: Vol. 38. Perspectives on motivation* (pp. 237-288). Lincoln: University of Nebraska Press.

Deci, E.L. & Ryan, R.M. (1993). Die Selbstbestimmungstheorie der Motivation und ihre Bedeutung für die Pädagogik. *Zeitschrift für Pädagogik, 39,* 223-238.

Deci, E.L. & Ryan, R.M. (2000). Self-determination theory and the facilitation of intrinsic motivation, social development and well-being. *American Psychologist, 1,* 68-78.

Deci, E.L. & Ryan, R.M. (2000a). The „what" and „why" of goal pursuits: Human needs and the self-determination of behavior. *Psychological inquiry, 11(4),* 227-268.

De Corte, E. (2003). Designing learning environments that foster the productive use of acquired knowledge and skills. In E. De Corte, L. Verschaffel, N. Entwistle & J.J.G. van Merrienboer (Eds.), *Powerfull learning environments: unravelling basic components and dimensions* (pp. 21-33). Amsterdam: Pergamon.

De Corte, E., Verschaffel, L., Entwistle, N. & van Merrienboer, J.J.G. (Eds.) (2003). *Powerful learning environments: Unravelling basic components and dimensions.* Amsterdam: Pergamon.

Deitering, F. G. (1995). *Selbstgesteuertes Lernen*. Göttingen: Verlag für angewandte Psychologie.

Dickhäuser, O. & Meyer, W.-U. (2006). Gender differences in young children's math ability attributions. *Psychology Science, 48,* 3-16.

Dowson, M. & McInerney, D.M. (2001). Psychological parameters of students' social and work avoidance goals: A qualitative investigation. *Journal of Educational Psychology, 93,* 35-42.

Dowson, M. & McInerney, D.M. (2003). What do students say about their motivational goals? Towards a more complex and dynamic perspective on student motivation. *Contemporary Educational Psychology, 28,* 91-113.

Drollinger-Vetter, B. (2011). *Verstehenselemente und strukturelle Klarheit. Fachdidaktische Qualität der Anleitung von mathematischen Verstehensprozessen im Unterricht.* Münster: Waxmann.

Drollinger-Vetter, B., Lipowsky, F., Pauli, C., Reusser, K. & Klieme, E. (2006). Cognitive level in problem segments and theory segments. *Zentralblatt für Didaktik der Mathematik, 38,* 399-412.

Dunkin, M. & Biddle, B. (1974). *The study of teaching.* New York: Holt, Rinehart & Winston.

Dweck, C.S. (1986). Motivational processes affecting learning. *American Psychologist, 42,* 2040-2048.

Dweck, C.S. (1992). The study of goals in psychology. *Psychological Science, 3,* 165-166.

Dweck, C.S. (1999). *Self theories: Their role in motivation, personality, and development.* Philadelphia: Psychology Press.

Dweck, C.S. & Leggett, E.L. (1988). A social-cognitive approach to motivation and personality. *Psychological Review, 95(2),* 256-273.

Eccles, J.S., Wigfield, A., Midgley, C., Reuman, D., Mac Iver, D. & Feldlaufer, H. (1993). Negative effects of traditional middle schools on students' motivation. *The Elementary School Journal, 93,* 554-574.

Einsiedler, W. (2000). Von Erziehungs- und Unterrichtsstilen zur Unterrichtsqualität. In M.K.M. Schweer (Hrsg.), *Lehrer-Schüler-Interaktion. Pädagogisch-psychologische Aspekte des Lehrens und Lernens in der Schule* (S. 109-128). Opladen: Leske + Budrich.

Elliot, A.J. & Dweck, C.S. (1988). Goals: An approach to motivation and achievement. *Journal of Personality and Social Psychology, 72(1),* 218-232.

Elliot, A.J. & Church, M.A. (1997). A hierarchical model of approach and avoidance achievement motivation. *Journal of Personality and Social Psychology, 72,* 218-232.

Elliot, A.J. & Sheldon, K.M (1997). Avoidance achievement motivation: A personal goal analysis. *Journal of Personality and Social Psychology, 73,* 171-185.

Elliot, A.J., McGregor, H.A. & Gable, S. (1999). Achievement goals, study strategies and exam performance: A mediational analysis. *Journal of Educational Psychology, 91(3),* 549-563.

Elliot, A.J. & McGregor, H.A. (2001). A 2x2 achievement goal framework. *Journal of Personality and Social Psychology, 80,* 501-519.

Elliot, A.J. (2005). A conceptual history of the achievement goal construct. In A.J. Elliot & C.S. Dweck (Eds.), *Handbook of Competence and Motivation* (pp. 52 – 72). New York: The Guilford Press.

Elliot, A.J. & Murayama, K. (2008). On the measurement of achievement goals: Critique, illustration, and application. *Journal of Educational Psychology, 100,* 613-628.

Epstein, J.L. (1989). Family structures and student motivation: A developmental perspective. In C. Ames & R.J. Sternberg (Eds.). *Teaching thinking skill: Theory and practice* (Vol. 3, pp. 259-295). San Diego: Academic Press.

Evertson, M. & Weinstein, C. (2006). *Handbook of classroom management: Research, practice, and contemporary Issues.* Mahwah, NJ: Lauwrence Erlbaum Associates.

Fast, L.A., Lewis, J.L., Bryant, M.J., Bocian, K.A., Cardullo, R.A., Rettig, M. & Hammond, K.A. (2010). Does math self-efficacy mediate the effect of the perceived classroom environments on standardized math test performance? *Journal of Educational Psychology, 102(3),* 729-740.

Fend, H. (1998). *Qualität im Bildungswesen. Schulforschung zu Systembedingungen, Schulprofilen und Lehrerleistungen.* Weinheim: Juventa.

Fend, H. (2006). *Neue Theorie der Schule. Einführung in das Verstehen von Bildungssystemen.* Wiesbaden: VS Verlag für Sozialwissenschaften.

Flick, U. (2005). *Qualitative Sozialforschung.* Reinbek bei Hamburg: Rowohlt.

Ford, M.E. (1992). *Motivating humans: Goals, emotions, and personal agency beliefs.* Newbury Park, CA: Sage.

Fraser, B.J., Walberg, H.J., Welch, W.W. & Hattie, J.A. (1987). Synthesis of educational productivity research. *International Journal of Educational Research, 11,* 145-252.

Fraser, B.J., Aldridge, J.M. & Adolphe, F.S.G. (2010). A cross-national study of secondary science classroom environments in Australia and Indonesia. *Research in Science Education, 40,* 551-571.

Frenzel, A.C., Pekrun, R. & Goetz, T. (2007). Girls and mathematics – A "hopeless" issue? A control-value approach to gender differences in emotions towards mathematics. *European Journal of Psychology of Education, 22,* 497-514.

Friedel, J.M., Cortina, K.S., Turner, J.C. & Midgley, C. (2007a). Changes in efficacy beliefs in mathematics across the transition to middle school: Examining the effects of perceived teacher and parent goal emphases. *Journal of Educational Psychology, 102,* 102-114.

Friedel, J.M., Cortina, K.S., Turner J.C. & Midgley, C. (2007b). Achievement goals, efficacy beliefs and coping strategies in mathematics: The roles of perceived parent and teacher goal emphases. *Contemporary Educational Psychology, 32,* 434-458.

Fuchs, C. (2005). *Selbstwirksam Lernen im schulischen Kontext. Kennzeichen – Bedingungen – Umsetzungsbeispiele.* Kempten: Klinkhardt.

Gage, N.L. & Berliner, D.C. (1998). *Educational Psychology* (6th ed.). Boston: Houghton Mifflin.

Garity, J. & Butts, D. (1984). The relationship among teacher classroom management behavior, student engagement, and student achievement of middle and high school science students of varying aptitude. *Journal of Research in Science Teaching, 21(1),* 55-61.

Gärtner, H. (2007). *Unterrichtsmonitoring. Evaluation eines videobasierten Qualitätszirkels zur Unterrichtsentwicklung.* Münster: Waxmann.

Goetz, T., Pekrun, R., Hall, N. & Haag, L. (2006). Academic emotions from a social-cognitive perspective: Antecedents and domain specificity of students' affect in the context of Latin instruction. *British Journal of Educational Psychology, 76,* 289-308.

Goetz, T., Frenzel, A.C., Hall, N.C. & Pekrun, R. (2008). Antecedents of academic emotions: Testing the internal/external frame of reference model for academic enjoyment. *Contemporary Educational Psychology, 33,* 9-33.

Goetz, T., Bieg, M., Lüdtke, O., Pekrun, R. & Hall, N. C. (2013). Do girls really experience more anxiety in mathematics? *Psychological Science, 24(10),* 2079-2087.

Gonida, E.N., Voulala, K. & Kiosseoglou, G. (2009). Students' achievement goal orientations and their behavioral and emotional engagement: Co-examining the role of perceived school goal structures and parent goals during adolescence. *Learning and Individual Differences, 19,* 53-60.

Greeno, J.G., Collins, A.M. & Resnick, L. (1996). Cognition and learning. In D. Berliner & R. Calfee (Eds.), *Handbook of Educational Psychology* (pp. 15 – 46). New York: McMillan.

Greve, W. & Wentura, W. (1997). *Wissenschaftliche Beobachtung: Eine Einführung.* PVU/Beltz, Weinheim.

Grolnick, W.S., Ryan, R.M. & Deci, E.L. (1991). The inner resources for school performance: Motivational mediators of children's perception of their parents. *Journal of Educational Psychology, 83,* 508-517.

Gruehn, S. (2000). *Unterricht und schulisches Lernen. Schüler als Quellen der Unterrichtsbeschreibung.* Münster: Waxmann.

Häussler, P., Hoffmann, L., Langenheine, R., Rost, J. & Sievers, K. (1998). A typology of students' interest in physics and the distribution of gender and age within each type. *International Journal of Science Education, 20(2),* 223-238.

Harackiewicz, J.M., Barron, K.E., Carter, S.M., Lehto, A.T. & Elliot, A.J. (1997). Predictors and consequences of achievement goals in the college classroom: Maintaining interest and making the grade. *Journal of Personality and Social Psychology, 73,* 1284-1295.

Harackiewicz, J.M., Pintrich, P.R., Barron, K.E., Elliot, A.J. & Trash, T.M. (2002). Revision of achievement goal theory: Necessary and illuminating. *Journal of Educational Psychology, 94,* 638-645.

Harackiewicz, J.M. & Linnenbrink, E.A. (2005a). Multiple achievement goals and multiple pathways for learning: The agenda and impact of P.R. Pintrich. *Educational Psychology, 40*, 75-84.

Harackiewicz, J.M., Durik, A.M. & Barron, K.E. (2005b). Multiple goals, optimal motivation, and the development of interest. In J.P. Forgas, K.D. Williams & S.M. Laham (Eds.), *Social motivation. Conscious and unconscious processes* (pp. 21-39). Cambridge: University Press.

Hardre, P.L. & Reeve, J. (2003). A motivational model of rural students' intentions to persist in, versus drop out of, high school. *JEP, 95,* 347-356.

Harlow, H.F. (1958). The nature of love. *American Psychologist, 13,* 673-685.

Hartig, J. & Rakoczy, K. (2010). Mehrebenenanalyse. In H. Holling & B. Schmitz (Hrsg.), *Handbuch Statistik, Methoden und Evaluation* (S. 538-547). Göttingen: Hogrefe.

Hattie, J. (2009). *Visible learning: A synthesis of over 800 meta-analyses relating to achievement.* New York (NY): Routledge.

Heck, R.H., Thomas, S.L. & Tabata, L. (2010). *Multilevel and longitudinal Modeling with IBM SPSS.* New York: Taylor & Francis.

Helmke, A. (2002). Kommentar: Unterrichtsqualität und Unterrichtsklima: Perspektiven und Sackgassen. *Unterrichtswissenschaft, 30(3),* 261-277.

Helmke, A. (2005). *Unterrichtsqualität* (5. Aufl.). Seelze: Kallmeyersche Verlagsbuchhandlung GmbH.

Helmke, A. (2007a). Guter Unterricht – nur ein Angebot. Interview mit dem Unterrichtsforscher Andreas Helmke. *Friedrich Jahresheft,* 62-64.

Helmke, A. (2007b). Was wissen wir über guten Unterricht? Wissenschaftliche Erkenntnisse zur Unterrichtsforschung und Konsequenzen für die Unterrichtsentwicklung. Abgerufen am 11.10.2012 unter: http://www.bildung.koeln.de/imperia/md/content/selbst_schule/downloads/andreas_helmke_.pdf.

Helmke, A. & Weinert, F.E. (1997). Bedingungsfaktoren schulischer Leistungen. In F.E. Weinert (Hrsg.), *Enzyklopädie der Psychologie: Bd. 3. Psychologie des Unterrichts und der Schule* (S. 71-176). Göttingen: Hogrefe.

Helmke, A. & Weinert, F.E. (1997). Unterrichtsqualität und Leistungsentwicklung: Ergebnisse aus dem SCHOLASTIK-Projekt. In F.E. Weinert & A. Helmke (Hrsg.), *Entwicklung im Grundschulalter* (S. 241-251). Weinheim: Beltz.

Helmke, A. & Helmke, T. (2004). Videobasierte Unterrichtsreflexion. *SEMINAR – Lehrerbildung und Schule, 10 (4),* 48-66.

Hembree, R. (1988). Correlates, causes, effects, and treatment of test anxiety. *Review of Educational Research, 58,* 47-77.

Hiebert, J., Carpenter, T., Fennema, E., Fuson, K., Wearne, D., Murray, F.B. et al. (1997). *Making sense. Teaching and learning mathematics with understanding.* Portsmouth: Heinemann.

Hiebert, J., Gallimore, R., Garnier, H., Givvin, K.B., Hollingsworth, H., Jacobs, J., Chui, A.M.Y., Wearne, D., Smith, M., Kersting, N., Manaster, A., Tseng, E., Etterbeek, W., Manaster, C., Gonzales, P. & Stigler, J.W. (2003). *Teaching mathematics in seven countries: Results from the TIMSS 1999 videostudy* (NCES 2003-013). Washington, DC: U.S. Department of Education.

Hiebert, J. & Grouws, D.A. (2007). The effects of classroom mathematics teaching on students' learning. In F.A. Lester (Ed.), *Second handbook of research on mathematics teaching and learning* (pp. 371-404). Charlotte, NC: Information Age.

Hmelo-Silver, C.E., Duncan, R.G. & Chinn, C.A. (2007). Scaffolding and achievement in problem-based and inquiry learning: A response to Kirschner, Sweller & Clark (2006). *Educational Psychologist, 42,* 99-107.

Hogan, K. & Pressley, M. (Eds.) (1997). *Scaffolding student learning. Instructional approaches and issues.* Cambridge: Brookline.

Hugener, I. (2008). *Inszenierungsmuster im Unterricht und Lernqualität. Sichtstrukturen schweizerischen und deutschen Mathematikunterrichts in seiner Beziehung zur Schülerwahrnehmung und Lernleistung, eine Videoanalyse.* Münster: Waxmann.

Hugener, I., Rakoczy, K., Pauli, C. & Reusser, K. (2006). Videobasierte Unterrichtsforschung: Integration verschiedener Methoden der Videoanalyse für eine differenzierte Sicht auf Lehr-Lernprozesse. In S. Rahm, I. Mammes & M. Schratz (Hrsg.), *Schulpädagogische Forschung (Band 1). Unterrichtsforschung – Perspektiven innovativer Ansätze* (S. 41-53). Innsbruck: Studienverlag.

Hugener, I., Krammer, K. & Reusser, K. (2007). Problemlösen im Mathematikunterricht. In K. Reusser, C. Pauli & K. Krammer (Hrsg.), *Unterrichtsvideos mit Begleitmaterialien für die Aus- und Weiterbildung von Lehrpersonen – DVD 2.* Universität Zürich: Pädagogisches Institut.

Hugener, I., Pauli, C. & Reusser, K. (2007). Inszenierungsmuster, kognitive Aktivierung und Leistung im Mathematikunterricht. In D. Lemmermöhle, M. Rothgangel, S. Bögeholz, M. Hasselhorn & R. Watermann (Hrsg.). *Professionell Lehren. Erfolgreich Lernen* (S. 109-122). Münster: Waxmann.

Hugener, I., Pauli, Ch., Reusser, K., Lipowsky, F., Rakoczy, K. & Klieme, E. (2009). Teaching patterns and learning quality in swiss and german mathematics lessons. *Learning and Instruction, 19,* 66-78.

Hyde, J.S., Fennema, E., Ryan, M., Frost, L.A. & Hopp, C. (1990). Gender comparison of mathematics attitudes and affect: A meta-analysis. *Psychology of Women Quarterly, 14,* 299-324.

Ireson, J. (2008). *Learners, learning and educational activity.* London: Routledge.

Jacobs, J., Garnier, H., Gallimore, R., Hollingsworth, H., Givvin, K.B., Rust, K., Kawanaka, T., Smith, M., Wearne, D., Manaster, A., Etterbeek, W., Hiebert, J. & Stigler, J.W. (2003). *TIMSS 1999 Video Study Technical Report: Volume 1: Mathematics Study.* Washington DC: National Center for Education Statistic, U.S. Department of Education.

Jang, H., Reeve, J. & Deci, E.L. (2010). Engaging students in learning activities: It is not autonomy support or structure but autonomy support and structure. *Journal of Educational Psychology, 102(3),* 588-600.

Janik, T., Seidel, T. & Najvar, P. (2009). Introduction: On the power of videostudies in investigating teaching and learning. In T. Janik & T. Seidel (Eds.), *The power of video studies in investigating teaching and learning in the classroom* (pp. 7-22). Münster: Waxmann.

Jurik, V., Gröschner, A. & Seidel, T. (2014). Redicting students' cognitive learning activity and intrinsic learning motivation: How powerful are teacher statements, student profiles, and gender? Learning and Individual Differences, http://dx.doi.org/10.1016/ j.lindif.2014.01.005

Kaplan, A., Gheen, M. & Midgley, C. (2002a). The classroom goal structure and student disruptive behavior. *British Journal of Educational Psychology, 72,* 191-211.

Kaplan, A., Middleton, M.J., Urdan, T. & Midgley, C. (2002). Achievement goals and goal structures. In C. Midgley (Ed.), *Goals, goal structures, and patterns of adaptive learning* (pp. 21-53). Mahwah, NJ: Erlbaum.

Kaplan, A. & Maehr, M.L. (2007). The contributions and prospects of goal orientation theory. *Educational Psychology Review, 19,* 141-184.

Karabenick, S.A. (2004). Perceived achievement goal structure and college student help seeking. *Journal of Educational Psychology, 96(3),* 569-581.

Kiemer, K., Gröschner, A., Pehmer, A.-K. & Seidel, T. (2015). Effects of a classroom discourse intervention on teachers'practice and students' motivation to learn mathematics and science. *Learning and Instruction, 35,* 94-103.

King, A. & Rosenshine, B. (1993). Effects of guided cooperative questioning on children's knowledge construction. *Journal of Experimental Education, 61(2),* 127-148.

Klieme, E., Schümer, G. & Knoll, S. (2001). Mathematikunterricht in der Sekundarstufe I: „Aufgabenkultur" und Unterrichtsgestaltung. In BMBF (Hrsg.), *TIMSS – Impulse für Schule und Unterricht. Forschungsbefunde, Reforminitiativen, Praxisberichte und Video-Dokumente.* Bonn: Bundesministerium für Bildung und Forschung (BMBF).

Klieme, E. & Reusser, K. (2003). Unterrichtsqualität und mathematisches Verständnis im internationalen Vergleich? Ein Forschungsprojekt und erste Schritte zur Realisierung. *Unterrichtswissenschaft, 31(3),* 194-205.

Klieme, E., Pauli, C. & Reusser, K. (Hrsg.). (2005). *Dokumentation der Erhebungs- und Auswertungsinstrumente der schweizerisch-deutschen Videostudie „Unterrichtsqualität, Lernverhalten und mathematisches Verständnis", Teil 1: Rakoczy, K., Buff, A. & Lipowsky, F.: Befragungsinstrumente (=Materialien zur Bildungsforschung, Bd. 13).* Frankfurt a.M.: DIPF & GFPF.

Klieme, E., Lipowsky, F., Rakoczy, K. & Ratzka, N. (2006). Qualitätsdimensionen und Wirksamkeit von Mathematikunterricht. Theoretische Grundlagen und ausgewählte Ergebnisse des Projekts „Pythagoras". In M. Prenzel & L. Allolio-Näcke (Hrsg.), *Untersuchungen zur Bildungsqualität von Schule. Abschlussbericht des DFG-Schwerpunktprogramms* (S. 127-146). Münster: Waxmann.

Klieme, E., Pauli, C. & Reusser, K. (Hrsg.) (2006a). *Dokumentation der Erhebungs- und Auswertungsinstrumente der schweizerisch-deutschen Videostudie „Unterrichtsqualität, Lernverhalten und mathematisches Verständnis", Teil 2: Lipowsky, F., Drollinger-Vetter, B., Hartig, J. & Klieme, E.: Leistungstests (=Materialien zur Bildungsforschung, Bd. 14).* Frankfurt a.M.: DIPF & GFPF.

Klieme, E., Pauli, C. & Reusser, K. (Hrsg.) (2006b). *Dokumentation der Erhebungs- und Auswertungsverfahren zur schweizerisch-deutschen Videostudie „Unterrichtsqualität, Lernverhalten und mathematisches Verständnis". Teil 3: Hugener, I., Pauli, C. & Reusser, K.: Videoanalysen (=Materialien zur Bildungsforschung, Bd. 15).* Frankfurt a.M.: DIPF & GFPF.

Klieme, E., Lipowsky, F., Rakoczy, K. & Ratzka, N. (2006a). Qualitätsdimensionen und Wirksamkeit von Mathematikunterricht. Theoretische Grundlagen und ausgewählte Ergebnisse des Projekts „Pythagoras". In M. Prenzel & L. Allolio-Näcke (Hrsg.), *Untersuchungen zur Bildungsqualität von Schule. Abschlussbericht des DGF-Schwerpunktprogramms* (S. 127-146). Münster: Waxmann.

Klieme, E., Pauli, C. & Reusser, K. (Hrsg.) (2006b). *Dokumentation der Erhebungs- und Auswertungsinstrumente der schweizerisch-deutschen Videostudie „Unterrichtsqualität, Lernverhalten und mathematisches Verständnis", Teil 2: Lipowsky, F. & Drollinger-Vetter, B., Hartig, J. & Klieme, E. (2006). Leistungstests (=Materialien zur Bildungsforschung, Bd. 14).* Frankfurt a.M.: Deutsches Institut für internationale pädagogische Forschung (DIPF).

Klieme, E. & Rakoczy, K. (2008). Empirische Unterrichtsforschung und Fachdidaktik. *Zeitschrift für Pädagogik, 54,* 222-237.

Klieme, E., Pauli, C. & Reusser, K. (2009). The Pythagoras Study: Investigating the effects of teaching and learning in swiss and german mathematic classrooms. In T. Janik & T. Seidel (Eds.), *The power of video studies in investigating teaching and learning in the classroom* (pp. 137-160). Münster: Waxmann.

Klusmann, U., Kunter, M., Trautwein, U., Lüdke, O. & Baumert, J. (2008). Teachers' occupational well-being and quality of instruction: The important role of self-regulatory patterns. *Journal of Educational Psychology, 100(3),* 702-715.

Knollmann, M. (2006). Kontextbezogene Emotionsregulationsstile. *Zeitschrift für pädagogische Psychologie, 20,* 113-123.

Knollmann, M. & Wild, E. (2007). Alltägliche Lernemotionen im Fach Mathematik: Die Bedeutung von emotionalen Regulationsstrategien, Lernmotivation und Instruktionsqualität. *Unterrichtswissenschaft, 35(4),* 334-354.

Kobarg, M. & Seidel, T. (2003). „Prozessorientierte Lernbegleitung im Physikunterricht". In T. Seidel, M. Prenzel, R. Duit & M.Lehrke (Eds.), *Technischer Bericht zur Videostudie „Lehr-Lern-Prozesse im Physikunterricht"* (pp.151-200). Kiel: IPN-Materialien.

Kobarg, M. & Seidel, T. (2007). Prozessorientierte Lernbegleitung – Videoanalysen im Physikunterricht der Sekundarstufe I. *Unterrichtswissenschaft, 35(2),* 148-168.

Kopp, J. & Lois, D. (2010). Einführung in die Mehrebenenanalyse (und Anwendung in Mplus / SPSS). Institut für Soziologie, Professur für empirische Sozialforschung, TU Chemnitz.

Kounin, J.S. (1976). *Effiziente Klassenführung.* Stuttgart: Klett.

Krammer, K. (2009). *Individuelle Lernunterstützung in Schülerarbeitsphasen. Eine videobasierte Analyse des Unterstützungsverhaltens von Lehrpersonen im Mathematikunterricht.* Münster: Waxmann.

Krammer, K. & Reusser, K. (2004). Unterrichtsvideos als Medium der Lehrerinnen- und Lehrerbildung. *SEMINAR – Lehrerbildung und Schule, 10(4),* 81-101.

Krammer, K. & Reusser, K. (2005). Unterrichtsvideos als Medium der Aus- und Weiterbildung von Lehrpersonen. *Beiträge zur Lehrerbildung, 23(1),* 35-50.

Krammer, K., Ratzka, N., Klieme, E., Lipowsky, F., Pauli, C. & Reusser, K. (2006). Learning with classroom videos: Conception and first results of an online teacher-training program. *Zentralblatt für Didaktik der Mathematik, 38(5),* 422-432.

Krammer, K., Schnetzler, C.L., Ratzka, N., Reusser, K., Pauli, C., Lipowsky, F. et al. (2008). Lernen mit Unterrichtsvideos: Konzeption und Ergebnisse eines netzgestützten Weiterbildungsprojekts mit Mathematiklehrpersonen aus Deutschland und der Schweiz. *Beiträge zur Lehrerbildung, 26(2),* 178-197.

Krammer, K., Schnetzler, C.L., Pauli, C., Ratzka, N. & Lipowsky, F. (2009). Kooperatives netzgestütztes Lernen mit Unterrichtsvideos. Wie Mathematiklehrpersonen aus Deutschland und der Schweiz gemeinsam ihren Unterricht analysieren und entwickeln. In K. Maag Merki (Hrsg.), *Kooperation und Netzwerkbildung. Strategien zur Qualitätsentwicklung in Schulen* (S. 40-52). Seelze-Velber: Klett/Kallmeyer.

Krammer, K., Schnetzler, C.L., Pauli, C., Reusser, K., Ratzka, N., Lipowsky, F. et al. (2010). Unterrichtsvideos in der Lehrerfortbildung: Überblick über Konzeption und Ergebnisse einer einjährigen netzgestützten Fortbildungsveranstaltung. In F.H. Müller, A. Eichenberger, M. Lüders & J. Mayr (Hrsg.), *Lehrerinnen und Lehrer lernen. Konzepte und Befunde zur Lehrerfortbildung* (S. 227-243). Münster: Waxmann.

Krammer, K., Lipowsky, F., Pauli, C., Schnetzler, C.L. & Reusser, K. (2012). Unterrichtsvideos als Medium zur Professionalisierung und als Instrument der Kompetenzerfassung von Lehrpersonen. In M. Kobarg, C. Fischer, I.M. Dalehefte, F. Trepke & M. Menk (Hrsg.), *Lehrerprofessionalisierung wissenschaftlich begleiten – Strategien und Methoden* (S. 69-86). Münster: Waxmann.

Krapp, A. (2000). Interest and human development during adolescence: An educational-psychological approach. In J. Heckhausen (Eds.), *Motivational psychology of human development – developing motivation and motivating development* (pp. 109-128). Oxford: Elsevier.

Krapp, A. (2002). An educational-psychological theory of interest and its relation to SDT. In E.L. Deci & R.M. Ryan (Eds). *Handbook of self-determination research* (pp. 405-427). Rochester: University Press.

Krapp, A. (2003). Nachhaltige Lernmotivation als Ziel von Bildung und Unterricht. In Arbeitskreis Gymnasium und Wirtschaft (Hrsg.), *Nachhaltige Lernmotivation und schulische Bildung, Heft 6: Motivieren und Evaluieren in Bildung und Unterricht* (S. 16-40). München: Arbeitskreis Gymnasium und Wirtschaft e.V.

Krapp, A. (2005).Basic needs and the development of interest and intrinsic motivational orientations. *Learning and Instruction, 15*, 381-395.

Krummheuer, G. & Brandt, B. (2001). Paraphrase und Traduktion. Weinheim: Beltz.

Kunter, M. (2005). *Multiple Ziele im Mathematikunterricht.* Münster: Waxmann.

Kunter, M. & Baumert, J. (2006). Who is the expert? Construct and criteria validity of student and teacher ratings of instruction. *Learning Environments Research, 9(3),* 231-251.

Kunter, M., Brunner, M., Baumert, J., Klusmann, U., Krauss, S., Blum, W., Brunner, M., Jordan, A. & Neubrand, M. (2006). Der Mathematikunterricht der PISA-Schülerinnen und -Schüler. Schulformunterschied in der Unterrichtsqualität. *Zeitschrift für Erziehungswissenschaft, 8(4),* 502-520.

Kunter, M., Dubberke, T., Baumert, J., Blum, W., Brunner, M., Jordan, A. et al. (2006). Mathematikunterricht in den PISA-Klassen 2004: Rahmenbedingungen, Formen und Lehr-Lernprozesse. In M. Prenzel, J. Baumert, W. Blum, R. Lehmann, D. Leutner, M. Neubrand et al. (Hrsg.), *PISA 2003: Untersuchungen zur Kompetenzentwicklung im Verlauf eines Schuljahres* (S. 161-194). Münster: Waxmann.

Kunter, M., Klusmann, U., Dubberke, T., Baumert, J., Blum, W. & Brunner, M. et al. (2007a). Linking aspects of teacher competence to their instruction. Results from the COACTIV projekt. In M. Prenzel (Ed.), *Studies on the educational quality of schools* (pp. 39-59). Münster: Waxmann.

Kunter, M., Baumert, J. & Köller, O. (2007b). Effective classroom management and the development of subject-related interest. *Learning and Instruction, 17*, 494-509.

Kunter, M., Tsai, Y.-M., Klusmann, U., Brunner, M., Krauss, S. & Baumert, J. (2008). Students' and mathematics teachers' perceptions of teacher enthusiasm and instruction. *Learning and Instruction, 18,* 468-482.

Kunter, M., Baumert, J., Blum, W., Klusmann, U., Krauss, S. & Neubrand, M. (Hrsg.) (2011). Professionelle Kompetenz von Lehrkräften. *Ergebnisse des Forschungsprogramms COACTIV.* Münster: Waxmann.

Labudde, P. & Zalesak, L. (2000). *Die Schweizer Physikresultate in TIMSS: Welche Folgerungen lassen sich ziehen?* Abgerufen am 10.10.2009 unter: http://www.vsmp.ch/bulletin/no84/timss.pdf.

Labbude, P., Börlin, J. & Beerenwinkel, A. (2014). *MINT-Nachwuchsbarometer: Langbericht und Kompaktbroschüre.* Abgerufen am 10.12.2014 unter: www.mintnachwuchsbarometer.ch.

Landis, J.R. & Koch, G.G. (1977). The measurement of observer agreement for categorical data. *Biometrics, 33,* 159–174.

Ledergerber, C. (2006). *Zielorientierung im Mathematikunterricht. Eine Untersuchung innerhalb der schweizerisch-deutschen Videostudie „Unterrichtsqualität, Lernverhalten und mathematisches Verständnis".* Unveröffentlichte Lizentiatsarbeit.

Lepper, M.R., Drake, M.F. & O'Donnell-Johnson, T. (1997). Scaffolding techniques of expert human tutors. In K. Hogan & M. Pressley (Eds.), *Scaffolding student learning: Instructional approaches and issues* (pp. 108-144). Cambridge MA: Brookline Books.

Leuchter, M. (2009). *Die Rolle der Lehrperson bei der Aufgabenbearbeitung. Unterrichtsbezogene Kognitionen von Lehrpersonen.* Münster: Waxmann.

Leuchter, M. & Pauli, C. (2006). Erhebung und Codierung handlungsleitender Kognitionen zur Einführung der Satzgruppe des Pythagoras. In E. Klieme, C. Pauli & K. Reusser (Hrsg.), *Videoanalysen. Dokumentation der Erhebungs- und Auswertungsinstrumente zur schweizerisch-deutschen Videostudie „Unterrichtsqualität, Lernverhalten und mathematisches Verständnis".* (Materialien zur Bildungsforschung, Band 15, Deutsches Institut für Internationale Pädagogische Forschung) (S. 234-246). Frankfurt am Main: GFPF.

Leuchter, M., Pauli, C., Reusser, K. & Lipowsky, F. (2006). Unterrichtsbezogene Überzeugungen und handlungsleitende Kognitionen von Lehrpersonen. *Zeitschrift für Erziehungswissenschaft, 9(4),* 562-579.

Leuchter, M., Reusser, K., Pauli, C. & Klieme, E. (2008). Zusammenhänge zwischen unterrichtsbezogenen Kognitionen und Handlungen von Lehrpersonen. In M. Gläser-Zikuda & J. Seifried (Hrsg.), *Lehrerexpertise – Analyse und Bedeutung unterrichtlichen Handelns* (S. 165-185). Münster: Waxmann.

Levine, L.J. & Burgess, S.L. (1997). Beyond general arousal: Effect of specific emotions on memory. *Social Cognition, 15,* 157-181.

Linnenbrink, E.A. (2006). Emotion research in education: Theoretical and methodological perspectives on the integration of affect, motivation, and cognition. *Educational Psychology Review, 18,* 307-314.

Linnenbrink, E.A. (2007). The role of affect in student learning: A multi-dimensional approach to considering the interaction of affect, motivation, and engagement. In P.A. Schutz & R. Pekrun (Eds.), *Emotion in education* (pp. 107-124). San Diego, CA: Academic Press.

Linnenbrink, E.A. & Pintrich, P. (2000). Multiple pathways to learning and achievement: The role of goal orientation in fostering adaptive motivation, affect, and cognition. In C. Sansone & J.M. Harackiewicz (Eds.), *Intrinsic and extrinsic motivation: The search for optimal motivation and performance* (pp. 196-227). San Diego, CA: Academic Press.

Linnenbrink, E.A. & Pintrich, P. (2001). Multiple goals, multiple contexts: The dynamic interplay between personal goals and contextual goal stress. In S. Volet & S. Järvelä (Eds.), *Motivation in learning contexts: Theoretical advances and methodological implications* (pp. 251-269). Amsterdam: Pergamon.

Linnenbrink, E.A. & Pintrich, P. (2002). Achievement goal theory and affect: An asymmetrical bidirectional model. *Educational Psychologist, 37(2),* 69-78.

Linnenbrink-Garcia, L., Tyson, D.F. & Patall, E.A. (2008). When are achievement goal orientations beneficial for academic achievement? A closer look at moderating factors. *International Review of Social Psychology, 21,* 19-70.

Lipowsky, F. (2002). Zur Qualität offener Lernsituationen im Spiegel empirischer Forschung – Auf die Mikroebene kommt es an. In U. Drews & W. Wallrabenstein (Hrsg.), *Freiarbeit in der Grundschule* (S. 126-159). Frankfurt: Arbeitskreis Grundschule.

Lipowsky, F., Thussbas, C., Klieme, E., Reusser, K. & Pauli, C. (2003). Professionelles Lehrerwissen, selbstbezogene Kognitionen und wahrgenommene Schulumwelt. Ergebnisse einer kulturvergleichenden Studie deutscher und Schweizer Mathematiklehrkräfte. *Unterrichtswissenschaft, 31(3),* 206-237.

Lipowsky, F., Rakoczy, K., Klieme, E., Reusser, K. & Pauli, C. (2005). Unterrichtsqualität im Schnittpunkt unterschiedlicher Perspektiven. Rahmenkonzept und erste Ergebnisse einer binationalen Studie zum Mathematikunterricht in der Sekundarstufe I. In H.G. Holtappels & K. Höhmann (Hrsg.), *Schulentwicklung und Schulwirksamkeit. Systemsteuerung, Bildungschancen und Entwicklung der Schule* (S. 223-238). Weinheim: Juventa.

Lipowsky, F., Rakoczy, K., Pauli, C., Reusser, K. & Klieme, E. (2007). Gleicher Unterricht – gleiche Chancen für alle? Die Verteilung von Schülerbeiträgen im Klassenunterricht. *Unterrichtswissenschaft, 35(2),* 125-147.

Lipowsky, F., Pauli, C. & Rakoczy, K. (2008). Schülerbeteiligung und Unterrichtsqualität. In M. Gläser-Zikuda & J. Seifried (Hrsg.), *Lehrerexpertise – Analyse und Bedeutung unterrichtlichen Handelns* (S. 67-90). Münster: Waxmann.

Lipowsky, F., Rakoczy, K., Pauli, Ch., Drollinger-Vetter, B., Klieme, E. & Reusser, K. (2009). Quality of geometry instruction and its short-term impact on students' understanding of the Pythagorean Theorem. *Learning and Instruction, 19,* 527-537.

Logan, C.R., DiCintio, M.J., Cox, K.E. & Turner, J.C. (1995). *Teacher and student perceptions of classroom practice.* Paper presented at the annual meeting of the Northastern Educational Research Association, Ellenville, NY.

Maehr, M.L. (2001). Goal theory is not dead – not yet, anyway: A reflection on the special issue. *Educational Psychology Review, 13(2),* 177-186.

Maehr, M.L. & Nicholls, J.G. (1980). Culture and achievement motivation: A second look. In N. Warren (Ed.), *Studies in cross cultural psychology* (pp. 221 – 267). New York: Academic Press.

Maehr, M.L. & Braskamp, L.A. (1986). *The motivation factor: A theory of personal investment.* Lexington, MA: D.C. Heath and Company.

Maehr, M.L. & Midgley, C. (1996). *Transforming school cultures.* Boulder, CO: Westview Press.

Maehr, M.L. & Meyer, H.A. (1997). Understanding motivation and schooling: Where we've been, where we are, and where we need to go. *Educational Psychology Review, 9(4),* 371-409.

Maehr, M.L. & Zusho, A. (2009). Achievement goal theory: The past, present, and future. In K.R. Wentzel & A. Wigfield (Eds.), *Handbook of motivation at school* (pp. 77-104). New York and London: Routledge.

Martin, A.J., Marsh, H.W., McInerney, D.M., Green, J. & Dowson, M. (2007). Getting along with teachers and parents: The yields of good relationships for students' achievement motivation and self-esteem. *Australian Journal of Guidance and Counselling, 17,* 109-125.

Martin, A.J. & Dowson, M. (2009). Interpersonal relationships, motivation, engagement, and achievement: Yields for theory, current issues, and educational practice. *Review of Educational Research, 79(1),* 327-365.

Maslow, A.H. (1943). A theory of human motivation. *Psychological Review (50),* 370-396.

Mayer, R.E. (2004). Should there be a three-strikes rule against pure discovery learning? The case for guided methods of instruction. *American Psychologist, 59(1),* 14-19.

Meece, J.L. (1991). The classroom context and students' motivational goals. In M.L. Maehr & P.R. Pintrich (Eds.), *Advances in Motivation and Achievement. A Research Annual Vol. 7.* Greenwhich, CT: JAI Press.

Meece, J.L., Blumenfeld, P.C. & Hoyle, R.H. (1988). Students' goal orientations and cognitive engagement in classroom activities. *Journal of Educational Psychology, 80,* 514 – 523.

Meece, J.L., Wigfield, A. & Eccles, J.S. (1990). Predictors of math anxiety and its influence on young adolescents' course enrollment intentions and performance in mathematics. *Journal of Educational Psychology, 82,* 60-70.

Meece, J.L. & Holt, K. (1993). A pattern analysis of students' achievement goals. *Journal of Educational Psychology 26,* 399-427.

Meece, J.L., Herman, P. & McCombs, B.L. (2003). Relations of learner-centred teaching practices to adolescents' achievement goals, *International Journal of Educational Research, 39,* 457-475.

Meece, J.L., Anderman, E.M. & Anderman, L.H. (2006). Classroom goal structure, student motivation, and academic achievement. *Annual Review of Psychology, 57,* 487–503.

Meinhardt, J. & Pekrun, R. (2003). Attentional resource allocation to emotional events: An ERP study. *Cognition and Emotion, 17,* 477-500.

Mercer, N. & Howe, C. (2012). Explaining the dialogic processe of teaching and learning: The value and potential of sociocultural theory. *Learning, culture and social interaction, 1,* 12-21.

Merten, K. (1995). *Inhaltsanalyse. Einführung in Theorie, Methode und Praxis.* Opladen: Westdeutscher Verlag.

Meyer, H. (2004). *Was ist guter Unterricht?* Berlin: Cornelsen Verlag Scriptor GmbH & Co.

Meyer, D., Turner, J.C. & Spencer, C.A. (1997). Challenge in a mathematics classroom: Students' motivation and strategies in project-based learning. *Elementary School Journal, 97,* 501-521.

Meyer, D. & Turner, J.C. (2002a). Using instructional discourse analysis to study the scaffolding of student self-regulation. *Educational Psychologist, 37,* 17-25.

Meyer, D. & Turner, J.C. (2002b). Discovering emotion in classroom motivation research. *Educational Psychologist, 37,* 107-114.

Meyer, D.K. & Turner, J.C. (2006). Reconceptualizing emotion and motivation to learn in classroom contexts. *Educational Psychological Review, 18,* 377-390.

Meyer, D.K. & Turner, J.C. (2007). Scaffolding emotions in classrooms. In P.A. Schutz & R. Pekrun (Eds*.), Emotion in education* (pp. 243-258). Amsterdam: Elsevier.

Meyer, L., Seidel, T. & Prenzel, M. (2006). Wenn Lernsituationen zu Leistungssituationen werden: Untersuchung zur Fehlerkultur in einer Videostudie. *Schweizerische Zeitschrift für Bildungswissenschaften, 28(1),* 21-41.

Michaels, S., O'Connor, M.C., Hall, M.W. with Resnick, L.B. (2012). *Accountable talk sourcebook: For classroom conversation that works.* Pittsburgh: University of Pittsburgh.

Michaels, S., O'Connor, C. & Resnick, L. (2007). Deliberative discourse idealized and realized: Accountable talk in the classroom and in civic life. *Studies in Philosophy and Education, 27(4),* 283-297.

Michaels, S., O'Connor, C., Sohmer, R. & Resnick, L. (2007). Guided construction of knowledge in the classroom: Teacher, talk, task, and tools.

Michaels, S., O'Connor, M.C., Hall, M.W. & with Resnick, L.B. (2002). *Accountable talk: Classroom conversation that works.* Pittsburgh: University of Pittsburgh.

Middleton, M. & Midgley, C. (1997). Avoiding the demonstration of lack of ability: An underexplored aspect of goal theory. *Journal of Educational Psychology, 89,* 710-718.

Middleton, M.J., Kaplan, A. & Midgley, C. (2004). The change in middle school students' achievement goals in mathematics over time. *Social Psychology of Education, 7,* 289-311.

Midgley, C. (1993). Motivation and middle level schools. In P. Pintrich & M.L. Maehr (Eds.), *Advances in motivation and achievement: Motivation in the adolescent years, Vol. 8.* (pp. 219-276). Greenwich: JAI Press.

Midgley, C., Anderman, E. & Hicks, L. (1995). Differences between elementary and middle school teachers and students: A goal theory approach. *Journal of Early Adolescence, 15,* 90-113.

Midgley, C. & Urdan, T. (1995). Predictors of middle school students' use of self-handicapping strategies. *Journal of Early Adolescence, 15,* 389-411.

Midgley, C., Maehr, M.L., Hicks, L., Roeser, R., Urdan, T., Anderman, E.M. & Kaplan, A. (1996). *The pattern of adaptive learning survey (PALS).* Ann Arbor: University of Michigan.

Midgley, C., Kaplan, A. & Middleton, M. (2001). Performance-approach goals: Good for what, for whom, under what circumstances, and at what cost? *Journal of Educational Psychology, 88,* 423-434.

Midgley, C. & Urdan, T. (2001). Academic self-handicapping and performance goals: A further examination. *Contemporary Educational Psychology, 26,* 61-75.

Midgley, C. (Ed.) (2002). *Goals, goal structures, and patterns of adaptive learning.* Mahwah: Lawrence Erlbaum Associates.

Morgan, K. & Kingston, K. (2009). Promoting a mastery motivational climate in a higher education sports class. *Journal of Hospitality, Leisure, Sport & Tourism Education, 9(1),* 73-84.

Neuschmidt, O., Barth, J. & Hastedt, D. (2008). Trends in gender differences in mathematics and science (TIMSS 1995-2003). *Studies in Educational Evaluation, 34,* 56-72.

Nicholls, J.G. & Dweck, C.S. (1979). *A definition of achievement motivation.* Unpublished manuscript, University of Illinois.

Nicholls, J.G. (1984). *Advances in motivation and achievement.* Greenwich: JAI Press.

Nicholls, W.D., Jones, J.P. & Hancock, D.R. (2003). Teachers' influence on goal orientation: Exploring the relationship between eight graders' goal orientation, their emotional development, their perceptions of learning, and their teachers' instructional strategies. *Reading Psychology, 24,* 57-85.

Noddings, N. (2003). *Caring: A feminine approach to ethics and moral education.* Berkeley: University of California Press.

Noddings, N. (1992). *The challenge to care in schools – an alternative approach to education.* New York: College Press.

O'Connor, M.C., & Michaels, S. (1996). Shifting participant frameworks: Orchestrating thinking practices in group discussion. In D. Hicks (Hrsg.), *Discourse, learning and schooling* (pp. 63-103). Cambridge, MA: Cambridge University Press.

OECD (2004). *Learning for Tomorrow's World – First Results from PISA 2003.* Paris: OECD.

OECD (2006). *Assessing scientific reading and mathematic literacy: A Framework for PISA 2006.* Paris: OECD.

OECD (2007). *PISA 2006: Science competencies for tomorrow's world.* Paris: OECD.

Oelkers, J. & Reusser, K. (2008). Qualität entwickeln – Standards sichern – mit Differenzen umgehen. Eine Expertise. Berlin (Bundesministerium für Bildung und Forschung, BMBF). http://www.bmbf.de/pub/bildungsforschung_band_ siebenundzwanzig.pdf.

Op't Eynde, P., De Corte, E. & Verschaffel, L. (2001). „What to learn from what we feel?" The role of students' emotions in the mathematics classroom. In S. Volet & S. Järvelä (Eds.), *Motivation in learning contexts: Theoretical advances and methodological implications* (pp. 149-167). Amsterdam: Elsevier.

Ostermeier, C., Carstensen, C.H., Prenzel, M. & Geiser, H. (2004). Kooperative unterrichtsbezogene Qualitätsentwicklung in Netzwerken: Ausgangsbedingungen für die Implementation im BLK-Modellversuchsprogramm SINUS. *Unterrichtswissenschaft, 32(3),* 215-237.

Pajares, F. (1996). Self-efficacy beliefs in achievement settings. *Review of Educational Research, 66,* 543-578.

Pajares, F. (2008). Motivational role of self-efficacy beliefs in self-regulated learning. In D.H. Schunk & B.J. Zimmerman (Eds.), *Motivation and self-regulated learning. Theory, Research and Applications* (pp. 111-139). New York: E.

Pajares, F. & Miller, M.D. (1994). The role of self-efficacy and selfconcept beliefs in mathematical problem-solving: A path analysis. *Journal of Educational Psychology, 86,* 193-203.

Pajares, F. & Miller, M.D. (1995). Mathematic self-efficacy and mathematic outcomes: The need for specificity of assessment. *Journal of Counseling Psychology, 42,* 190-198.

Pajares, F. & Valiante, G. (2001). Gender differences in writing motivation and achievement of middle school students: A function of gender orientation? *Contemporary Educational Psychology, 26(3),* 366-381.

Palincsar, A.S. (1998). Social constructivist perspectives on teaching and learning. In J.T. Spence, J.M. Darley & D.J. Foss (Eds.), *Annual Review of Psychology* (pp. 345-375). Palo Alto, CA: Annual Reviews.

Palincsar, A.S. & Brown, A.L. (1984). Reciprocal teaching of comprehension-fostering and comprehension-monitoring activities. *Cognition and Instruction, 1(2),* 117-175.

Patrick, H., Ryan, A.M., Anderman, L.H., Middleton, M., Linnenbrink, L., Hruda, L.Z., Edelin, K.C., Kaplan, A. & Midgley C. (1997). *OPAL: Observing Patterns of Adaptive Learning: A protocol for classroom observations.* University of Michigan. Heruntergeladen von http://www.umich.edu/~pals/finalopal.pdf am 19.11.2012.

Patrick, H., Anderman, L.H., Ryan, A.M., Edelin, K.C. & Midgley, C. (2001). Teachers' communication of goal orientations in four fifth-grade classrooms. *The Elementary School Journal, 102,* 35-58.

Patrick, H., Turner, J.C., Meyer, D.K. & Midgley, C. (2003). How teachers establish psychological environments during the first days of school: Associations with avoidance in mathematics. *Teachers College Record, 105(8),* 1521-1558.

Patrick, H., Ryan, A. & Kaplan, A. (2007). Early adolescents' perceptions of the classroom social environment, motivational beliefs, and engagement. *Journal of Educational Psychology, 99,* 83-98.

Patrick, H., Kaplan, A. & Ryan, A. (2011). Positive classroom motivational environments: Convergence between mastery goal structure and classroom social climate. *Journal of Educational Psychology, 103(2),* 367-382.

Pauli, C. & Reusser, K. (2002). *Transkriptionsmanual für das Videoprojekt „Mathematiklernen und Mathematikleistungen in unterschiedlichen Unterrichtskulturen"* (Deutsche Übertragung des „TIMSS 1999 Videostudy Transcript/Translation Manual"). Zürich: Universität Zürich.

Pauli, C. & Reusser, K. (2003). Unterrichtsskripts im schweizerischen und im deutschen Mathematikunterricht. *Unterrichtswissenschaft, 31(3),* 238-272.

Pauli, C., Reusser, K., Waldis, M. & Grob, U. (2003). „Erweiterte Lehr- und Lernformen" im Mathematikunterricht der Deutschschweiz. *Unterrichtswissenschaft 31,* 291-320.

Pauli, C., Drollinger-Vetter, B., Hugener, I. & Lipowsky, F. (2008). Kognitive Aktivierung im Mathematikunterricht. *Zeitschrift für Pädagogische Psychologie, 22(2)*, 127-133.

Pauli, C. & Reusser, K. (2006). Von international vergleichenden Video Surveys zur videobasierten Unterrichtsforschung und -entwicklung. *Zeitschrift für Pädagogik, 52(6)*, 774-797.

Pauli, C. & Lipowsky, F. (2007). Mitmachen oder zuhören? Mündliche Schülerinnen- und Schülerbeteiligung im Mathematikunterricht. *Unterrichtswissenschaft, 35(2)*, 102-124.

Pauli, C., Drollinger-Vetter, B., Hugener, I. & Lipowyky, F. (2008). Kognitive Aktivierung im Mathematikunterricht. *Zeitschrift für Pädagogische Psychologie, 22(2)*, 127-133.

Pekrun, R. (1992). The impact of emotions on learning and achievement: Towards a theory of cognitive/motivational mediators. *Applied Psychology, 41*, 359-376.

Pekrun, R. (1998). Schüleremotionen und ihre Förderung: Ein blinder Fleck der Unterrichtsforschung. *Psychologie in Erziehung und Unterricht, 44*, 230-248.

Pekrun, R. (2000). A social-cognitive, control-value theory of achievement emotions. In J. Heckhausen (Ed.), *Motivational psychology of human development* (pp.143-163). Amsterdam: Elsevier.

Pekrun, R. (2006). The control-value theory of achievement emotions: Assumptions, corollaries, and implications for educational research and practice. *Educational Psychology Review, 18*, 315-341.

Pekrun, R. & Schiefele, U. (1996). Emotions- und motivationspsychologische Bedingungen der Lernleistung. In F.E. Weinert (Hrsg.), *Psychologie des Lernens und der Instruktion. Enzyklopädie der Psychologie: Pädagogische Psychologie* (S. 154-180). Göttingen: Hogrefe.

Pekrun, R., Goetz, T., Titz, W. & Perry, R.P. (2002a). Academic emotions in students' self-regulated learning and achievement: A program of qualitative and quantitative research. *Educational Psychologist, 37(2)*, 91 – 105.

Pekrun, R., Goetz, T., Titz, W. & Perry, R.P. (2002b). Positive emotions in education. In E. Frydenberg (Ed.), *Beyond coping: Meeting goals, visions, and challenges* (pp. 149-173). Oxford: University Press.

Pekrun, R., Goetz, T., Perry, R. P., Kramer, K., & Hochstadt, M. (2004). Beyond test anxiety: Development and validation of the Test Emotions Questionnaire (TEQ). *Anxiety, Stress and Coping, 17*, 287–316.

Pekrun, R., Frenzel, A., Goetz, T. & Perry, R.P. (2007). The control-value theory of achievement emotions: An integrative approach to emotions in education. In P.A. Schutz & R. Pekrun (Eds.), *Emotions in education* (pp. 13-36). San Diego: Academic Press.

Pekrun, R., Elliot, A.J. & Maier, M.A. (2009). Achievement goals and achievement emotions: Testing a model of their joint relations with academic performance. *Journal of Educational Psychology, 101,* 115-135.

Pekrun, R. & Stephens, E.J. (2012). Academic emotions. In K.R. Harris, S. Graham & T. Urdan (Eds.), *Educational psychology handbook. Individual differences and cultural and contextual factors* (pp. 3-32). Washington: American Psychological Association.

Perrez, M., Huber, G.L. & Geissler, K.A. (2006). Psychologie der pädagogischen Interaktion. In A. Krapp & B. Weidenmann (Hrsg.), *Pädagogische Psychologie,* (S. 357-422). Weinheim: PVU/Beltz.

Peterson, P.L. & Swing, S. (1982). Beyond time on task: Students' reports of their thought processes during classroom instruction. *Elementary School Journal, 82,* 481-491.

Petko, D., Waldis, M., Pauli, C. & Reusser, K. (2003). Methodologische Überlegungen zur videogestützten Forschung in der Mathematikdidaktik. Ansätze der TIMSS 1999 Video Studie und ihrer schweizerischen Erweiterung, *Zentralblatt für Didaktik der Mathematik, 35(6),* 265-280.

Piaget, J. (1985). *The equilibration of cognitive structures.* Chicago: University of Chicago Press.

Pintrich, P.R. (2000). The role of goal orientation in self regulated learning. In M. Boekaerts, P.R. Pintrich & M. Zeidner, *Handbook of self-regulation* (pp. 452-494). San Diego, CA: Academic Press.

Pintrich, P.R. (2003). A motivational science perspective on the role of student motivation in learning and teaching contexts. *Journal of Educational Psychology, 95,* 667-686.

Pintrich, P.R. & De Groot, E.V. (1990). Motivational and self-regulated learning components of classroom academic performance. *Journal of Educational Psychology, 82,* 33-40.

Pintrich, P.R. & Schunk, D.H. (1996). *Motivation in education.* Englewood Cliffs: Prentice Hall.

Pintrich, P.R., Conley, A.M. & Kempler, T.M. (2003). Current issues in achievement goal theory and research. *Educational Research, 39,* 319-337.

Prenzel, M. (2000). Steigerung der Effizienz des mathematisch-naturwissenschaftlichen Unterrichts: Ein Modellversuchsprogramm von Bund und Ländern. *Unterrichtswissenschaft, 28(2),* 103-126.

Prenzel, M., Kirsten, A., Dengler, P., Ettle, R. & Beer, T. (1996). Selbstbestimmt motiviertes und interessiertes Lernen in der kaufmännischen Erstausbildung. *Zeitschrift für Berufs- und Wirtschaftspädagogik, Beiheft 13,* 108-127.

Prenzel, M., Duit, R., Euler, M., Lehrke, M. & Seidel, T. (Hrsg.) (2001). *Erhebungs- und Auswertungsverfahren des DFG-Projekts „Lehr-Lern-Prozesse im Physikunterricht – Eine Videostudie".* Kiel: Leibnitz-Institut für die Pädagogik der Naturwissenschaften (IPN).

Rakoczy, K. (2008). *Motivationsunterstützung im Mathematikunterricht. Unterricht aus der Perspektive von Lernenden und Beobachtern.* Münster: Waxmann.

Rakoczy, K., Buff, A. & Lipowsky, F. (2005). *Dokumentation der Erhebungs- und Auswertungsinstrumente zur schweizerisch-deutschen Videostudie „Unterrichtsqualität, Lernverhalten und mathematisches Verständnis". Teil 1: Befragungsinstrumente.* Frankfurt am Main: Materialien zur Bildungsforschung.

Rakoczy, K. (2006). Motivationsunterstützung im Mathematikunterricht: Zur Bedeutung von Unterrichtsmerkmalen für die Wahrnehmung der Schülerinnen und Schüler. *Zeitschrift für Pädagogik, 52(6)*, 822-843.

Rakoczy, K., Klieme, E., Drollinger-Vetter, B., Lipowsky, F., Pauli, C. & Reusser, K. (2007). Structure as a quality feature in mathematics instruction: Cognitive and motivational effects of a structured organisation of the learning environment vs. a structured presentation of learning content. In M. Prenzel (Eds.), *Studies on the educational quality of schools. The final report on the DFG Priority Programme* (pp. 101-120). Münster: Waxmann.

Rakoczy, K., Klieme, E., Bürgermeister, A. & Harks, B. (2008). The interplay between student evaluation and instruction. Grading and feedback in mathematics classrooms. *Zeitschrift für Psychologie / Journal of Psychology, 216(2)*, 111-124.

Rakoczy, K., Klieme, E. & Pauli, C. (2008). Die Bedeutung der wahrgenommenen Unterstützung motivationsrelevanter Bedürfnisse und des Alltagsbezugs im Mathematikunterricht für die selbstbestimmte Motivation. *Zeitschrift für Pädagogische Psychologie, 22(1)*, 25-35.

Rakoczy, K., Klieme, E., Lipowsky, F. & Drollinger-Vetter, B. (2010). Strukturierung, kognitive Aktivität und Leistungsentwicklung im Mathematikunterricht. *Unterrichtswissenschaft, 38(3)*, 229-246.

Ratzka, N., Lipowsky, F., Krammer, K. & Pauli, C. (2005). Lernen mit Unterrichtsvideos. Ein Fortbildungskonzept zur Entwicklung von Unterrichtsqualität. *Pädagogik, 5*, 30-33.

Raudenbush, S.W., Bryk, A., Cheong, Y. & Congdon, R. (2001). *HLM 5 – Hierarchical linear and nonlinear modeling.* Lincolnwood: Scientific Software International.

Raudenbush, S.W. & Bryk, A. (2002*). Hierarchical linear models. Applications and data analysis methods* (2nd ed.). London: Sage.

Reeve, J. (2002). Self-determination theory applied to educational settings. In E.L. Deci & R.M. Ryan (Eds.), *Handbook of self-determination research* (pp. 183-203). Rochester: University of Rochester Press.

Reeve, J. (2009). Why teachers adopt a controlling motivating style toward students and how they can become more autonomy supportive. *Educational Psychologist, 44,* 159–175.

Reeve, J., Bolt, E. & Cai, Y. (1999). Autonomy-supportive teachers: How they teach and motivate students. *Journal of Educational Psychology, 91,* 537-548.

Reeve, J., Deci, E.L. & Ryan, R.M. (2004). Self-determination theory: A dialectical framework for understanding sociocultural influences on student motivation. In D. McInerney & S. Van Etten (Eds.), *Big theories revisited* (pp. 31-60). Greenwich CT: Information Age.

Reeve, J., Jang, H., Carrell, D., Jeon, S. & Barch, J. (2004). Enhancing students' engagement by increasing teachers' autonomy support. *Motivation and Emotion, 28,* 147-169.

Reeve, J. & Jang, H. (2006). What teachers say and do to support students' autonomy during a learning activity. *Journal of Educational Psychology, 98,* 209-218.

Resnick, L. B., & Nelson-Le Gall, S. (1997). Socializing intelligence. In L. Smith, J. Dockrell, & P. Tomlinson (Eds.), *Piaget, Vygotsky and beyond* (pp. 145–158). London: Routledge.

Resnick, L., O'Connor, C., and Michaels, S. (2007). Classroom Discourse, Mathematical Rigor, and Student Reasoning: An Accountable Talk Literature Review. Abgerufen am 2.3.2013 unter: http://www.lernlab.org/research/wiki/index.php/Image: Accountable_Talk_Lit_Review.pdf

Resnick, L., Michaels, S. & O'Connor, C. (2010). How (well structured) talk builds the mind. In R.J. Sternberg & D. Preiss (Eds.), *Innovations in educational psychology. Perspectives on learning, teaching, and human development* (S. 163-194). New York: Springer.

Reusser, K. (1999a). *Konstruktivismus – vom epistemologischen Leitbegriff zur Erneuerung der didaktischen Kultur.* Vortrag als Abschlussreferat an der Fachtagung PP der DGfPs in Fribourg.

Reusser, K. (1999b). *KAFKA und SAMBA als Grundfiguren der Artikulation des Lehr-Lerngeschehens.* Skript zur Vorlesung zur Allgemeinen Didaktik, Pädagogisches Institut der Universität Zürich. Abgerufen am 01.11.2009 unter http://www.didac.uzh.ch/videoportal/dvds/einfs/Texte/PDF/Artikel/Reusser99_KA FKA_SAMBA.pdf.

Reusser, K. (2001). Co-constructivism in educational theory and practice. In N.J. Smelser, P. Baltes & F.E. Weinert (Eds.), *International encyclopedia of the social and behavioral sciences* (pp. 2058-2062). Oxford: Pergamon/Elsevier Science.

Reusser, K. (2005). Situiertes Lernen mit Unterrichtsvideos. Unterrichtsvideografie als Medium des situierten beruflichen Lernens. *Journal für Lehrerinnen- und Lehrerbildung, 5(2),* 8-18.

Reusser, K. (2006). Konstruktivismus: Vom epistemologischen Leitbegriff zur Erneuerung der didaktischen Kultur. In M. Baer, M. Fuchs, P. Füglister, K. Reusser & H. Wyss (Hrsg.), *Didaktik auf psychologischer Grundlage: Von Hans Aeblis kognitionspsychologischer Didaktik zur modernen Lehr- und Lernforschung* (S. 151-168). Bern: H.E.P.

Reusser, K. (2008). Empirisch fundierte Didaktik – didaktisch fundierte Unterrichtsforschung. Eine Perspektive zur Neuorientierung der Allgemeinen Didaktik. In M.A. Meyer, M. Prenzel & S. Hellekamps (Hrsg.), *Perspektiven der Didaktik (Zeitschrift für Erziehungswissenschaft, Sonderheft 9/2008)* (S. 219-237). Wiesbaden: VS Verlag für Sozialwissenschaften.

Reusser, K. (2009). Unterricht. In S. Andresen, R. Casale, T. Gabriel, R. Horlacher, S. Larcher Klee & J. Oelkers (Hrsg.), *Handwörterbuch Erziehungswissenschaft* (S. 881-896). Weinheim: Beltz.

Reusser, K. & Pauli, C. (2003). Übersichtsartikel zur binationalen Videostudie: Unterrichtsqualität, Lernverhalten und mathematisches Verständnis in der Schweiz und in Deutschland. Abgerufen am 24.1.13 unter http://www.ife.uzh.ch/research/ ppd/forschung/abgeschlosseneprojekte/videostudien/binationalevideostudie/Videost udie_d_ch.pdf

Reusser, K., Pauli, C. & Waldis, M. (Hrsg.) (2010). *Unterrichtsgestaltung und Unterrichtsqualität. Ergebnisse einer internationalen und schweizerischen Videostudie zum Mathematikunterricht.* Münster: Waxmann.

Reusser, K. & Pauli, C. (2010). Unterrichtsgestaltung und Unterrichtsqualität – Ergebnisse einer internationalen und schweizerischen Videostudie zum Mathematikunterricht: Einleitung und Überblick. In K. Reusser, C. Pauli & M. Waldis (Hrsg.), *Unterrichtsgestaltung und Unterrichtsqualität. Ergebnisse einer internationalen und schweizerischen Videostudie zum Mathematikunterricht* (S. 9-32). Münster: Waxmann.

Rex, L.A., Steadman, S.C. & Graciano, M.K. (2006). Researching the complexity of classroom interaction. In J.L. Green, G. Camilli & P.B. Elmore (Eds.), *Handbook of complementary methods in education research* (pp. 727-771). Washington, DC: American Educational Research Association.

Rheinberg, F. (2004). *Motivation* (5. Aufl.). Stuttgart: Kohlhammer.

Richert, P. (2005). *Typische Sprachmuster der Lehrer-Schüler-Interaktion. Empirische Untersuchung zur Feedbackkomponente in der unterrichtlichen Interaktion.* Bad Heilbrunn: Klinkhardt.

Roehler, L.R. & Cantlon, D.J. (1997). Scaffolding: A powerful tool in social constructivist classrooms. In K. Hogan & M. Pressley (Eds.), *Scaffolding student learning. Instructional approaches & issues* (pp. 6-42). Cambridge: Brookline Books.

Rosenshine, B. & Stevens, R. (1986). Teaching functions. In M.C. Wittrock (Ed.), *Handbook of research on teaching* (3rd ed.) (pp. 376-391).

Rosenshine, B. & Meister, C. (1994). Reciprocal teaching: A review of the research. *Review of Educational Research, 64(4)*, 479-530.

Rost, D.H. & Wild, K. (1990). Schulisches Mogeln und Leistungsvermeidung: Komponenten und Erfassung. *Zeitschrift für Pädagogische Psychologie, 4*, 13-27.

Ryan, R.M. & Gronick, W.S. (1986). Origins and pawns in the classroom: Self-report and projective assessments of individual differences in children's perspectives. *Journal of Personality and Social Psychology, 50*, 550-558.

Ryan, R.M. & Pintrich, P.R. (1997). Should I ask for help? The role of motivation and attitude in adolescents' help seeking in math class. *Journal of Educational Psychology, 89*, 329-341.

Ryan, R.M., Gheen, M. & Midgley, C. (1998). Why do some students avoid asking for help? An examination of the interplay among students' academic efficacy, teachers' social-emotional role, and classroom goal structure. *Journal of Educational Psychology, 90*, 528-535.

Ryan, R.M. & Deci, E.L. (2000a). Self-determination theory and the facilitation of intrinsic motivation, social development, and well-being. *American Psychologist, 55*, 68-78.

Ryan, R.M. & Deci, E.L. (2000b). Intrinsic and extrinsic motivations: Classic definitions and new directions. *Contemporary Educational Psychology, 25*, 54-67.

Ryan, R.M., Pintrich, P.R. & Midgley, C. (2001). Avoiding seeking help in the classroom: Who and why? *Educational Psychology Review, 13(2)*, 93-114.

Ryan, R.M. & Deci, E.L. (2002). An overview of self-determination theory. An organismic-dialectical perspective. In E.L. Deci & R.M. Ryan (Eds.), *Handbook of self-determination research* (pp. 3-33). Rochester, NY: The University of Rochester Press.

Schiefele, U. (1996). *Motivation und Lernen mit Texten*. Göttingen: Hogrefe.

Schmitz, B. (2001). Self-Monitoring zur Unterstützung des Transfers einer Schulung in Selbstregulation für Studierende: Eine prozessanalytische Untersuchung. *Zeitschrift für Pädagogische Psychologie, 15*, 123-126.

Schoenfeld, A.H. (1992). Learning to think mathematically: problem solving, metacognition, and sense-making in mathematics. In D.A. Grouws (Ed.), *Handbook of research on mathematics learning and teaching* (pp. 334-370). New York: Macmillan.

Schoenfeld, A.H. (2006). Mathematics teaching and learning. In P.A. Alexander & P. Winne (Eds.), *Handbook of educational psychology* (2nd ed.) (pp. 479-510). Mahwah, NJ: Erlbaum.

Schunk, D.H. & Swartz, C. W. (1993a). Goals and progress feedback: Effects on self-efficacy and writing achievement. *Contemporary Educational Psychology, 18*, 337-354.

Schunk, D.H. & Swartz, C. W. (1993b). Writing strategy instruction with gifted students: Effects of goals and feedback on self-efficacy and skills. *Roeper Review, 15,* 225-230.

Schunk, D.H. (1989). Self-efficacy and cognitive skill learning. In C. Ames & R. Ames (Eds.), *Research on motivation in education* (Vol. 3, pp. 13-44). San Diego: CA: Academic Press.

Schunk, D.H. (1996). Goal and self-evaluative influences during children's cognitive skill learning. *American Educational Research Journal, 33,* 359-382.

Schunk, D.H. & Zimmerman, B.J. (Hrsg.) (1994). *Self-Regulation of learning and Performance: Issues and educational applications.* Hillsdale, NY: Erlbaum.

Schunk, D.H. & Miller, S.D. (2002). Self-efficacy and adolescents' motivation. In F. Pajares & T. Urdan (Eds.), *Academic motivation of adolescences* (S. 29–52). Charlotte: Information Age Publishing.

Schunk, D.H. & Pajares, F. (2002). The development of academic self-efficacy. In A. Wigfield & J.S. Eccles (Eds.), *Development of achievement motivations* (pp. 15-31). San Diego, CA: Academic Press.

Schunk, D.H. (2000). *Learning theories. An educational perspective.* Upper Saddle River, NJ: Merrill, an imprint of Prentice Hall.

Schunk, D.H. & Zimmerman, B.J. (Hrsg.) (2008). *Motivation and self-regulated learning. Theory, research and applications.* New York: Erlbaum.

Schunk, D.H., Pintrich, P.R. & Meece, J.L. (2008). *Motivation in education: Theory, research, and applications (3rd ed.).* Upper Saddle River, NJ: Pearson/Merrill Prentice Hall.

Schutz, P.A. & De Cuir, J.T. (2002). Inquiry on Emotions in Education. *Educational Psychologist, 37(2),* 125-134.

Schutz, P.A. & Lanehart, S.J. (2002). Introduction: Emotions in Education. *Educational Psychologist, 37(2),* 67-68.

Schwarzer, R. & Jerusalem, M. (2002). Das Konzept der Selbstwirksamkeit. In M. Jerusalem & D. Hopf (Hrsg.), *Selbstwirksamkeit und Motivationsprozesse in Bildungsinstitutionen, Zeitschrift für Pädagogik, 44. Beiheft* (S. 28-53).

Schweinle, A., Turner, J.C. & Meyer, D.K. (2002). *Motivational and affective quality of students' experiences in mathematics classrooms.* Poster presented at American Psychological Association Annual Conference, Chicago, IL.

Schweinle, A., Turner, J.C. & Meyer, D.K. (2006). Striking the right balance: Students' motivation and affect in elementary mathematics. *Journal of Educational Research, 99(5),* 271-293.

Schweinle, A., Turner, J. C. & Meyer, D.K. (2008). Understanding young adolescents' optimal experiences in academic settings. *The Journal of Experimental Education, 77(2),* 125-143.

Seidel, T., Rimmele, R. & Prenzel, M. (2003). Gelegenheitsstrukturen beim Klassengespräch und ihre Bedeutung für die Lernmotivation. *Unterrichtswissenschaft, 31(2)*, 142-165.

Seidel, T. & Prenzel, M. (2003). Mit Fehlern umgehen – zum Lernen motivieren. *Praxis der Naturwissenschaften – Physik, 52(1)*, 30-34.

Seidel, T. & Prenzel, M. (2004). Muster unterrichtlicher Aktivitäten im Physikunterricht. In J. Doll & M. Prenzel (Hrsg.), *Bildungsqualität von Schule: Lehrerprofessionalisierung, Unterrichtsentwicklung und Schülerförderung als Strategien der Qualitätsverbesserung* (S. 177-194). Münster: Waxmann.

Seidel, T. & Prenzel, M. (2006). Stability of teaching patterns in physics instruction: Findings from a video study. *Learning and instruction, 16(3)*, 228–240.

Seidel, T., Prenzel, M., Rimmele, R., Schwindt, K., Kobarg, M., Herweg, C. & Dalehefte, I.M. (2006). Unterrichtsmuster und ihre Wirkungen. Eine Videostudie im Physikunterricht. In M. Prenzel & L. Allolio-Näcke (Hrsg.), *Untersuchungen zur Bildungsqualität von Schule. Abschlussbericht des DFG-Schwerpunktprogramms* (S. 99-123). Münster: Waxmann.

Seidel, T. & Shavelson, R.J. (2007). Teaching effectiveness research in the past decade: The role of theory and research design in disentangling meta-analysis result. *Review of Educational Research, 77(4)*, 454-499.

Shayer, M. & Adhami, M. (2007). Fostering cognitive development through the context of mathematics. Result of the CAME project. *Educational Studies in Mathematics, 64(3)*, 265-291.

Skaalvik, E. (1997). Self-enhancing and self-defeating ego orientations: Relations with task and avoidance orientation, achievement, self-perceptions, and anxiety. *Journal of Educational Psychology, 89*, 71-81.

Smith, F., Hardman, F., Wall, K., Mroz, M. (2004). Interactive whole class teaching in the National Literacy and Numeracy Strategies, *British Educational Research Journal, 30(3)*, S. 395-411.

Staub, F.C. (2001). Fachspezifisch-pädagogisches Coaching: Förderung von Unterrichtsexpertise durch Unterrichtsentwicklung. *Beiträge zur Lehrerbildung, 19 (2)*,175-198.

Stefanou, C.R., Perencevich, K.C., DiCintio, M. & Turner, J.C. (2004). Supporting autonomy in the classroom: Ways teachers encourage student decision making and ownership. *Educational Psychologist, 39(2)*, 97-110.

Stein, M.K., Boaler, J. & Silver, E.A. (2003). Teaching mathematics through problem solving: Research perspectives. In H.L. Schoen (Ed.), *Teaching mathematics through problem solving* (pp. 245-256). Reston: NCTM.

Stigler, J. & Hiebert, J. (2004). Improving mathematics teaching. *Educational Leadership, 61(5)*, 12-17.

Stigler, J.W., Gonzales, P., Kawanaka, T., Knoll, S. & Serrano, A. (1999). *The TIMSS videotape classroom study: Methods and findings from an exploratory research project on eight-grade mathematics instruction in Germany, Japan, and the United States.* Washington, D.C.: Department of Education.

Stigler, J.W., Gallimore, R. & Hiebert, J. (2000). Using video surveys to compare classrooms and teaching across cultures: Examples and lessons from the TIMSS video studies. *Educational Psychologist, 35(2),* 87-100.

Stipek, D. (2002). *Motivation to learn: Integrating theory into practice (4th ed.).* Boston, MA: Allyn & Bacon.

Stipek, D. (2002a). Good instruction is motivating. In A. Wigfield & J.S. Eccles (Eds.), *Development of achievement motivation* (309-332). San Diego, CA: Academic Press.

Stipek, D.J., & Gralinsky, J.H. (1991). Gender differences in children's achievement-related beliefs and emotional responses to success and failure in mathematics. *Journal of Educational Psychology,* 361-371.

Stipek, D., Salomon, J.M., Givvin, K.B., Kazemi, E., Saxe, G. & MacGyvers, V. (1998). The value (and convergence) of practices suggested by motivation research and promoted by mathematics education reformers. *Journal for Research in Mathematics Education, 29,* 465-488.

Tausch, R. & Tausch, A. (1998*). Erziehungspsychologie.* Göttingen: Hogrefe.

TIMSS (1997). Mathematisch-naturwissenschaftlicher Unterricht im internationalen Vergleich. Zusammenfassung deskriptiver Ergebnisse. Max-Planck-Institut für Bildungsforschung, Berlin, Institut für die Pädagogik der Naturwissenschaften, Kiel, Humboldt-Universität, Berlin. Heruntergeladen am 10.10.2009 unter http://www.mpib-berlin.mpg.de/TIMSSII-Germany/TIMSS_im_Ueberblick/TIMSSII-Broschuere.pdf.

Titz, W. (2001). *Emotionen von Studierenden in Lernsituationen. Explorative Analysen und Entwicklungen von Selbstberichtsskalen.* Münster: Waxman.

Turner, J.C., Thorpe, P.K. & Meyer, D.K. (1998). Students' reports of motivation and negative affect: A theoretical and empirical analysis. *Journal of Educational Psychology, 90(4),* 758-771.

Turner, J.C., Cox, K.E., DiCintio, M., Meyer, D.K., Logan, C. & Thomas, C.T. (1998). Creating contexts for involvement in mathematics. *Journal of Educational Psychology, 90,* 730-745.

Turner, J.C., Meyer, D.K., Anderman, E.M., Midgley, C., Gheen, M. & Kang, Y. (2002). The classroom environment and students' reports of avoidance strategies in mathematics: A multimethod study. *Journal of Educational Psychology, 94(1),* 88-106.

Turner, J.C., Meyer, D.K. & Schweinle, A. (2003a). The importance of emotion in theories of motivation: Empirical, methodological, and theoretical considerations from a goal theory perspective. *International Journal of Educational Research, 39,* 375-393.

Turner, J.C., Midgley, C., Meyer, D.K. & Patrick, H. (2003b). Teacher discourse and students' affect and achievement-related behaviors in two high mastery/high performance classrooms. *Elementary School Journal, 103,* 357-382.

Turner, J.C. & Meyer, D.K. (2000). Studying and understanding the instructional contexts of classrooms: Using our past to forge our future. *Educational Psychologist, 35(2),* 69-85.

Turner, J.C. & Meyer, D.K. (2004a). Are challenge and caring compatible in middle school mathematics classrooms? In P.R. Pintrich & M.L. Maehr (Eds.), *Motivating students, improving schools: The legacy of Carol Midgley, advances in motivation* (Vol. 13), (pp. 331-360). Amsterdam: Elsevier.

Turner, J.C. & Meyer, D.K. (2004b). A classroom perspective on the principle of moderate challenge. *Journal of Educational Research, 97,* 311-318.

Turner, J.C. & Meyer, D.K. (2009). Understanding motivation in mathematics. What is happening in classrooms? In K.R. Wentzel & A. Wigfield (Eds.), *Handbook of motivation at school* (pp. 527-552), New York and London: Routledge.

Turner, J.C. & Patrick, H. (2004). Motivational influences on student participation in classroom learning activities. *Teachers College Record, 106(9),* 1759-1785.

Turner, J.C. & Patrick, H. (2008). How does motivation develop and why does it change? Reframing motivation research. *Educational Psychologist, 43,* 1-13.

Urdan, T., Midgley, C. & Anderman, E.M. (1998). The role of classroom goal structure in students' use of self-handicapping strategies. *American Educational Research Journal, 35,* 101-122.

Urdan, T. & Midgley, C. (2003). Changes in the perceived classroom goal structure and pattern of adaptive learning during early adolescence. *Contemporary Educational Psychology, 28,* 524-551.

Urdan, T. & Turner, J.C. (2005). Competence motivation in the classroom. In A.J. Elliot & C.S. Dweck (Eds.), *Handbook of competence and motivation* (pp. 297-317). New York: Guilford Press.

Urdan, T. & Mestas, M. (2006). The goals behind performance goals. *Journal of Educational Psychology, 98(2),* 354-365.

Urdan, T. & Schoenfelder, E. (2006). Classroom effects on student motivation: Goal structures, social relationships, and competence beliefs. *Journal of School Psychology, 44,* 331-349.

VanLehn, K., Siler, S., Murray, C., Yamauchi, T. & Baggett, W.B. (2003). Why do only some events cause learning during human tutoring? *Cognition and Instruction, 21(3)*, 209-249.

Vygotsky, L.S. (1978). *Mind and society: The development of higher psychological processes.* Cambridge, MA: Harvard University Press.

Waldis, M., Buff, A., Pauli C. & Reusser K. (2002). *Skalendokumentation zur Schülerinnen- und Schülerbefragung im schweizerischen Videoprojekt.* Universität Zürich: Pädagogisches Institut.

Walshaw, M. & Anthony, G. (2008). The teachers's role in classroom discourse: A review of recent research into mathematics classrooms. *Review of Educational Research, 78(3)*, 516-551.

Wang, M.C., Haertel, G.D. & Walberg, H.J. (1993). Toward a knowledge base for school learning. *Review of Educational Research, 63*, 249-294.

Webb, N.M. & Palincsar, A. (1996). Group processes in the classroom. In D.C. Berliner & R.C. Calfee (Eds.), *Handbook of Educational Psychology* (pp. 841-873). New York: MacMillan.

Webb, N.M., Nemer, K.M. & Ing, M. (2006). Small-group reflexions: Parallels between teacher discourse and student behaviour in peer-directed groups. *The Journal of the Learning Sciences, 15(1)*, 63-119.

Weiner, B. (1986*). An attributional theory of motivation and emotion.* New York: Springer.

Weinert, F.E. (1996). *Psychologie des Lernens und der Instruktion (Enzyklopädie der Psychologie. Pädagogische Psychologie, Vol. 2).* Göttingen: Hogrefe.

Weinert, F.E. (2001). Vergleichende Leistungsmessung in Schulen – eine umstrittene Selbstverständlichkeit. In F.E. Weinert (Hrsg.), *Leistungsmessungen in Schulen* (S. 17-31). Weinheim und Basel: Beltz Verlag.

Weinert, F.E., Schrader, F.W. & Helmke, A. (1989). Quality of instruction and achievement outcomes. *International Journal of Educational Research, 13*, 895-914.

Weinert, F.E. & Helmke, A. (1995b). Learning from wise mother nature or big brother instructor: The wrong choice as seen from an educational perspective. *Educational Psychologist, 30(3)*, 135-142.

Wentzel, K.R. (1997). Student motivation in middle School: The role of perceived pedagogical caring. *Journal of Educational Psychology, 89(3)*, 411-419.

Wentzel, K.R., McNamara Barry, C. & Caldwell, K.A. (2004). Friendships in middle school: Influences on motivation and school adjustment. *Journal of Educational Psychology, 96*, 195-203.

Wigfield, A., Eccles, J.S., Yoon, K.S., Harold, R.D., Arreton, A.J.A. & Blumfeld, P.C. (1997). Changes in children's competence beliefs and subjective task values across the elementary school years: A three-year study. *Journal of Educational Psychology, 89,* 451-469.

Wild, E. & Remy, K. (2002). Affektive und motivationale Folgen der Lernhilfe und lernbezogenen Einstellungen von Eltern. *Unterrichtswissenschaft, 30,* 27-50.

Wirtz, M. & Caspar, F. (2002). *Beurteilerübereinstimmung und Beurteilerreliabilität.* Göttingen: Hogrefe.

Wittenberg, R. (1998). *Grundlagen computerunterstützter Datenanalyse.* Stuttgart: Lucius & Lucius.

Wolters, C.A. (2003). Regulation of motivation: Evaluating an underemphasized aspect of self-regulated learning. *Educational Psychologist, 38,* 189-205.

Wolters, C.A. (2004). Advancing achievement goal theory: Using goal structures and goal orientations to predict students' motivation, cognition, and achievement. *Journal of Educational Psychology, 96,* 236-250.

Wolters, C.A., Yu, S. & Pintrich, P.R. (1996). The relation between goal orientation and students' motivational beliefs and self-regulated learning. *Learning and Individual Differences, 8,* 211-238.

Wood, D., Bruner, J.S. & Ross, G. (1976). The role of tutoring in problem solving. *Journal of Child Psychology and Psychiatry, 17,* 89-100.

Zeidner, M. (1998). *Test anxiety. The state of the art.* New York: Plenum.

Zeidner, M. (2007). Test anxiety in educational contexts: Concepts, findings, future directions. In P. A. Schutz & R. Pekrun (Eds.), *Emotion in education* (pp. 159-177). San Diego: Elsevier Inc.

Zimmerman, B.J., Bandura, A. & Martinez-Pons, M. (1992). Self-motivation for academic attainment: The role for self-efficacy beliefs and personal goal setting. *American Educational Research Journal, 29,* 663-676.

Zimmerman, B.J., Bonner, S. & Kovach, R. (1996). *Developing self-regulated learners: Beyond achievement to self-efficacy.* Washington, DC: American Psychological Association.

Zusho, A., Karabenick, S.A., Bonney, C.R. & Sims, B.C. (2007). Contextual determinants of motivation and help seeking in the college classroom. In R. Perry & J. Smart (Eds.), *The scholarship of teaching and learning in higher education: An evidence-based perspective* (pp. 611-659). New York: Springer.

Abbildungsverzeichnis

Tabellenverzeichnis